Winzerrache

Andreas Wagner ist Winzer, Historiker und Autor. Nach dem Studium der Geschichte, Politikwissenschaft und Bohemistik in Leipzig und an der Karlsuniversität in Prag hat er 2003 zusammen mit seinen beiden Brüdern das Familienweingut seiner Vorfahren in der Nähe von Mainz übernommen. Von Andreas Wagner sind bislang neun Kriminalromane, ein Roman, eine Erzählung und eine Kurzgeschichtensammlung erschienen. Andreas Wagner ist verheiratet und hat vier Kinder.

ANDREAS WAGNER

Winzerrache

Kurt-Otto Hattemers 2. Fall

KRIMINALROMAN

emons:

Bibliografische Information der Deutschen Nationalbibliothek
Die Deutsche Nationalbibliothek verzeichnet diese Publikation in der Deutschen Nationalbibliografie; detaillierte bibliografische Daten sind im Internet über http://dnb.d-nb.de abrufbar.

MIX
Papier aus verantwortungsvollen Quellen
FSC® C083411

Umschlagmotiv: mauritius images/Waldemar Langolf
Umschlaggestaltung: Franziska Emons, Tobias Doetsch
Gestaltung Innenteil: César Satz & Grafik GmbH, Köln
Lektorat: Susanne Bartel
Druck und Bindung: CPI – Clausen & Bosse, Leck
Printed in Germany 2017
ISBN 978-3-7408-0218-9
Originalausgabe

Für Nina, Phillip, Hanna, Fabian und Justus

1

11. August 1985

Alles fühlte sich besser an, seit er wusste, was zu tun war. Die Last drückte weniger. Er hatte wieder genügend Kraft, um sich aus dem Sessel in der hinteren Ecke des Wohnzimmers zu erheben. Langsam drückte er sich in die Höhe. Seine Kniegelenke schmerzten. Er wankte, wusste aber, dass er nicht fallen würde. Unter seinen Füßen spürte er die Scherben der Fensterscheibe und der beiden Weinflaschen. Die Splitter knirschten bei jedem Schritt, den er vorsichtig setzte. Später würde er alles sauber machen, das Wohnzimmer und auch den Rest des Hauses. So sollte es niemand sehen. Vorsichtig schob er seine Füße in der Dunkelheit weiter. Er brauchte die Taschenlampe aus der Schublade im Flurschrank. Die Lichter mussten ausgeschaltet bleiben. Durch die Läden stahl sich immer ein Schimmer hinaus, der ihn verraten könnte. Seit zwei Tagen schon hatte es nicht mehr bei ihm geklingelt. Sämtliche Rollläden im Haus waren heruntergelassen. Sie sollten glauben, dass er untergetaucht war. Verschwunden aus diesem Nest. Weg aus Essenheim.

Selbst seine Eltern hatten es nicht ausgehalten. Sie waren schon vorgestern losgefahren. *Für ein paar Tage nur, Junge. Wir ertragen es nicht mehr, die Anfeindungen, das Gerede, die Blicke.* Er hatte sie darin bestärkt und gelogen. Seine Frau käme mit ihrem gemeinsamen Kind noch heute zurück. Sie wolle ihm in dieser schweren Situation beistehen. So hatten seine Eltern mit gutem Gewissen abreisen können. Es hätte ihn unnötig gequält, weiter den Schmerz in ihren Gesichtern zu sehen.

Er konnte den Türrahmen ertasten, drückte die Klinke hinunter. Aus dem Flur fiel Licht herein. Das Muster aus roten Kreisen im dunklen Terrazzo zog seinen Blick auf sich. Auf diese Weise hatten italienische wandernde Handwerker zu Beginn des 20. Jahrhunderts die Hausflure in der Region verziert. Der

Urenkel des Künstlers, der sich in ihrem Hauseingang verewigt hatte, kaufte noch immer bei ihnen seinen Wein ein. Einmal hatte er ihm erklärt, an welchen Details die Arbeiten seines Urgroßvaters zu erkennen waren. Der Urahne aus Italien hatte eine der örtlichen Bauerntöchter geheiratet, in deren Haus er den Boden gelegt hatte, und war geblieben.

Langsam zog er die Schublade auf. Das Licht reichte gerade aus, um unter den gefalteten Stoffbeuteln die Taschenlampe zu finden. Sie lag neben der dunklen Kleiderbürste. Die Ordnung seiner Frau war bis ins kleinste Detail zu erkennen. Selbst die Stoffbeutel wurden gebügelt, damit sie glatt und platzsparend übereinandergestapelt werden konnten.

Mit ihrem Einzug bei ihm und dem Wechsel seiner Eltern in das kleine Gesindehaus neben dem Weingut, das früher den Knechten und Mägden als Wohnstätte gedient hatte, war das Durcheinander verschwunden. Schon nach ein paar Wochen hatte jeder Gegenstand in diesem Haus seinen Platz gehabt. Eine feste Ordnung, die seine Frau allem gab und zügig so weit wie möglich über die Grenzen der Hausmauern hinweg ausdehnte. Der ehemalige Schweinestall, in dem sich seine Werkbank und die Mülltonnen befanden, der sich daran anschließende niedrige Raum, der als Garage und Stauraum diente, alles unterwarf sie ihrer Struktur, die erst am Scheunentor endete. Dort verlief die unsichtbare Grenze, und sein Reich begann. Die Scheune, die ihm als Kelterhaus und Lagerraum für seine Flaschenweine diente, sowie die beiden Tonnengewölbe darunter, in denen seine Weine in alten Holzfässern und neuen Kunststofftanks bis zur Abfüllung lagerten. Sie hatte niemals versucht, ihre Ordnung auf diesen Bereich auszudehnen. Hätte sie es getan, wäre es vielleicht nie so weit gekommen.

Er versuchte, sich von diesem Gedanken frei zu machen. Die Vorstellung von ihr trieb ihm die Tränen in die Augen. Schnell griff er nach der Taschenlampe und überprüfte, ob sie noch funktionierte. Eine unnötige Handlung.

Die Reihenfolge war klar. Zuerst musste er im Kelterhaus alles vorbereiten. Das würde schnell gehen, es blieben nur noch ein paar letzte Handgriffe zu tun. Der Entschluss war das Wichtigste. Er hatte lange gebraucht, um Gestalt anzunehmen und vollständig auszureifen. Jetzt stand er in allen Konturen deutlich erkennbar vor ihm. Wenn er nach hinten in sein Kelterhaus und hinauf auf den Heuboden musste, kam er an der Werkbank vorbei und konnte alle notwendigen Gegenstände mitnehmen.

Den Rest der Nacht nutzte er, um sauber zu machen. Sie hatten es nicht verdient, dass er Haus und Hof in diesem Zustand hinterließ. Es sollte alles aufgeräumt sein, wenn sie wiederkämen. Die Zeit reichte aus, um ihre Ordnung auch auf seinen Bereich auszudehnen. Er würde alles mitnehmen, das Chaos beseitigen und seine Schuld tilgen.

2

Eugen Appenheimer achtete bei seinem Weg durchs Dorf ganz genau darauf, ob ihm jemand begegnete. Normalerweise spielte das keine Rolle, doch heute war es wichtig. Sonst lief er aber auch nie die Hauptstraße entlang. Zumindest konnte er sich nicht daran erinnern, nicht in diesem Moment, in dem er sich den zurechtgelegten Schlachtplan noch einmal vergegenwärtigte. Lange hatte er über ihm gebrütet, weil in diesem Fall alles anders war als sonst.

Er war den anderen im Dorf schon immer ein gutes Stück weit voraus gewesen, bei allem, was er bisher in Angriff genommen hatte. Warum sollte das also nicht auch diesmal gelingen? Er schüttelte kurz und heftig den Kopf, verbot sich aber schnell jede weitere unnatürliche Regung. Dass niemand um diese Uhrzeit unterwegs war, bedeutete nicht, dass er nicht gesehen wurde. Es war kurz nach acht, »Tagesschau«. Die beste Zeit, um unbeobachtet das Dorf zu durchqueren, trotzdem war Vorsicht geboten. Die alten, neugierigen Weiber aßen nämlich schon um sechs, schauten die Nachrichten um sieben und lagen dann, bis um Viertel nach acht endlich das ersehnte »Sommerfest der Volksmusik« begann, hinter der Gardine. Nicht nur die Krumbeern-Erna, auch die Käfergässer-Gerda und Posthalters Sigrun handhabten das so. Bei allen dreien musste er vorbei, und mindestens eine davon, wenn nicht sogar alle, hatten ihn bestimmt bereits beobachtet und sich gewundert, warum er zu Fuß und nicht wie sonst üblich in seinem schwarzen Land Rover unterwegs war. Gegen das Auto hatte er sich entschieden, weil es schwer gewesen wäre, in der engen Durchfahrtsstraße einen Parkplatz zu finden. Außerdem kannten alle seinen Wagen. Jeder halbwegs mit Verstand Gesegnete würde aus dem Standort seines Autos Rückschlüsse auf seine Absichten ziehen können. Und brächten sie ihn damit in Verbindung, bevor alles in trockenen Tüchern wäre, dann hätte sich das Geschäft schon erledigt, noch ehe es angebahnt war.

Eugen Appenheimer schluckte den Ekel hinunter, der sich in diesem Moment aus seinem Magen in seine Speiseröhre gekämpft hatte. Die nächsten zwei Stunden waren von großer Bedeutung und würden wahrscheinlich nur schwer zu ertragen sein. Jahrzehntelang hatte er sich bemüht, dem Ecke-Kurt, wie ihn alle im Dorf nannten, weil man ihm nachsagte, um Ecken sehen und lauschen zu können, aus dem Weg zu gehen. Als er noch selbst mit raus in die Weinberge gegangen war, hatte er sich jedes Mal schnell weggeduckt, wenn sich Kurt-Otto Hattemers Traktor lautstark ankündigte. Sein nicht enden wollendes Palaver über Dorfneuigkeiten und solche, die es noch nicht waren, ging ihm und den meisten anderen auf die Nerven. Viele der alten Weiber im Dorf waren ihm ähnlich, aber vor denen war man zumindest im Weinberg sicher. Bei Kurt-Otto wusste man nie, wo er einem auflauerte. Und war er erst einmal da, dann wurde man ihn nur noch schwer wieder los.

Die stattliche Zahl Weinberge, die sich noch unter seiner Obhut befand, pflegte Kurt-Otto seit Jahren mit stark reduziertem Aufwand. Die dadurch gewonnene Zeit nutzte er umso intensiver für seine Schnüffeleien und die Verbreitung sinnloser Dorfneuigkeiten. Da aber mittlerweile selbst der Dümmste im Dorf erfolgreich nachgerechnet hatte, wie alt Kurt-Otto war und wie viele Hektar er neben seinem nicht unbeträchtlichen Körpergewicht auf die Waage brachte, erfreute er sich seit geraumer Zeit größter Beliebtheit.

Erst vor zwei Wochen hatte Appenheimer das Schauspiel mit eigenen Augen ansehen können. Er schnaufte angewidert. Es empfahl sich eben doch, ab und an einen halben Vormittag draußen in den Weinbergen zu verbringen. Einerseits hatte er dann seine Rumänen besser unter Kontrolle, andererseits bekam er mit, was abging. Zuerst hatte der Kesselring vor vierzehn Tagen seinen Weinbergsschlepper zielsicher, was bei seinem vormittäglichen Alkoholpegel keine Selbstverständlichkeit war, neben Kurt-Otto Hattemers Riesling auf dem Klopp zum Stehen gebracht. Ein Zufall konnte das kaum sein, weil der Kesselring in dieser Ecke des Teufelspfades keine Weinberge besaß. Gleich darauf hatte der junge Stockinger direkt hinter dem Schlepper geparkt. Dass der sich um andere Weinberge bemühte, weil er kaum eigene besaß, wusste jeder im Dorf. Mit Kurt-Otto Hattemers schönen Rebanlagen könnte er sich ein ganzes Stück weit in der Rangliste der großen Winzer im Dorf nach oben arbeiten. Für Stockinger war es die letzte Chance, überhaupt auf einen grünen Zweig zu kommen. Der Senior hatte nämlich über die Jahre mit jedem in Essenheim Streit angefangen, diesen eisern gepflegt und war daher nie zum Zuge gekommen, wenn Besitz zur Verteilung anstand.

Den Abschluss des munteren Reigens auf dem Klopp hatte schließlich Adam Fehrenbach gebildet, der in seinem funkelnagelneuen Fendt Vario mit Vollgas an den aufgereihten Schleppern vorbeiraste, um kurz darauf voll in die Eisen zu steigen. Das Quietschen der Reifen hatte er noch über etliche Rebzeilen hinweg hören können. Fehrenbachs bekanntermaßen langsam arbeitendes Hirn schien ihm doch noch rechtzeitig vermeldet zu haben, dass Gefahr im Verzug war, die seine Anwesenheit in Kurt-Ottos Riesling notwendig machte. Appenheimer musste bei der Erinnerung daran kichern. Wie gerne hätte er als Mäuschen im Weinberg gelauscht, wie sie dem Ecke-Kurt Honig ums Maul geschmiert und sich gegenseitig in Schmeicheleien überboten hatten. Er schüttelte entschlossen den Kopf. Keiner der drei war eine wirkliche Konkurrenz für ihn.

Wieder musste er gegen den bitteren Geschmack der Magensäure anschlucken. Etwas anderes würde ihm heute auch nicht übrig bleiben. Im Unterschied zu den anderen hatte er ein mehr als schlagkräftiges Argument. Wie zur Bestätigung klopfte er sich mehrmals auf die ausgebeulte rechte vordere Hosentasche. Mit diesem Argument war er noch immer erfolgreich gewesen. Die anderen wollten zum üblichen Hektarpreis und zur Not, sollte es ums Ganze gehen, vielleicht noch mit einem kleinen Aufschlag pachten. Wortreich und gequält würden sie sich ein paar Euro mehr abringen, um die anderen auszustechen. Er hingegen würde Kurt-Otto ein dickes Bündel Geld direkt und ohne Umschweife unter die Nase halten und ihm ein Angebot für den Kauf all seiner Weinberge unterbreiten, das er unmöglich ablehnen könnte. Niemand zahlte die Summen, die er bereit war, auf den Tisch zu legen. Dazu waren die anderen in diesen Zeiten viel zu klamm. Er wusste davon, weil sie zu ihm kamen und um Vorschuss bettelten. Wenn die Weinpreise im Keller waren, weil der Markt von fetten Ernten auf der ganzen Welt überschwemmt wurde, dann war das die beste Zeit, um den eigenen Besitz zu mehren.

Appenheimer reckte sich und sah sich noch einmal kurz um. Weit und breit niemand zu sehen. Entschlossen drückte er das schmale Türchen gerade so weit auf, dass er sich schnell durch die Öffnung schieben konnte, und hörte Kurt-Ottos schallendes Lachen. Wunderbar: Gute Laune war die beste Voraussetzung für sein Vorhaben. Zufrieden rieb er sich die Hände. Vorfreude breitete sich wärmend in ihm aus. Das Ziel seiner Bemühungen schien um die Ecke auf der Veranda vor dem Hauseingang zu sitzen. Es würde ihn nicht wundern, wenn einer seiner gefürchteten Süßweine vor ihm stand. Aber auch darauf war er vorbereitet. Vorsorglich hatte er sich daheim noch eine Spritze gesetzt, um die Menge an Fruchtzucker in Kurt-Ottos Trockenbeerenauslese körperlich verkraften zu können. In diesem Moment mischte sich in das dunkle Lachen ein helleres Meckern, das ihm bekannt vorkam. Appenheimer zuckte zusammen, obwohl er wusste, dass das nichts daran ändern würde. Das Lachen, das wie die Unmutsbekundung eines alten Ziegenbocks klang, gehörte zu Klaus Dörrhof. Appenheimer hielt den Atem an und tastete vorsichtig hinter sich nach der Türklinke. Bloß weg von hier.

3

Dunkelheit allein reichte nicht aus. Mitte Juli herrschte manchmal auch noch spät abends in der Dämmerung reger Betrieb in den Weinbergen. Und ganz besonders in einem Jahr wie diesem. Das hatte er noch nie erlebt, und auch sein Großvater wurde nicht müde, die Unvergleichbarkeit dieses Jahrgangs herauszustellen: »Siebenundachtzig Jahre bin ich jetzt alt. An fünfundsiebzig Jahrgänge kann ich mich genau erinnern, weil ich Januar bis November im Wingert verbracht habe. Gute wie schlechte Jahrgänge. Alles war mit dabei: Frühjahrsfröste, Hagel und Dauerregen im Herbst, aber eine solche Regenzeit im Sommer hat es bei uns noch nie gegeben.«

Von Ende April bis Mitte Juli war kaum ein Tag vergangen, an dem es nicht geregnet hatte. In wenigen Stunden fielen Mengen wie sonst in einem Monat nicht. Die Folge waren massive Pilzerkrankungen in fast allen Rebanlagen. Viele Weinberge hatte der Mehltau mittlerweile grau verfärbt, und auch die Trauben, die durch die kühlen Temperaturen in ihrer Entwicklung weit zurückhingen, waren bereits geschädigt.

Ein Jahr zum Vergessen, wenn er es nicht so bitter nötig gehabt hätte. Er brauchte dringend eine respektable Erntemenge, steigende Preise und kaufwillige Kellereien. Zu viele unerfüllbare Wünsche auf einmal, und er war nur einer von vielen, denen es so ging. Die Keller der meisten Kollegen lagen wie auch bei ihm noch voll, und die Zeit wurde knapp. Wenn es so weiterging, steuerte man auf eine Noternte unreifer Trauben Mitte September hin. Wie sollte man unter Zeitdruck mit den Kellereien überhaupt verhandeln können? Das war ja genau deren Absicht: Abwarten, bis die Winzer verkaufen mussten, weil im Keller der Platz für den neuen Jahrgang gebraucht wurde, dem jetzt schon der Ruf der Ungenießbarkeit vorauseilte. Vielleicht würden sie dann für den letzten Jahrgang zumindest ein paar Cent pro Liter mehr bekommen. Ein frommer Wunsch mit geringer Aussicht auf Erfüllung, weil auch die paar Cent nicht viel daran ändern würden, dass es hinten und vorn nicht ausreichte.

Über die Milchbauern berichteten sie wenigstens ab und an im Fernsehen. Aber dass es den Winzern mit einem Literpreis von vierzig bis sechzig Cent nicht viel besser ging, das war niemandem bewusst. Die wenigen fetten Jahre nach der Jahrtausendwende hatten mit dazu beigetragen, das tiefe Grab auszuheben, in das ihre Branche nun langsam abgesenkt wurde. Damals hatte es knappe Jahrgänge gegeben, in denen für Fassweine gut bezahlt worden war. Deutsche Weißweine, insbesondere der Riesling, waren gesucht gewesen. Es waren Preise aufgerufen worden, die den Blick dafür verstellten, dass sich die Kellereien und der Handel schon nach günstigeren Alternativen umsahen. Und bei einer konstanten jährlichen Überproduktion, die den weltweiten Weinsee speiste, war es ihnen nicht schwergefallen, diese zu finden. Langsam, aber kontinuierlich waren deutsche Weine aus den Supermarktregalen verschwunden und durch Südeuropäer ersetzt worden, mit denen sie, die hiesigen Winzer, preislich ohnehin nicht mithalten konnten.

In seinem eigenen Keller lag der dritte Jahrgang in Folge, den er, wenn überhaupt, nur mit massiven Preisabschlägen losbekommen würde. Bei all denen, die nicht zumindest einen Teil ihrer Produktion selbst vermarkten konnten, waren die dünnen Reserven längst aufgebraucht. In diesem Monat hatte er zum ersten Mal den Kredit für die neue Kelterhalle nicht bedienen können, weil er die teuren Pflanzenschutzmittel für den Kampf gegen die Pilzerkrankungen nur noch gegen Bares bekam. Es war absehbar, dass ihm der ganze Laden um die Ohren fliegen würde.

Er wischte sich den Regen aus dem Gesicht. Darauf konnte man sich in diesem Sommer zumindest verlassen. Auf den ausgedehnten Schauer in der Nacht, der dafür sorgte, dass er ungestört dem nachgehen konnte, was er sich so viele Monate lang nicht getraut hatte. Die Not verschob die Prioritäten. Sie verdrängte die Angst und ließ den Hass wachsen. Ohne sich noch einmal umzuschauen, tauchte er ins Dickicht. Er schaltete die kleine

Taschenlampe ein, um auf dem kaum erkennbaren Pfad voranzukommen, der sich durch das Unterholz schlängelte. Sie schienen nach ihm greifen zu wollen, die brüchigen Äste der Hecken. Er verlangsamte seine Schritte, weil es bergauf ging. Noch ein paar Minuten, dann würde er nach einer geeigneten Stelle suchen.

Er ließ den schmalen Lichtkegel der Taschenlampe wandern. In seiner Erinnerung hatte das alles ganz anders ausgesehen. Eine über die Jahre zugewachsene Streuobstwiese, auf der die Bäume früher dicht beieinandergestanden hatten. Aber außer Hecken war nichts mehr zu erkennen. Kein dicker Stamm, überall nur noch dürres, nutzloses Geäst.

Dampfend schnaufte er gegen den Regen an und kämpfte sich weiter hinauf. Endlich wurde der Pfad durchs Dickicht breiter, aber er musste aufpassen, dass er auf dem vom vielen Regen durchweichten, seifigen Untergrund nicht ausrutschte.

Die Stelle war perfekt! Prüfend blickte er sich um und vermaß die Abstände. Eine winzige Lichtung zwischen zwei knorrigen Apfelbäumen. Er ließ den Lichtkegel seiner Taschenlampe wandern. Ein Stück weiter hatten es sich die Wildschweine gut gehen lassen: Die Erde war zerwühlt. Der Pfad führte an der Suhle vorbei weiter hinauf. Vorsichtig nahm er den Rucksack vom Rücken, hängte ihn an einen der Zweige und tauschte die Taschen- gegen die mitgebrachte Stirnlampe. Für das, was er vorhatte, brauchte er beide Hände und mehr Licht.

4

Der Dörrhof war endlich weg. Schnell schenkte sich Kurt-Otto Hattemer einen ordentlichen Schluck aus der Flasche nach. Viel war nicht mehr drin. Er hielt kurz inne und traf dann doch die übliche Entscheidung. Es lohnte kaum, das winzige Restchen wieder mit in die Küche zu nehmen. Genüsslich lehnte er sich in dem Plastikstuhl zurück und strich sich mit der flachen Hand über seinen ergrauten buschigen Schnurrbart. Der Kunststoff unter ihm quietschte verdächtig.

Kurt-Otto Hattemers Blick wanderte über das holperige Kopfsteinpflaster des Innenhofes bis zum offen stehenden Scheunentor in einiger Entfernung. Dort konnte er seinen Traktor erkennen, der bereitstand für den nächsten Morgen. Im Teufelspfad erwartete ihn jede Menge Arbeit. Der Graue Burgunder und der Bacchus daneben hingen böse durcheinander. Eigentlich hätte er bei beiden noch vor dem heftigen Gewitter am Wochenende die Haltedrähte einen Haken weiter hängen müssen. Die grünen Triebe waren in den letzten sieben Tagen regelrecht in die Höhe geschossen. Milde Temperaturen und das viele Wasser im Boden beschleunigten das Wachstum. Die Haltedrähte hätten die Triebe vielleicht ausreichend stabilisiert, sodass der Wind sie nicht so übel zugerichtet hätte, doch jetzt hingen sie kreuz und quer bis in die Gasse hinein. Reichlich Beschäftigung für den morgigen Tag. Einem Winzer wurde es im Sommer nie langweilig.

Er war spät dran in diesem Jahr, weil die unbeständige Witterung kaum ein geregeltes Arbeiten zuließ. Manche Böden waren mittlerweile so voller Feuchtigkeit, dass sie einem Schwamm glichen. Trat man an einer Stelle zu fest auf, quoll ein paar Meter weiter das Wasser gurgelnd in die Höhe. Nicht wenige seiner Parzellen glichen einer matschigen Sumpflandschaft. Sie waren nicht mehr in der Lage, noch mehr Wasser aufzunehmen, komplett gesättigt.

Dem Dörrhof hatte es einen frisch gepflanzten Weinberg

regelrecht hinweggespült. Die ganze letzte Woche war der Kollege damit beschäftigt gewesen, die hinabgeschwemmten Erdmassen mit dem Traktor und seinem Anhänger wieder den Hang hinaufzutransportieren. Eine beschwerliche Arbeit mit ungewissem Ausgang, denn in den Jungfeldern des Frühjahrs hatte sich noch keine Grasnarbe gebildet, die den Hang vor der Erosion bewahren konnte. Nach dem nächsten Sturzregen würde der Dörrhof mit seinen beschwerlichen Erdtransporten wahrscheinlich wieder von vorn anfangen müssen. Der rheinhessische Sisyphos, der den Weinbergsboden hinaufschaffte. Doch noch bevor er seinen Erfolg bestaunen konnte, war die Erde als Schlamm schon wieder hinabgerutscht.

In den sonst üblichen trockenen Sommern gab es solche Probleme nicht. Zwischen April und Juli fiel kaum Niederschlag, und als Winzer war man froh über jeden Tropfen. Dann glichen die Weinberge einer ausgetrockneten Steppenlandschaft. Nur die Rebstöcke mit ihren Wurzeln, die sich im Laufe der Zeit mehrere Meter tief ins Erdreich hineingearbeitet hatten, trotzten in sattem Grün der Trockenheit.

Doch in diesem Jahr war alles anders und er mit den notwendigen Handarbeiten mächtig im Verzug. Morgen würde er auch im strömenden Regen draußen bleiben müssen, in der Ganzkörpergummimontur, die ihn einschnürte wie eine Presswurst. Er stöhnte genervt. Die gelbe Gummilatzhose stammte aus Zeiten, in denen er etliche Kilo weniger gewogen hatte. Sie spannte nicht nur über dem Bauch und nahm ihm den Hang hinauf die Luft zum Atmen, sodass er wie eine alte Dampflok schnaufte, auch weiter unten zwickte sie bei jedem Schritt. Zudem schien sie sich über die Jahre, die sie unbenutzt in der Scheune im Spind neben der Werkbank gehangen hatte, auch noch verzogen zu haben, denn sie endete ein gehöriges Stück oberhalb der Knöchel. Eine regenfeste Hochwasserlatzhose. Aber es brauchte ihn ja niemand anzusehen, wenn sich denn überhaupt jemand bei den angekündigten Regenmengen morgen nach draußen in den Teufelspfad trauen würde.

Das stärker werdende Trommeln über ihm holte Kurt-Otto

Hattemer aus seinen Gedanken. Der nächste Schauer kündigte sich mit einzelnen großen Tropfen an, die auf die durchsichtige Plastiküberdachung seiner Veranda klatschten.

Er nippte vorsichtig an seinem Glas. Ein winziger Schluck nur, der half, die schlechte Laune am späten Abend zu vertreiben. Die konzentrierte Süße und das an Dörrobst erinnernde Aroma fluteten seine Zunge. Zehn Jahre war sie mittlerweile alt, seine Trockenbeerenauslese. Auch damals hatte es viel geregnet. Aber erst im Oktober. Die Ausbreitung der Edelfäule war dadurch beschleunigt worden. Botrytis cinerea, der Pilz besiedelte bei idealen Bedingungen vollreife Trauben. Er bohrte sich durch die Beerenhaut, um an das Wasser darin zu gelangen. Im Anschluss setzte ein natürlicher Austrocknungs- und Konzentrationsprozess ein, der dazu führte, dass von den Trauben nur mehr Rosinen übrig blieben.

Das Konzentrat des Jahrgangs war sein Lieblingstropfen, den sie mittlerweile fast alle verschmähten. Selbst der Dörrhof hatte sein Glas vorhin nicht leer getrunken. Früher hatten sie nicht genug davon bekommen können. Edelsüße, ölige Weine waren die Verkaufsschlager und in dieser Qualität wie sein 2006er nur selten und in winzigen Mengen zu ernten gewesen. Damals waren für Trockenbeerenauslesen und selbst für die leichteren Auslesen stattliche Summen bezahlt worden. Die Nachfrage war nicht zu stillen gewesen, vor allem nicht in kühlen Jahren.

Vom Klimawandel, über den sie in den heißen Sommern der letzten Jahre alle ständig geredet hatten, war damals noch nichts zu spüren gewesen. In einem kühlen Jahr hatte man froh sein können, wenn man eine Auslese und zwei Spätlesen erntete. Die aufgerufenen Preise und die daraus gespeiste Gier machten einige erfinderisch. Mit reichlich Zucker wurde nachgeholfen, um leichte und saure Weißweine aufzumöbeln, bis der große Skandal in den 1980ern alles in Trümmer legte. Von dem Moment an wollte sie kaum noch einer haben, die edelsüßen Dessertweine. Jeder von ihnen wurde verdächtigt, gepanscht zu sein. Als rein galten nur noch die trockenen, die davor kaum jemand hatte haben wollen. Zu sauer, zu wenig Aroma, keine Fülle, kein

Schmeicheln und Liebkosen der Geschmacksnerven. Bis heute hatte Kurt-Otto sich damit nicht anfreunden können und schien in dieser Beziehung einer der Letzten seiner Art zu sein. Eine aussterbende Spezies. Die Kollegen ließen ihn das nur allzu oft spüren. *Unser letzter lebender Süßwein-Dinosaurier. Die Ausmaße hat er mittlerweile. Den müssen wir unter Artenschutz stellen und später ausgestopft im Oppenheimer Weinbaumuseum hinter Glas präsentieren.*

Kurt-Otto seufzte, nahm noch einen größeren Schluck und ließ ihn genüsslich schmatzend im Mund kreisen. Für einen Moment schloss er die Augen, lauschte dem gleichmäßigen Trommeln des Regens, das ihn müde machte, und verbat sich weitere Gedanken an die längst vergangenen Zeiten. Sie kamen nicht wieder, und mit ihm würde nach dem kommenden Herbst auch der letzte der Alten verschwinden. Das war der Grund, warum sie plötzlich alle seine Nähe suchten. Er war nicht dumm. Jeder, der ihn sah, wollte mit ihm sprechen. Selbst die, die früher einen weiten Bogen um ihn gemacht hatten. Auf der Straße, im Weinberg. Manchmal kamen sie sogar zu zweit oder zu dritt, beäugten und taxierten sich gegenseitig, während sie ihm auf die Schulter klopften und seine Weinberge in den besten Lagen lobten, um sich gleich darauf selbst wortreich und umständlich ins rechte Licht zu rücken.

Klaus Dörrhof war schon zum vierten Mal abends bei ihm gewesen. Als Erster hatte er heute mit einem konkreten Angebot herausgerückt. Kurt-Otto musste schmunzeln und schluckte. Das Aroma getrockneter Aprikosen blieb auf seiner Zunge zurück, und in seinem Magen breitete sich eine wohlige Wärme aus. Dieser Wein war die beste Medizin gegen alle trüben Gedanken. Stimmte er dem Angebot Dörrhofs zu, dann wäre es vorbei. Unumkehrbar, für immer. Dann hätte die zweihundertjährige Familientradition ein Ende gefunden. Er wäre der letzte Hattemer, der in diesen Gemäuern gekeltert und Wein ausgebaut hatte. Wieder griff er nach dem Glas. Sein Gemütszustand forderte die Süße auf der Zunge regelrecht ein. Selbst als damals feststand, dass Renate und er keine Kinder bekommen konnten, hatte ihn dieser Umstand nicht so gequält. Alles hatte noch in weiter Ferne gelegen. Der Endpunkt war kaum auszumachen gewesen, schnell verdrängt und weggeschoben. Niemand hatte gewusst, was sich noch ergeben würde.

Jetzt stand nur noch eine einzige, letzte Weinlese an, bevor es endgültig vorbei sein sollte. Im November wurde er fünfundsechzig. Wer keinen Betriebsnachfolger hatte, der hörte in diesem Alter auf, weil es sonst keine Rente gab. Zumal die Lage auf dem Weinmarkt nicht so rosig war, um freiwillig noch ein paar Jahre dranzuhängen. Eine größere Reparatur an einem seiner vielen Geräte, die mit ihm in die Jahre gekommen waren, würde das wenige, was überhaupt übrig blieb, verzehren. Im letzten Jahr hatte er sogar draufzahlen müssen, weil die Preise für Fassware ins Bodenlose gefallen waren.

Als ruheloser Geist würde er trotzdem täglich seinen alten Fendt durch die Weinberge steuern, beschloss Kurt-Otto. In einer Endlosschleife ohne Sinn und Ziel, einem Hamster gleich, der in seinem Rad unermüdlich Runde um Runde drehte. Er schüttelte den Kopf und riss die Augen auf. Er würde daran zugrunde gehen. Das konnte Renate doch auch nicht wollen! Ein Kompromiss wäre es, wenn er dem Dörrhof die Weinberge verpachtete und selbst noch so lange ein paar schöne Parzellen pflegte, wie es körperlich noch ging und ihm die Arbeit Spaß machte. Altersteilzeit quasi. Er könnte seinen Traktor behalten, hätte eine tägliche Beschäftigung und am Ende des Jahres ein, zwei Fässer Wein für den eigenen Verbrauch. Wein, wie er ihn gerne trank, nicht so, wie die anderen ihm ihn vorschreiben wollten, trocken und mineralisch. Er brauchte ihn fruchtig und mit einer wohltuend intensiven Süße. Jawohl!

Er streckte sich, griff nach dem Glas und leerte es mit einem großen Schluck. Er konnte ihre Schritte im Hausflur hören. »Renate, mein Schatz, hast du noch etwas zu essen für mich? Tut mir leid, dass es so spät geworden ist, aber der Dörrhof wollte einfach nicht heimgehen.«

5

Vorsichtig setzte Locke das Stemmeisen am Fensterrahmen an und hielt inne. Es herrschte absolute Stille. Nur das Rauschen war zu hören, obwohl er nicht wusste, ob es in seinen Ohren war oder von den Bäumen um ihn herum rührte.

»Worauf wartest du noch? Mach endlich! Mir läuft schon die Brühe in den Nacken.«

»Halt's Maul!« Er hatte kaum hörbar gezischt. Dass sie nicht einmal in einer solchen Situation die Fresse halten konnten. Locke spürte, dass auch ihm der Schweiß kitzelnd aus den Achselhöhlen am Körper hinabrann. Sein Gesicht glühte unter der Sturmmaske. Wenn es doch schon vorbei wäre. Noch gab es einen Weg zurück. Bisher war nichts passiert, gar nichts. Das Stemmeisen lag schwer in seiner Hand. Durch die gummierten Arbeitshandschuhe spürte er das kühle Metall nicht, aber er wusste, wie es sich anfühlte. Auch jetzt, in diesem winzigen Moment, in dem er ins Schwanken geriet. Abbruch der ganzen Aktion! Es machte ohnehin keinen Sinn, es würde nichts bringen. *Lasst uns zu mir gehen.* Laute Musik bis zum nächsten Morgen und ein paar Flaschen Wein dazu, um in ihnen die Feigheit zu ersäufen.

Wie oft hatten sie das schon ausdiskutiert? Es brauchte ein Zeichen. So konnte es nicht weitergehen. Andere hatten es schon getan. Sie waren sowieso wieder die Allerletzten. Das Rauschen wurde lauter und kündigte ein Fahrzeug auf der ausgebauten Ortsumgehung an. Seine Muskeln kontrahierten, während er weiter abwartete. Schnell schwoll der Lärm an. Mit ihm kam Wind auf, der die Blätter um sie herum im dichten Gebüsch sich bewegen ließ. Dicke Tropfen fielen herab, aber ob es noch immer regnete, konnte er nicht sagen. Auf dem Weg hierher hatte es eigentlich aufgehört. Sie hatten den Wagen auf dem Parkplatz hinter dem Altersheim abgestellt. Halb zwei Uhr nachts, zu spät für einen Besuch bei der Oma. Auf dem geschotterten Feldweg neben der Landstraße trieb sich um diese Uhrzeit ohnehin niemand herum. Nicht unter der Woche und schon gar nicht bei dem Wetter. Jedes nahende Geräusch hatte sie in die Knie gezwungen. Im Schutz der Böschung hatten sie kurz ausgeharrt, bis das Fahrzeug an ihnen vorbei war, um dann ungesehen weiter voranzuhasten. Eine Viertelstunde hatten sie bis zur Rückseite der riesigen Lagerhalle gebraucht.

In diesem Moment donnerte der Lkw hinter ihnen auf der Landstraße vorbei. Mit aller Kraft drückte Locke das Stemmeisen nach unten, um es gleich darauf noch einmal anzusetzen. Das Glas der kleinen Fensterscheibe riss und fiel splitternd nach innen. Das Rauschen in seinen Ohren war jetzt so laut, dass er nicht mehr wusste, welchen Lärm er selbst produzierte. Die anderen hinter ihm drängten nach. Er hatte kaum noch Platz, um das Fenster herauszustemmen.

»Hör auf damit! Schlag den Rest der Scheibe ein und mach den Rahmen sauber, dann kommen wir alle durch!«

Er spürte, dass sie ihn zur Seite drückten.

»Gib schon her!« Josch riss ihm das Eisen aus der Hand und schlug die restlichen Scherben aus dem Fensterrahmen. »So passt das. Jetzt gehen wir alle rein, und morgen Nacht schneiden wir ihm den Riesling im Hähnerklauer ab. Der soll sehen, dass er zu weit gegangen ist.« Joschs Augen funkelten, dann war er auch schon durch die Öffnung verschwunden.

Nacheinander schoben sich auch die anderen beiden hindurch, die Beine voran. Locke folgte ihnen. Ein letzter Blick in das Gebüsch, das ihnen eben noch als Deckung gedient hatte. Die schmale Wiese dahinter war nicht zu erkennen, genauso wenig wie der Feldweg. Auf der Landstraße flammten die hellen Scheinwerfer eines Fahrzeugs auf. Seine Füße suchten nach Halt, den ihnen die glatte Wand nicht bieten wollte. Plötzlich spürte er den entschlossenen Griff um seine Fersen. Eine Macht, die ihn unerbittlich in die Tiefe zog.

»Was ist denn los mit dir?« Matschie blickte ihn fragend an. Unwirklich, der schmale Ausschnitt, den die schwarze Sturmhaube von seinem Gesicht frei ließ. »Komm, die anderen sind schon weiter.«

Er spürte den Schlag auf die Brust kaum. Kein Schmerz, nur eine Erschütterung.

»Weißt du noch, was du zu machen hast?«

Locke nickte schnell, weil die Augen eine Reaktion einforderten, doch Matschie war ihm schon vorausgeeilt. Zitternd hob Locke seine Hand und bewegte die Finger. Sie tasteten nach der Stirnlampe auf seinem Kopf, schalteten sie ein. Ein weißer Lichtstrahl flackerte hektisch vor ihm herum, während er vorsichtig kleine Schritte auf knirschende Glassplitter setzte. Er konnte sie hören. Weit entfernt und durch das immer noch gleichmäßige Rauschen hindurch. Ebenso das bekannte Quietschen eines Metallgewindes und sein Nachhallen in der Weite der riesigen Halle.

Als der blank polierte Edelstahl das grelle Licht seiner Stirnlampe zurückwarf, kniff Locke die Augen erschrocken zusammen und riss sie gleich darauf wieder auf. Was war bloß los mit ihm? Eisig rannen ihm dünne Ströme aus Schweiß den Rücken hinunter. Es war seine Idee, sein Plan gewesen, und er hatte keine Ahnung, was er in diesem Moment tun sollte. Aus einer anderen Richtung drang erneut das Geräusch eines quietschenden Stahlgewindes an seine Ohren. Metall, das scheppernd auf hartem Betonboden auftraf. Alles so weit entfernt. Ein Hall nur, der sich in seine Gehörwindungen verirrt hatte. Einer, der gar nicht für sie bestimmt zu sein schien. Locke fühlte sich in diesem Moment wie ein unbeteiligter Zuschauer einer Welt, der er nicht angehörte.

»Wasser marsch!«, rief Krücke oder Josch. Die Umgebung verzerrte die Stimme.

Lockes Lichtkegel wanderte in die Höhe, während sich ein zweites Rauschen zu dem in seinen Ohren gesellte. Wie ein starker, mit Wucht auf einen festen Untergrund treffender Strahl, der hart zurückgeworfen wurde. Das Rauschen schwoll an. Ohrenbetäubend, als stünde man direkt unter einem mächtigen Wasserfall. Es überlagerte alle anderen Laute. Nichts außer ihm war mehr zu hören.

Die plötzliche gleißende Helligkeit der unzähligen, im selben

Moment aufflackernden Neonröhren machte ihn einen Augenblick lang blind. Spitze Schreie drangen durch das Rauschen, das noch immer alles erfüllte. Locke folgte der Schlucht aus Edelstahlbehältern. Ein roter Strom vereinigte sich vor ihm mit einem zweiten helleren, der von links kam. Nach rechts öffnete sich ein schmaler Gang. Ineinander verschlungen lagen sie dort, völlig durchnässt. Ungelenke Bewegungen wie in Zeitlupe. Unten einer von ihnen, Krücke, Josch oder Matschie. Es war nicht zu erkennen. Auf ihm kniete der andere. Ihre Hände verkrallt.

»Zeig dein Gesicht, du feiges Schwein! Ich reiß dir die Mütze vom Schädel!«

Das Anstechrohr aus Edelstahl befand sich rechts von ihm unter der ovalen schwarzen Öffnung eines leeren Weintanks. Locke bückte sich langsam danach. Es war schwerer als erwartet, obwohl er doch ständig mit Weintanks zu tun hatte. Alles war jetzt klar. Kalt drang die Flüssigkeit durch seinen linken Handschuh, mit dem er sich eben noch auf dem Boden abgestützt hatte. Ein fettiger Kranz dünner Haare umgab eine fast lichte Stelle, auf die er mit voller Wucht hieb. Getroffen vom blanken Stahl, sackte der Mann in sich zusammen. Blut quoll aus der Wunde an seinem Hinterkopf. Feine Schlieren, die sich schnell im hellen Rosé des auslaufenden Weines verloren.

6

Posthalters Sigrun bot alle ihr zur Verfügung stehenden Kräfte auf und schraubte den Kunststoffdeckel der Wasserflasche so fest zu wie möglich. Die gefüllte Flasche stellte sie neben die anderen und betrachtete voller Stolz ihr Werk. Die halbe Nacht hatte sie im Bademantel auf der Straße verbracht. Zwischendurch waren ihr Bedenken gekommen, ob sich der Aufwand wirklich lohnte, doch jetzt hatte sich bestätigt, dass alles richtig und gut war. Sehr gut sogar. Sie nickte eifrig. Elf zweckentfremdete Sprudelflaschen standen vor ihr. Und ein Vielfaches ihres Inhalts wartete noch auf die weitere Verarbeitung. Eine stolze Ausbeute für eine Nacht, in der sie ansonsten doch wieder nur sinnlos stundenlang wach gelegen hätte, weil sie die Erinnerungen an die letzten siebzig Jahre nicht zur Ruhe kommen ließen.

Es war schlimmer geworden in den letzten Monaten. Fast jede Nacht trieben sie sie um, dafür dehnte sich der ehemals kurze Mittagsschlaf nach eins mittlerweile auf den gesamten Nachmittag aus. Manchmal trank sie ihren Nachmittagskaffee erst gegen halb sieben, wenn auf der Straße die Traktoren schon auf dem Heimweg waren und sich mühsam die steile Gasse hinaufquälten. Sie konnte sie alle am Klang erkennen, am Aufheulen, wenn sie vor ihrem Wohnzimmerfenster in den ersten Gang zurückschalteten, um auf dem letzten und steilsten Straßenstück nicht den Motor abzuwürgen.

Der ohrenbetäubende Schlag hatte sie aufschrecken lassen. Carmen Nebel hatte doch gerade erst das große Finale angekündigt, und sie wollte sie alle noch einmal sehen. Eigentlich hatte sie die ganze Zeit nur darauf gewartet. Auf den Anblick ihrer gemeinsam singenden Lieblinge auf der Bühne. Auf das funkelnde goldene Konfetti, das vom Studiohimmel regnete, und den Hauch Kunstnebel. Andrea Berg, Wencke Myhre, Mireille Mathieu und Howard Carpendale hatten zusammen »So ein Tag, so wunderschön wie heute« angestimmt. Die Tränen waren sofort da gewesen. Das Lieblingslied ihres Mannes aus dem Mund so vieler großer Stars. In diesem Moment hatte sie ihn wieder vor ihrem geistigen Auge gesehen. So lebendig, obwohl er doch schon seit mehr als zwanzig Jahren oben hinter der Kirche auf dem Friedhof lag.

Beim oder kurz nach dem großen Finale musste sie eingeschlafen sein. Erst der Donnerschlag hatte sie aufgeweckt. Auf dem Bildschirm hatten dunkle Waldszenen geflimmert. Bestimmt einer dieser Krimis, die sie nicht ausstehen konnte. Mühsam hatte sie sich nach der Ruhestörung aus dem Sessel gequält. Wer wusste schon, was da passiert war. Vielleicht eine Explosion irgendwo in der Nachbarschaft. Schnell hatte sie sich die Strickjacke über den dünnen Bademantel gezogen und war dann hinausgeeilt. Noch bevor sie ihr Hoftor zur Straße erreicht hatte, schwoll der Lärm an. Ein Motorrad heulte auf. Der Krach steigerte sich, um sich kurz darauf in einem weiteren bebenden Schlag zu entladen. Der Rüben-Rudi mit seiner Maschine, wer sonst. Sogar mitten in der Nacht. Sie musste nicht weitergehen, zog aber doch das Türchen zum Gehsteig einen Spalt weit auf und warf einen schnellen Blick hinaus. Er war auf einem seiner vielen verschiedenen Motorräder längst vorbeigerast. Weit über fünfzig Jahre alt war der Rüben-Rudi, der mit seinem Lkw im Spätherbst und Winter die Zuckerrüben abtransportierte, und noch immer unterwegs, als ginge er in die Berufsschule.

Sie hatte den Kopf geschüttelt. Es war der Geruch gewesen, der sie davon abgehalten hatte, das Hoftürchen sofort wieder zuzudrücken und abzuschließen. Es roch ungewöhnlich vor ihrem Haus. Obwohl der Regen aufgehört hatte, strömte ein schmaler Fluss an ihr vorbei, den Berg hinunter. Die Gemeinde musste dringend dafür sorgen, dass die Schmutz-Eimer unter den Gullydeckeln gereinigt wurden. Der viele Niederschlag der letzten Wochen schien sie restlos gefüllt zu haben, sodass sie kein Wasser mehr hindurchließen. Alles war verstopft, beim nächsten heftigen Wolkenbruch würde es die größte Sauerei geben. Am Ende liefen noch die Keller voll, und dann hätten sie alle den Schaden.

Im hellen Schein der Straßenlaterne vor Sigruns Haus funkelten die Wogen des gleichmäßig fließenden Bachs vor ihren Füßen. Seine Farbe und sein Geruch zogen sie magisch an. Ein schneller Blick die Straße hinauf und auch hinunter, nur zur Sicherheit. Die Nachbarn mussten sie nicht unbedingt in Bademantel und Strickjacke sehen. Dann hieße es wieder, die neugierige Sigrun mache die Nacht zum Tage. Vorsichtig beugte sie sich hinab und atmete tief ein, um anschließend den ausgestreckten Zeigefinger in den Strom zu tauchen. Als sie ihn wieder herauszog, war er rot gefärbt und roch nach Wein. Und schmeckte auch so. Ein Fluss aus Rotwein ergoss sich die Gasse hinab, und niemand schien es bemerkt zu haben.

Schnell eilte sie zurück ins Haus und sammelte mit wenigen Handgriffen alles zusammen. Das alte verbeulte Messblech, das sie sonst nur samstags zum Kuchenbacken verwendete, und den großen Putzeimer, den sie hastig noch einmal mit Wasser ausspülte. Gut gerüstet hetzte sie schließlich wieder nach draußen auf die Straße. Nicht dass es schon zu spät war. Das Wunder von Essenheim. Ein Schlaraffenland direkt vor ihrer Tür. Und die gesamte Nachbarschaft schlief. Dieser Umstand steigerte ihre ohnehin schon prächtige Laune noch zusätzlich. Das hatten sie davon, zur besten Zeit im warmen Bett zu liegen. Der schnelle Vogel fing den Wurm. Das alte Sprichwort schien sich in dieser leicht abgewandelten Variante wieder einmal zu bewahrheiten.

Hastig schaufelte Posthalters Sigrun den Rotwein in den Putzeimer. Sie hatte das Gefühl, als würde der Strom weiter anschwellen. Den gut gefüllten Eimer schleppte sie unter Aufbietung all ihrer Kräfte ins Haus und leerte ihn in Ermangelung weiterer tauglicher Großgefäße in die ohnehin nutzlose Badewanne. Sie duschte ja viel lieber, weil sie in ihrem Alter nicht sicher sein konnte, aus der Wanne wieder herauszukommen.

Um den breiten Weinstrom auf der Straße ein wenig zu kanalisieren, nahm sie den Putzlappen mit nach draußen. Fest zusammengerollt diente er als Barriere und führte ihrem Messblech schnell größere Mengen des kostbaren Weines zu. Sie verlor den Überblick darüber, wie oft sie den Putzeimer füllte und den auf diese praktische Weise gewonnenen Inhalt in ihre Badewanne kippte. Als der Strom im Morgengrauen langsam versiegte, war sie klatschnass geschwitzt gewesen, und ihr ehemals blütenweißes Nachthemd, der hellrosa Bademantel und ihre Strickjacke darüber hatten ausgesehen, als wäre sie dem Metzger im Dorf beim Schlachten zur Hand gegangen.

Jetzt strich sich Posthalters Sigrun ihre wirr in alle Richtungen stehenden Haare aus dem Gesicht und goss sich aus einer der noch offenen Wasserflaschen das bereitgestellte Weinglas voll. Vor lauter Arbeit war sie bis jetzt gar nicht dazu gekommen, den über die Nacht gehobenen Schatz zu verkosten und einer ersten eingehenden Begutachtung zu unterziehen. Die Idee mit dem Kaffeefilter war hervorragend gewesen. Die Straße war durch den vielen Regen der letzten Wochen eigentlich sauber, aber das eine oder andere kleine Steinchen hatte der Strom doch mit sich gerissen.

Sie schloss die Augen und atmete erleichtert durch. Die Müdigkeit war endlich da. Ein ordentliches und zufriedenstellendes Nachtwerk lag hinter ihr. Sie würde noch etliche weitere Tage und Nächte benötigen, um den Inhalt der fast bis an den Rand gefüllten Badewanne durch den Kaffeefilter in gereinigte Wasserflaschen zu überführen, aber dazu musste sie sich erst einmal um eine entsprechende Menge Leergut kümmern.

Schmatzend und voller Stolz kaute Sigrun auf dem ersten Schluck ihrer eigenen Abfüllung. Ihr Großvater, der über fünfzig Jahre lang neben der Arbeit in seinen Weinbergen die Poststation im Dorf geführt hatte und dessen Beiname auf sie übergegangen war, wäre zufrieden mit ihr gewesen. Plötzlich verzog sie das Gesicht, verbat sich aber augenblicklich jede Enttäuschung. Der Wein war bitter und reichlich sauer, doch das bekäme sie ohne größere Mühe hin.

Für den morgigen Rommé-Abend mit ihren beiden Freundinnen, der Käfergässer-Gerda und der Chaussee-Helga, hatte sie schon das richtige Rezept parat. Das Getränk hatte früher an jedem Silvesterabend in ihrem Haus einen kleinen Höhepunkt markiert. Das Traditionsrezept war von Generation zu Generation weitergegeben worden, und der Wein in der Badewanne war hervorragend dafür geeignet. Es musste ja nicht immer Likör sein. Sie würde einen ganz besonderen Eierwein daraus herstellen. Fünf bis sechs Eigelb pro Liter, reichlich Puderzucker und danach ordentlich mit dem Schneebesen so lange schlagen, bis sich eine schaumige Schicht auf der Oberfläche bildete. Ihre beiden Freundinnen würden Augen machen. Sie bräuchten ja nicht zu wissen, woher der Wein stammte.

7

Mit aller Kraft stemmte er sich auf den Schraubenschlüssel. Quietschend drehte sich die Schraube noch eine halbe Umdrehung weiter. Mehr ging nicht. Er schüttelte den Kopf. Das würde reichen. Nun war alles vorbereitet. Ein paar Stunden würde er trotzdem noch warten müssen, weil seit dem letzten Regen noch nicht ausreichend Zeit vergangen war. Der Boden war noch immer völlig durchweicht. Mit dem Traktor und dem schweren Laubschneider vorn drauf würde er tiefe Spuren in den Rebzeilen hinterlassen. Eine unnötige Bodenverdichtung, die in den kommenden Jahren die Staunässe und die Erosion am Hang noch verstärken würde. Eine in den Boden der Rebzeile gedrückte Regenrinne, die mit jedem weiteren Schauer, der sich in ihr als reißender Bach sammelte und den Berg hinunterstürzte, ein wenig mehr ausgespült werden würde.

Erst nach dem Mittagessen würde er mit dem ersten Laubschnitt im Dornfelder anfangen können. Bis dahin blieb ihm noch viel Zeit, die er mit einer sinnvollen Beschäftigung füllen musste, um nicht irre zu werden. Sein Vater war seit halb acht mit den drei Rumänen draußen. Sie bereiteten die Weinberge vor, die später sein Ziel sein würden. Wenn seinem Vater nicht zwischendurch ein anderer Gedanke kam, würden sie bis zur Mittagspause fertig sein.

Es war immer dasselbe. Morgens beim Kaffee besprachen sie den Tagesablauf, die Reihenfolge der zu erledigenden Handarbeiten, damit sie sich draußen nicht in die Quere kamen. Bis halb zehn funktionierte der Plan meistens, aber dann folgte der Alte seinen eigenen Vorstellungen. *Wir haben noch schnell den Riesling ausgebrochen. An jedem zweiten Stock sind knapp über dem Boden wieder frische Triebe nachgewachsen. Wie sieht das denn aus? Der Weinberg liegt direkt am Hauptweg, da kommen doch alle vorbei. Nachher heißt es noch, wir hielten unsere Weinberge nicht in Ordnung. Das will ich mir nicht nachsagen lassen! Schließlich bin ich für die*

Handarbeiten zuständig, und nur wer seine Weinberge in Schuss hält, hat Aussicht darauf, weitere Parzellen zu pachten.

Locke schnaufte genervt aus und strich sich mit den schwarz verschmierten Fingern die schweißgetränkten Haare aus der Stirn. Sein Vater wurde im August fünfundsiebzig, und es war absehbar, dass es auf Dauer so nicht weitergehen konnte.

Wenn er die Rumänen allein nach draußen schickte, klappte es gar nicht. Dann gingen sie spazieren, kamen abends heim und hatten nicht einmal einen halben Hektar bearbeitet. Begleitete sie der Alte, schafften sie mindestens das Dreifache, aber hielten sich nicht an das, was er morgens vorgab. Eigentlich bräuchte er bei ihrer Betriebsgröße einen festen Mitarbeiter, der die Handarbeiten an den Reben und die wechselnden Aushilfskräfte aus Rumänien beaufsichtigte. Alles ganz einfach, wenn ihm nur noch jemand erklären würde, wie er den bezahlen sollte.

Fünfzehn Hektar Weinberge, in den letzten zehn Jahren hatten sie ein ordentliches Weingut zusammengepachtet. Den gesamten Ertrag von einhundertfünfzigtausend Liter Wein hatte er im vergangenen Jahr für fünfzig Cent pro Liter im Schnitt an die Kellerei abgegeben. Die Berechnung der daraus resultierenden Jahresbilanz war keine hohe Mathematik. Der Umsatz für das letzte Wirtschaftsjahr belief sich auf fünfundsiebzigtausend Euro.

Im Sommer hatten zwei große Reparaturen am Weinbergsschlepper durchgeführt werden müssen, und während der Lese war außerdem noch der Gummisack der Kelter gerissen. Am Ende des Jahres war daher ein dickes rotes Minus von siebentausend Euro unter dem Strich aufgelaufen. Nicht eingerechnet seine eigene Arbeitszeit und die seiner Eltern.

Der Betrieb war ein Verlustgeschäft, schon im dritten Jahr in Folge. Sie lebten von den letzten Reserven, die aus den fetten Jahren nach 2000 noch übrig waren. Damals hatten die Kellereien für den Riesling fast zwei Euro pro Liter auf den Tisch geblättert. Direkt von der Kelter hatte er den größten Teil bereits in der Weinlesezeit verkauft, und das Geld war schon vor Weihnachten auf dem Konto gewesen. Es waren reiche Jahrgänge gewesen, die den Blick dafür verstellt hatten, dass weltweit viel zu viel Wein produziert wurde. Ihre kleine, vom Riesling-Boom gespeiste Sonderkonjunktur hatte daher ein viel zu schnelles Ende gefunden.

Jetzt hing der nächste Jahrgang am Stock, und er konnte zusehen, dass er bis zum Herbst zumindest einen Teil des Kellers noch geräumt bekam, damit überhaupt ausreichend Platz für die neue Ernte war.

Locke holte aus und schlug mit dem schweren Schraubenschlüssel auf den Vorderreifen des Weinbergsschleppers. Es war alles so aussichtslos. Er musste unbedingt mit seiner Schwester sprechen, die im Frühjahr bauen wollte. Das zweite Kind wäre dann schon auf der Welt und die Mietwohnung zu klein. Sie hatte daher bereits mehrmals darum gebeten, dass sie einen Teil ihres Erbes frühzeitig übertragen bekam. Der Alte hatte sich über die frohe Nachricht des Nachwuchses gefreut und seine Unterstützung zugesichert, weil er keine Ahnung von den wirtschaftlichen Realitäten hatte. In die Bücher schaute er schon seit Jahren nicht mehr. Er wusste nicht, dass schlicht nichts da war, was man seiner Schwester hätte geben können.

Noch einmal holte Locke aus, ließ den Arm dann aber sinken. Es sei denn, er verkaufte einen Teil seiner Weinberge an ihn. Bei dem Gedanken daran schrie er auf und hieb mehrmals mit voller Kraft auf den Reifen.

Deswegen waren sie doch gestern bei ihm gewesen. Um dem Appenheimer zu zeigen, dass sie sich nicht von ihm ausnehmen ließen. Krücke, dem das Wasser schon länger bis zum Hals stand, weil er drei Schwestern auszahlen musste, hatte der Appenheimer in der letzten Woche angeboten, seine Weinberge zu einem guten Preis zu übernehmen. Zu einem fest vereinbarten Entgelt könnte er den ehemals eigenen Grund und Boden dann weiter für ihn bewirtschaften, als Tagelöhner. Noch einmal schlug Locke auf den Reifen. Die höchste Form der Demütigung, die man als Winzer erleiden konnte.

»Wo rohe Kräfte sinnvoll walten. Maschinen brauchen Gefühl und keine Gewalt.«

Locke erschrak und riss den Kopf herum. »Was willst du hier?«

»Was ist denn das für eine freudige Begrüßung?«

»Wir hatten vereinbart, uns erst einmal nicht zu treffen.« Locke warf einen schnellen Blick um sich.

»Brauchst keine Angst zu haben. Hat mich keiner gesehen auf dem Weg hierher. In den Gärten hinter deiner Scheune war niemand. Außerdem geht es ihm gut. Ich habe ihn heute Morgen schon beobachtet. Du hast ihn nicht ins Jenseits befördert.« Josch lachte lautlos zuckend in sich hinein. »Sein Kopf ist verbunden. Scheinst ihm ordentlich einen über die Rübe gezogen zu haben. Geschieht dem Geldsack ganz recht.« Er blickte an Locke vorbei in Richtung Weinbergsschlepper. »Jetzt schon Laubschnitt? Meine sind noch nicht so hoch. Du hast einfach die fruchtbaren Lagen.« Er nickte ihm herausfordernd zu.

»Der Dornfelder im Garnstock wächst mir über den Kopf«, erwiderte Locke. »Der hängt so kreuz und quer, dass ich kaum noch durchkomme. Ich schneide ihn jetzt runter, und dann heften wir ihn fertig.«

»Das sind ja ganz neue Ansätze im Qualitätsweinbau. In der Weinbauschule habe ich das noch anders gelernt. Und soweit ich mich erinnern kann, hast du damals meistens neben mir gesessen, wenn du nicht gerade besoffen daheim im Bett lagst.« Josch grinste ihn an.

»Leck mich! Kriegst du es vielleicht bezahlt, dass du die Triebe alle paar Tage gerade stellst und deine Weinberge perfekt und ordentlich aussehen? Ich nicht!«

»War nicht so gemeint. Von dem Ideal unserer Lehrzeit sind wir alle mittlerweile weit entfernt.« Josch kam einen Schritt näher. »Ist ansonsten alles okay bei dir? Du warst gestern Nacht irgendwie komisch.«

»Sorry, war mein erster Einbruch.« Locke rang sich ein gequältes Lächeln ab.

»Dafür hat er aber ganz gut geklappt, fast professionell. Hast das Fenster souverän geöffnet und mir den Arsch gerettet.« Er klopfte ihm auf die Schulter. »Danke dafür. Es hat nicht mehr viel gefehlt, und er hätte mir die Sturmhaube vom Gesicht gerissen.

Aber solange wir alle dichthalten, kann uns keiner etwas. Im Ort erzählen sie, dass beim Appenheimer zwei Tanks gerissen sind. Produktionsfehler bei den Vierzigtausendern, die er erst vor wenigen Monaten bekommen hat. Der hat noch nicht einmal die Polizei gerufen.« Josch schüttelte den Kopf. »Verstehst du das? Produktionsfehler, keine Polizei, keine Anzeige, keine Täter. Wenn wir uns nicht selbst ans Messer liefern, passiert uns nichts.«

Für einen Moment schwiegen beide. Josch schien auf eine Reaktion zu warten. Er blickte Locke fragend an und fuhr dann selbst fort. »Ist ja auch egal. Jetzt hat er seinen Denkzettel bekommen wie schon andere vor ihm. Ich habe heute Morgen, als ich in Alzey Ersatzteile für meine kaputte Pumpe holen musste, einen Kollegen aus Worms getroffen. Dort haben sie vor fünf Wochen einen Tanklastzug mit italienischem Rotwein auslaufen lassen. So wie es uns die Franzosen vorgemacht haben. Die fackeln nämlich nicht lange, von denen können wir noch viel lernen. Der Abfüllbetrieb, für den der Wein bestimmt war, hat jetzt plötzlich zehn Cent mehr für den Roten des Wormser Kollegen geboten.« Josch streckte die Arme aus und öffnete die Hände, sodass Locke seine von der Arbeit im Weinberg gezeichneten Innenflächen sehen konnte. »Merkst du es? Die Aktionen wirken bereits. Die spüren den Gegenwind. Wir sind auf dem richtigen Weg.« Wieder klopfte er ihm auf die Schulter und sah ihn fragend an.

Locke wusste, was jetzt kommen würde, noch bevor sich Joschs Lippen bewegten. Er nickte, obwohl er das eigentlich nicht vorgehabt hatte.

8

Kurt-Otto Hattemer lehnte sich ausgedehnt gähnend auf dem Fahrersitz seines alten Fendt zurück. Es war an der Zeit, eine erste vormittägliche Verschnaufpause einzulegen. Er war heute außergewöhnlich früh in die Weinberge aufgebrochen, weil für den Nachmittag schon wieder heftige Schauer vorhergesagt waren. Bis dahin wollte er zumindest die Weinberge in Ordnung gebracht und die Triebe an den Reben aufgerichtet haben, die besonders schief hingen. Geschah das nicht und zum Regen würden noch heftigere Windböen dazukommen, so drohten die langen grünen Triebe in großer Zahl abzubrechen.

Er ließ seinen Blick über den Hang zu seinen Füßen schweifen. Fünfzig Jahre hatten die knorrigen Stöcke mittlerweile auf dem Buckel. Die Zeit hatte ihre Spuren an ihnen hinterlassen. Krumm und gebeugt standen einige da, mit tiefen Furchen im Stamm, und doch waren sie sein ganzer Stolz. Mit seinem Vater zusammen hatte er die Stöcke gesetzt. Es war der erste ihrer gemeinsamen Weinberge gewesen. Ein Ruländer! Er hielt als einziger Winzer weit und breit noch an dem alten Namen fest. Alle anderen hatten ihre Ruländer in Grauen Burgunder umgetauft. Die Italiener hatten es ihnen damals vorgemacht. Sie hatten Deutschland mit ihrem Pinot Grigio in den späten Achtzigern und frühen Neunzigern geflutet. Ein schicker leichter Sommerwein, den jeder aus dem Urlaub im Süden längst kannte. Schnell hatten die hiesigen Kollegen nachgezogen, froh für jeden sich ihnen bietenden Strohhalm, nachdem der Glykolskandal 1985 den Absatz süßer Weine massiv hatte einbrechen lassen. Der edelsüße, im Glas ölig stehende Ruländer, benannt nach dem Apotheker Johann Seeger Ruland, der die Sorte vor dreihundert Jahren in einem verwilderten Weingarten in Speyer entdeckt hatte, war durch den trockenen und leichten Grauen Burgunder restlos verdrängt worden. Mit dem Namen hatte sich auch der Stil verändert. Süße Graue Burgunder gab es kaum noch. Nur er füllte den Wein seines Weinbergs noch trotzig als Ruländer ab, so wie seine Familie es schon immer getan hatte.

Kurt-Otto griff nach der Kühltasche, die er jeden Tag mit in den Weinberg nahm. Sie enthielt die Grundversorgung für den langen Vormittag: eine zünftige Brotzeit und die Thermoskanne mit schwarzem Kaffee. Nur wenn es im Sommer extrem heiß wurde, stieg er auf eiskalten Pfefferminztee um, den Renate am Vorabend mit frischer Minze aus dem eigenen Garten zubereitete. Aus der Seitentasche zog er das rot-weiß karierte Handtuch und breitete es neben sich auf der schmalen Beifahrerbank seines Traktors aus. So hatte es schon sein Vater gehandhabt. *Zum guten Essen gehört auch eine tadellose Umgebung.* Mit der flachen Hand strich er das Deckchen glatt und postierte zunächst die Thermoskanne auf den oberen rechten Rand. Daneben stellte er seinen schon leicht angestoßenen Becher aus weißer Emaille. Munter summte er ein paar Takte eines Schlagers vor sich hin, während er hinter sich nach dem Werkzeugkasten tastete. *Weiße Rosen aus Athen.* Den Kasten hatte er schon vor vielen Jahren so auf der Rückseite seines Fahrersitzes befestigt, dass er ohne große Mühe nach ihm greifen konnte. Er beinhaltete seine persönliche Notfallausrüstung. All das, was es ihm ermöglichte, auch einen durch unvorhersehbare Umstände beeinflussten Tag weitgehend unbeschadet zu überstehen. Nana Mouskouri begleitete seinen Griff, mit dem er sofort fündig wurde. Das war seine Ordnung. Alles hatte seinen Platz. *Weiße Rosen aus Athen sagen dir »Auf Wiedersehn«.* Er stellte die Kondensmilch neben den Becher.

Als Letztes folgte die große Tupperdose mit den belegten Broten, die ihm Renate zusammen mit der Thermoskanne morgens noch in die Kühltasche gesteckt hatte. Sie musste heute später in die Schule als sonst, weil ihr Kurs, den sie am Nieder-Olmer Gymnasium in Geschichte unterrichtete, auf Klassenfahrt war. »Lass es dir schmecken.« Sie hatte ihm schnell einen Kuss auf die Wange gedrückt und war dann wieder ins Obergeschoss ins Bett verschwunden. Wahrscheinlich würde sie später auf ihrer Runde durch die Weinberge bei ihm vorbeikommen. Der Ruländer lag auf ihrem Kurs von knapp zehn Kilometern, den sie jeden Morgen joggend absolvierte, seit Jahrzehnten, sommers wie winters, immer vor dem Frühstück. Dass sie von fast allen im Dorf deshalb Renn-ate genannt wurde, störte ihn schon lange nicht mehr.

Er strich sich mit der Hand über seinen Bauch, der sich unter der blauen Latzhose abzeichnete. Das tägliche Gerenne und ihre deutlich voneinander abweichenden Ernährungsgewohnheiten hatten dazu geführt, dass Renate und er sich auch körperlich in ganz unterschiedliche Richtungen entwickelten. Renate, die einen ganzen Kopf kleiner war als er, war drahtig. Obwohl Kurt-Otto eisern darauf beharrte, über den Tag verteilt im Weinberg die annähernd gleiche Distanz wie sie vor dem Frühstück zurückzulegen, hatte er doch über die Jahrzehnte einige Konfektionsgrößen hinter sich gelassen. Wobei das nicht auf alle Kleidungsstücke zutraf, denn sein Körper besaß die Fähigkeit, lediglich an einzelnen Stellen, dort aber umso ausgiebiger zu wachsen. Vor allem im Bereich der Taille und des Bauches fiel ihm das selbst bei jedem Jahreszeitenwechsel auf. Seine zarte Verteidigung, dass seine Arme kürzer geworden seien, wollte Renate nicht gelten lassen.

Der Lärm hinter ihm unterbrach ihn kurz in seinen konzentrierten Gedanken. Er musste sich nicht einmal umdrehen, um zu wissen, wer der Verursacher war. Nur einer kam in Frage, und er ging ihnen allen damit gehörig auf die Nerven. Ohne aufzusehen, raste der Rüben-Rudi auf seiner Geländemaschine an ihm vorbei. In einer mit bunten Werbeaufnähern verzierten Jacke, die an den Ellbogen und den Schultern verstärkt und gepolstert war, saß er leicht gebeugt auf dem lang gezogenen Sitz. Wie ein Affe auf dem Schleifstein. Wo er hinwollte, war leicht zu erraten. Unterhalb des Hochplateaus, das sie im Dorf den Hiberg nannten und das in Richtung des Nachbardorfes Elsheim spitz zulief, erstreckte sich eine große verwilderte Fläche. Die Erbengemeinschaft hatte sich über Jahrzehnte nicht darauf einigen können, was mit der gut drei Hektar großen Obstwiese und dem dazugehörigen Weinberg gleicher Größe passieren sollte. Mittlerweile war alles so dicht zugewachsen und das Rebpflanzrecht erloschen, dass sich nur noch die Ortsgruppe der Naturschützer aus dem Nachbardorf für die Wüstung interessierte – und eben der Rüben-Rudi. Der bretterte mehrmals die Woche, wenn es das Wetter zuließ, mit seiner schweren Geländemaschine durch das Dickicht, das von einem Labyrinth schmaler Pfade durchzogen wurde, die er damit begehbar hielt.

Schmunzelnd und voller Vorfreude klappte Kurt-Otto den Deckel der Tupperdose in die Höhe und schluckte. Die Box war sehr schwer gewesen, was er mit einem Schnitzelbrötchen oder dicken Scheiben saftigen Fleischkäses in Verbindung gebracht hatte. Das Wasser im Mund war ihm zusammengelaufen, doch der Inhalt der Dose wich stark von dem ab, was er und sein Magen erwartet hatten. Er stöhnte deutlich hörbar und überflog den Hinweiszettel, den Renate obenauf gelegt hatte.

Meine liebe Reblaus, Dr. Jennewein hat mich darauf hingewiesen, dass deine Cholesterinwerte schon wieder stark erhöht sind. Ich unterstütze dich gerne bei einer schmackhaften Ernährungsanpassung. Deine Renate

Schnell ließ er seinen Blick über den Inhalt der Box gleiten. Nüsse, Trockenobst, einiges davon schwer bis gar nicht definierbar. Alles in allem wirkte das, was zwischen Thermoskanne und Kondensmilch auf dem rot-weiß karierten Deckchen thronte, wie die Grundausrüstung zum Dekorieren einer Batterie von Weihnachtsplätzchen. Vielleicht sollte er die Dose bei der ersten Vorsitzenden des Landfrauenvereins abgeben. Die konnte die bunte Mischung sicher gut für den Weihnachtsplätzchenbasar am zweiten Adventswochenende gebrauchen.

Sein Magen knurrte übellaunig in der Stille des Vormittags. Skeptisch klaubte Kurt-Otto eine Nuss aus der Dose, von der er annahm, sie ihrer Form und Beschaffenheit nach schon einmal irgendwo gesehen zu haben. Wahrscheinlich war sie Renates Quellmüsli entlaufen, um sich zwischen den Dörrobstspalten zu vergnügen. Schnell schob er ein paar sehr rote Rosinen und eine ausgetrocknete, leicht verbogene sternförmige Fruchtscheibe nach. Schon nach ihrem ersten Kontakt mit seinen Backenzähnen war Kurt-Otto klar, dass in seinem Mundraum keine ausgelassene Freude ob der für ihn neuartigen Nahrung aufkommen würde. Das Dörrobst entfaltete eine ungeahnte Klebewirkung und verdrückte sich fluchtartig in die am schwersten zugänglichen Zwischenräume seiner Backenzähne. Sein Mundgefühl ordnete das zugeführte Essen irgendwo zwischen Maoam und Kukident-Haftcreme ein. Sollte er das Zeug jemals wieder rückstandsfrei herausbekommen, würde er die roten Rosinen, die auch noch scheußlich sauer schmeckten, beim Patentamt als selbstklebenden Dichtstoff anmelden.

Hastig goss er sich einen ordentlichen Schwung Kondensmilch in seinen Emaille-Becher und ließ, ohne richtig hinzusehen, Kaffee aus der Thermoskanne folgen. Gleichzeitig versuchte er mit dem Zeigefinger der linken Hand, den stabil mitverklebten Strunk einer der Früchte zwischen dem letzten und vorletzten Backenzahn der rechten unteren Zahnreihe herauszuarbeiten. Da half nur ein kräftiger Schluck heißer Kaffee. Die Wärme würde das zähe Zeug mit Sicherheit aufweichen und er alles durch kräftiges Spülen herauslösen und ausspucken können. Kurt-Otto schloss konzentriert die Augen.

Er wäre jede Wette eingegangen, dass die Flüssigkeit wirklich nach Kaffee gerochen hatte, andererseits hatte der Dichtstoff in seinen Zahnzwischenräumen seine ganze Aufmerksamkeit beansprucht. Der Hauch Kaffeegeruch, der sich in seine Nase verirrt hatte, musste von der jahrelangen Befüllung der Kanne mit dem immer gleichen Heißgetränk stammen.

Trotz der beißenden Schärfe spülte Kurt-Otto ausgiebig weiter. Keine Krönung, aber die Brühe löste die widerspenstige Dichtmasse zumindest so weit, dass er sie mit der Zungenspitze herauspulen konnte. Mutig und entschlossen schluckte er den Brei hinunter und riss die Augen, die sich bereits mit Tränen gefüllt hatten, weit auf. Durch den Schleier konnte er sie kaum erkennen. Sie stand in ihren engen himmelblauen Laufhosen und einem ebensolchen -hemd vor seinem Traktor.

»Renate, was ist das?«

Sie reagierte mit einem Schmunzeln, soweit er das erahnen konnte. »Ingwerwasser. Das verleiht Schwung und Frische und wirkt außerdem gegen deinen Haarausfall. Ich für meinen Geschmack würde es aber nicht unbedingt mit Kondensmilch mischen.«

9

10. Februar 1985

Er atmete erleichtert durch und trieb den Besen weiter voran. Er brauchte das Ritual. Es beruhigte ihn, löste die quälende Anspannung und ließ den kalten Schweiß in seinem Nacken langsam trocknen. Eigentlich vollkommen idiotisch, dass er jedes Mal, nachdem der Lkw vom Hof gefahren war, den Gehweg vor seinem Gehöft fegte. Er schüttelte den Kopf und hielt kurz inne. Die anderen taten das nur am Samstag. Seit Generationen gehörte es im Dorf und auf der Hauptstraße zum guten Ton, dass vor dem Sonntag die Straße gefegt und damit das Wochenende eingeleitet wurde. Je nachdem, wann man sich zu dieser Arbeit entschloss, konnte sie gut und gerne mehrere Stunden in Anspruch nehmen, weil man um den ausgedehnten Plausch mit der Nachbarschaft nicht herumkam. Stille Post von Haus zu Haus. Wollte man eine große Neuigkeit im Dorf möglichst schnell verbreiten, dann war die Kehrzeit am Samstagvormittag zwischen zehn und zwölf Uhr die beste Gelegenheit dazu. Aufgestützt auf den Besen standen die Bewohner dann an ihren Grundstücksgrenzen in kleinen Gruppen zusammen.

Schnell beugte er sich hinunter und riss das Grasbüschel heraus, das es gewagt hatte, sich in einem breiteren Spalt zwischen den Pflastersteinen emporzurecken. Am Wochenende war er oft mit seinem Transporter unterwegs und lieferte Wein aus. Die anderen wussten das und nahmen deshalb keinen Anstoß daran, dass er den Gehweg dann fegte, wenn es ihm in den Kram passte. Als Beruhigungsmaßnahme in unregelmäßigen Abständen, aber mindestens einmal die Woche. Vor seiner Haustür und seinem Weingut sollte es ordentlich aussehen. Das erwartete die Dorfgemeinschaft, und das gehörte sich auch so, weil nicht wenige seiner Mainzer Kunden ihren Wein direkt vor Ort abholten. Dafür musste alles bei ihm gepflegt sein, vom Dreck und Schmutz der Woche gesäubert.

Das Kehrritual diente ihm aber auch dazu, sein Gewissen zu reinigen, nachdem der Lkw den Hof verlassen hatte. Eine bescheuerte Angewohnheit, die nichts half, weil er sich noch immer nervös umsah, wenn der Transporter eintraf, und das Scheunentor sofort wieder verschloss, sobald der Fahrer den Lkw rückwärts hineinrangiert hatte. Seine Nervosität war der einzige Risikofaktor bei der ganzen Sache. Der Schweiß, der ihm an den Schläfen hinablief und seinen Nacken glänzen ließ. Die hektischen Blicke in alle Richtungen. Dazu die weit aufgerissenen Augen und das laute Rumoren in der Magengegend. Wer ihn sah, konnte gar nicht anders, als Verdacht zu schöpfen. Der Vorgang selbst war vollkommen gefahrlos, mit keinem wirklichen Risiko behaftet, weil sie sich an die Regeln hielten. Man durfte nur nicht abheben, musste schön mit beiden Füßen auf dem Boden bleiben, wie es in ihrer Familie seit Generationen üblich war. Schon immer hatten sie auch den richtigen Riecher gehabt und keine Gelegenheit ungenutzt verstreichen lassen. Vor allem sein Großvater nicht. Den hätten sie eigentlich gleich nach dem Krieg für alles, was er damals an den Besatzungstruppen vorbei verschoben hatte, aufhängen müssen. Ein Großteil ihrer Weinberge war mit dem Geld aus diesen Geschäften bezahlt worden.

Und jetzt war wieder eine solche Zeit, in der man mit dabei sein musste. Es wurde Geld verdient. Wie zur Bestätigung klopfte er sich auf seine rechte vordere Hosentasche. Der Wein war verladen und vom Hof gefahren worden. Fünftausend Flaschen seiner 1983er Ruländer Auslese. Ein Drittel davon stand auf dem Lieferschein und der Rechnung mit dem üblichen Zahlungsziel von drei Wochen. Die Restsumme hatte er sofort in bar erhalten. Er spürte den Druck des Bündels in seiner Hosentasche. Vollkommen ohne Risiko, solange man nicht abhob und in der Kneipe mit den großen Scheinen um sich warf. Im Suff waren schon die sichersten Sachen ausgeplaudert worden. Und das hier war genau so etwas: eine vollkommen sichere Sache.

Alle wollten sie, die ölig süßen Auslesen. Und der Preis stimmte, wenn man nur ausreichend liefern konnte. Im letzten Jahr hatte es in keinem seiner Weinberge für Oechslegrade jenseits der neunzig gereicht. Der Sommer war zu kalt gewesen, es hatte kaum Edelfäule gegeben, die die Süße konzentrierte. Er hatte sich umsehen müssen, um weiterhin liefern zu können. Aber die Quelle schien unerschöpflich zu sein, und die Transportwege waren sicher. Der andere Wein verlieh seinem leichten Kabinett die nötige Intensität und das Volumen, um als reife Auslese durchzugehen. Dicht, süß, sämig. Alles ganz sauber, weil er sich auf die Beteiligten verlassen konnte. *Die Schweinereien können die Italiener mit Zuckerwasser und Chemie machen. Denen sind sie zum Glück auf die Spur gekommen. Seither laufen unsere Weine noch besser. Da ist nur Wein drin und sonst nichts. Das soll ruhig jeder überprüfen. Du kannst davon so viel bekommen, wie du brauchst.*

Er kehrte weiter. Eine Zigarettenkippe hüpfte zur Seite. Zwei Monate hatte er jetzt Ruhe, dann würde er bei ihm die nächste Partie abfüllen lassen. Eine Bacchus Auslese, die als leichter Kabinett noch unfertig in seinem eigenen Keller lag.

10

Der Regen nervte. Seit Wochen schon schüttete es jeden Tag wie aus Kübeln. Mittlerweile hatte er sogar schon das Gefühl, dass sich der Regen nach ihm richtete. Wenn er sich gegen elf aus dem Bett quälte und die Kopfschmerzen unter der lauwarmen Dusche bekämpfte, schien alles noch in bester Ordnung zu sein. Manchmal konnte er durch das kleine Oberlicht im Bad sogar einen Fetzen blauen Himmel erahnen, aber vielleicht hauchte ihm auch der letzte rote Cola-Schoppen des Vorabends diese Illusion ein.

Rudi Berkes verzog bei dem Gedanken daran seine Lippen zu einem breiten Grinsen. Seit er gelernt hatte, dass sein geliebter roter Cola-Schoppen in Berliner Szenekneipen neuerdings mit Eiswürfeln und einer Scheibe Zitrone unter dem Namen »Kalte Muschi« serviert wurde, hielt er immer einen ausreichenden Vorrat der Zitrusfrüchte bereit. Dass sie ihn dort aber auch in der Stärke tranken, die er bevorzugte, bezweifelte er. Seine Lieblingsmischung bestand nämlich aus reichlich tiefdunklem Dornfelder, der nur mit einem sparsamen Schuss Cola versüßt wurde.

Drei Wochen lang war er nicht mehr hier gewesen, weil es immer dann zu regnen angefangen hatte, wenn er sich in die Motorradkluft gezwängt und den Rückenprotektor angelegt hatte. Hier fuhr man nur hinein, wenn der Boden zumindest notdürftig abgetrocknet war. Seine Lieblingsstrecke führte durch das enge Dickicht. Schmale Wege, Bodenwellen und zwei ordentliche Sprünge. Er kannte jede Kurve und war in der Lage, auf dem geraden Stück hinunter die Tachonadel bis auf achtzig Stundenkilometer in die Höhe zu treiben. Um die folgende Neunziggradkurve unfallfrei zu bewältigen, mussten die großen Stollen seiner Reifen greifen können. War der Boden vom Regen hingegen frisch aufgeweicht, konnte er die Höchstgeschwindigkeit vergessen. Genauso wie den Nervenkitzel und den Kick.

Dann hätten vielleicht Vespafahrer ihren Spaß den Hiberg hinab gehabt, aber nicht er, der die Geschwindigkeit so liebte.

Langsam bog er über die Kuppe und vom Feldweg ab auf seine Cross-Strecke. Der Einstieg war so dicht zugewachsen, dass nur er ihn sicher fand. Aber hier hinein traute sich sonst sowieso keiner. Feiglinge alle miteinander. Sie fuhren lieber vierzig Kilometer weit zu einer ausgebauten Strecke, die auch noch gähnend langweilig war. Breite Rampen, die jeder hinauf- und hinunterkam. Wie Kindergeburtstag im Bällebad. Das hier war geil. Alles andere konnte man dagegen vergessen.

Seine neue KTM stand fast. Ein letztes Mal atmete er konzentriert in sich hinein. Das gehörte dazu. Das kurze Innehalten im Hang unmittelbar vor dem Start. Er brauchte die wenigen Sekunden der Ruhe nach dem Eintauchen in diese Welt. In ihnen ließ er alles andere hinter sich. Atmete es hinaus. Den nervigen Appenheimer, der meinte, Tag und Nacht über ihn verfügen zu können. Sollte er seinen Mist doch allein durch die Gegend fahren. Und diesen Irren, den er gerade aus seiner Scheune verjagt hatte. Rudi Berkes schüttelte den Kopf. Als Weinsammler hatte er sich ausgegeben. Auf der Suche nach einer Flasche eines ominösen Kometenweins. Keine Ahnung, was das sein sollte. Der Typ war einfach nur verrückt gewesen.

Berkes schüttelte noch einmal den Kopf und öffnete den Kinnriemen, der auf seinen großen Adamsapfel drückte. Hinfort mit diesen Gedanken. Hier war er frei. Er schrie einmal laut auf und gab Vollgas. Die dürren Zweige stoben zur Seite, er schoss durch ein Meer aus kleinen grünen Blättern geradewegs in die Tiefe und drückte sich von der Sitzbank in die Höhe. Die Äste schlugen gegen seine Beine. Die erste der beiden Bodenwellen näherte sich. Noch kein Sprung, weil er hier oben noch nicht schnell genug war. Er beschleunigte weiter. Heute war ein ausgezeichneter Tag für einen neuen Temporekord. Die achtzig würde er jeden Moment erreichen. Das Gefühl hatte ihm keine seiner vielen Frauen geben können. Am liebsten hätte er jetzt die Augen für einen kurzen Moment geschlossen. Höchste Erregung, Anspannung pur. Er brüllte die Freude heraus. Sein Kopf schoss in die Höhe.

Der dünne Stahldraht hatte seinen Schädel sauber vom Rumpf getrennt und dabei den Helm fortgerissen. Er blieb in den oberen Ästen eines Haselstrauches hängen, während Berkes' Kopf zu Boden fiel, um, den Restschwung ausnutzend, noch ein paar Meter weiterzukullern. Seine Augen blieben dabei weit aufgerissen, wirkten gierig und erstaunt, bis ihn die dicht stehenden dürren Fliedertriebe bremsten, die der Sonne entgegenwuchsen.

Die dünne Blutspur, die sein Schädel auf dem hellen Boden hinterließ, diente einer jungen Fuchsmutter wenig später als Wegweiser. Es gelang ihr, den Kopf bis an ihren Bau zu zerren, wo er ihren wenige Wochen alten Welpen als willkommene Abwechslung im sonst eher gleichförmigen Speiseplan diente.

Rudi Berkes' Rumpf verharrte trotz der Geschwindigkeit noch einen Moment aufrecht auf dem Motorrad. Seine Hände schienen sich verkrampft zu haben, vielleicht hatten sich aber auch nur seine Handschuhe im Brems- und Kupplungshebel verhakt und hielten ihn so auf der Maschine fest, die weiter den Hang hinabraste. Ein kurioses Schauspiel, das sicher für reichlich Gesprächsstoff im Dorf gesorgt hätte, hätte auch nur ein Zuschauer den kopflosen Rudi gesehen. Noch vor der Neunziggradkurve verließ die Maschine die ausgefahrene Spur und raste in das dichte Geäst eines alten Holunders. Der Motor erstarb, dann war nur noch das aufgeregte heisere Kreischen einer Elster zu hören, die sich erfolglos, aber lautstark bemühte, den leblosen Eindringling aus ihrem Reich zu vertreiben.

11

Renate hatte sich köstlich über ihn amüsiert. Sie grinste noch immer, als sich sein Tränenschleier bereits gelichtet hatte. Ingwerwasser mit Kondensmilch. Mandeln, getrocknete Sternfrucht, Acai- und Goji-Beeren.

»Der Ingwer wirkt gegen deinen schleichenden Haarausfall«, hatte sie gesagt. »Mandeln sind basisch, verfügen über einfache ungesättigte Fettsäuren und reichlich Ballaststoffe, senken deinen hohen Blutfettwert und verbessern außerdem deine Darmflora. Goji-Beeren aus den Anden stärken dein Immunsystem, entgiften und unterstützen die Sehkraft bis ins hohe Alter. Und die Acai-Beere aus dem Regenwald ist ein wahres Wundermittel. Sie besitzt enorme Mengen an Antioxidantien, hilft bei der Gewichtsreduzierung, weil ihre Ballaststoffe sättigen, beugt Hautalterung vor und wirkt sich zudem positiv auf das Herz-Kreislauf-System aus.« Renate hatte ihre Augenbrauen vielsagend in die Höhe gezogen. »Die Urwaldvölker nutzen sie sogar als Aphrodisiakum. Du siehst, meine Reblaus, nur das Beste ist mir für dich gut genug. Aber die Superfoods entfalten ihre volle Wirkung nur dann, wenn wir sie in großen Mengen über den ganzen Tag verteilt zu uns nehmen. Es würde mich daher außerordentlich freuen, wenn deine Tupperdose bis zum Mittag leer ist. Und hebe dir bitte noch ein wenig Resthunger auf. Du weißt, dass wir heute Abend zum Vorkosten für die Feier zu meinem sechzigsten Geburtstag mit dem Caterer verabredet sind.«

Kurt-Otto hatte auf Widerstand verzichtet. Gegen Renates Ernährungsfundamentalismus war kein Kraut gewachsen. Wie ein sommerliches Unwetter brach er über ihn herein. Aus dem Nichts und ohne Vorankündigung, unvorhersehbar, zwei- bis dreimal im Jahr. Was hatte er nicht alles schon über sich ergehen lassen müssen! Manchmal kam er sich vor wie ein Versuchskaninchen. Aber das hätte sich im Gegensatz zu ihm bestimmt freudig über die bunte Nuss- und Trockenbeerenauswahl hergemacht.

Renate war bald weitergelaufen. Zum Abschied hatte er sich zwei Mandeln und eine dieser unnatürlich roten Beeren in den Mund stecken müssen. An den Langzeitfolgen hatte er noch immer zu kauen. Die feigen Beeren klebten hartnäckig dort fest, wohin sich auch ihre Vorgänger verzogen hatten. Da er sich geschworen hatte, niemals wieder mit Ingwerwasser zu spülen, führte seine Zungenspitze nun einen schier ausweglosen Kampf gegen die hartnäckige Dichtmasse in seinen Zahnzwischenräumen.

Nur kurz hatte er erwogen, den gesamten Inhalt der Tupperdose auf dem Heimweg im Gebüsch zu verteilen, um die rheinhessische Tierwelt mit einer Extradosis Antioxidantien zu versorgen. Eine Verbesserung der Darmflora, reduzierte Blutfettwerte und gestoppter Haarausfall erschienen ihm ein guter Beitrag zur Gesunderhaltung der heimischen Fauna. Doch im Hinblick auf seine eigenen Probleme mit dem klebrigen und zähen Trockenobst hatte er von diesem Gedanken Abstand genommen. Er wollte nicht schuld sein, wenn die armen Tiere den Schnabel nicht mehr öffnen könnten und es zu einem Massensterben der Vogelwelt auf dem Hiberg käme.

Kurt-Otto hatte die Tupperdose also wieder in seiner Kühltasche verschwinden lassen, ohne zu wissen, wie er ihren Inhalt bis zum Mittagessen entsorgen sollte. Zum Glück hatte er die Notration in seinem Werkzeugkasten, die ihn wohlbehalten über die nächsten Stunden bringen würde. Schnell stellte er noch einmal sicher, dass sich Renate schon weit genug entfernt hatte. Sie war nur noch als kleiner Punkt zwischen den Rebzeilen zu erahnen. Seine Hand tastete sich bereits zwischen Schraubenziehern und Inbusschlüsseln voran. Da er einmal versucht hatte, in seinem Keller eine Bratwurstdose mit dem Schraubenschlüssel zu öffnen und Renate ihn dabei zufällig überrascht hatte, hatte er sich einen ganz privaten Dosenöffner angeschafft. Eine gute Investition, die sich auch jetzt wieder auszahlen würde. Kurt-Otto strich sich mit der Linken über Schnurrbart und Mund. Ein genüssliches Schmatzen folgte. Die Vögel hatten zu zwitschern begonnen, vielleicht hielt das Wetter ja doch länger als vorhergesagt. Die

Trauben, die gerade mal so groß wie Stecknadelköpfe waren, brauchten nichts dringender als ein wenig Sonne.

Endlich hatte er das, wonach er blind hinter sich suchte, gefunden. Kurt-Otto liebte nichts so sehr wie die unübertroffene Dosenbratwurst seines Lieblingsmetzgers aus Mainz-Finthen. Die Vorfreude, wenn sich der Deckel langsam hob und den fleischig-würzigen Geruch freigab, den er nur dann wirklich genießen konnte, wenn sich seine Renate nicht im gleichen Raum befand. Ihr missbilligender Augenaufschlag, den sie mit einem zarten Hauch Mitleid unterlegte, verdarb ihm den Spaß am Genuss. *Chappi für meine Reblaus.*

Sie war so ungerecht. Dosenbratwurst gehörte seit Generationen auf den Frühstückstisch der Hattemers, so wie diese getrockneten Beeren auf den der bemitleidenswerten Ureinwohner. Sein Großvater wie auch sein Vater hatten ihr Frühstücksbrot immer mit Dosenbratwurst belegt, und beide waren weit über neunzig Jahre alt geworden. Sein Organismus war auf dieses Trockenkost überhaupt nicht vorbereitet. Renate musste doch einsehen, dass sein Körper einfach nicht in der Lage war, das Zeug zu verarbeiten. Er musste an die armen Spatzen denken, die den vor der Kirche übers Brautpaar geworfenen Reis gierig aufpickten, nur um an den Körnern später elend zugrunde zu gehen, weil sie in ihrem Magen aufquollen. Auch Kurt-Otto spürte bereits einen sanften Druck im Unterleib. War das der Hunger oder doch schon die erste Folgeerscheinung seiner Nuss- und Trockenbeerendiät? Er strich sich behutsam über den Bauch. Schwer zu sagen, aber er schien nicht unbedingt stärker aufgegangen zu sein. Entschlossen langte er nach der Dose und platzierte sie dort auf dem Handtuch, wo die Tupperbox eine gähnende Lücke hinterlassen hatte. Ein spitzer Schrei entfuhr ihm noch, gleichzeitig zuckte er zurück und sank gleich darauf kraftlos in sich zusammen.

Ein Gorilla starrte ihn aggressiv und herausfordernd an. Schwarze Buchstaben auf grellrotem Untergrund: »Energiebündel«. War das der Name des Tieres? Wurden die jetzt schon zum Verzehr gehalten? Unsicher schüttelte er den Kopf. Keine

Wurstdose, sondern eine Papprohre mit schwarzem Verschluss stand vor ihm. Auf dem Rund konnte er Renates Handschrift entziffern: »Mische mich in dein Ingwerwasser. Du wirst sehen, wie gut ich schmecke.« Er drehte die Papprohre und las die Inhaltsstoffe: »Weizengras, Hanf, Maca, Chia und Chlorella«. Statt Dosenbratwurst hielt er eine Superfood-Pulver-Mischung für Tees und Shakes in der Hand.

Wütend warf sich Kurt-Otto herum und riss den Deckel seines Werkzeugkastens in die Höhe. Damit war Renate entschieden zu weit gegangen! Sein letztes Restchen Privatsphäre lag in Trümmern. Bisher hatte sie sich an sein Allerheiligstes noch nie herangetraut. Dieser Werkzeugkasten war tabu für Unbefugte. Er tauschte ihr Quellmüsli doch auch nicht gegen südafrikanisches Trockenfleisch aus. Noch gestern hatten sich zwei Bratwurstdosen gut getarnt in seiner unmittelbaren Nähe befunden. An einem sicheren Platz. Vor fremdem Zugriff geschützt. Sie waren sein Rettungsring, der Anker bei mächtigem Gegenwind und starkem Seegang gewesen. Jetzt herrschte in dem Werkzeugkasten gähnende kulinarische Leere, er fand nur rostiges Werkzeug. Nicht einmal den Dosenöffner hatte sie ihm gelassen. Der Plastikdeckel des Gorillas ließ sich ja auch einfach von Hand öffnen.

»Ach, Kurt. Das ist ja ein Zufall, dass ich dich hier treffe.«

Kurt-Otto zuckte schon wieder zusammen. Was war das nur für ein Vormittag! Hatten sie es denn heute alle auf ihn abgesehen? Helmut Kesselring blickte ihn freudig lächelnd mit seinem leuchtend roten Pausbackengesicht an.

Da er keine Antwort erhielt, fuhr der Kollege munter fort: »Ein kleines zweites Frühstück? Was packt dir denn deine Frau so ein?« Er grinste.

Kurt-Ottos Augen wanderten suchend umher. Kesselring musste sich angeschlichen haben. Einen Traktor hätte er gehört. Aber was machte er hier? Seine Weinberge lagen jedenfalls nicht in der Nähe. Über jede Abwechslung hätte Kurt-Otto sich normalerweise gefreut, über jeden kurzen Plausch unter Kollegen, aber nicht in dieser Situation. Schnell griff er nach der Dose mit dem Bild des aggressiven Menschenaffen und versuchte, sie möglichst beiläufig wieder in dem geöffneten Werkzeugkasten verschwinden zu lassen.

»Wir haben davon drei verschiedene daheim.« Kesselring nickte wissend zu ihm hinauf und verzog angewidert sein Gesicht. »Meine Gudrun streut sich morgens den ›Goldengel‹ aufs Butterbrot und versteckt ihn dann unter einer dicken Schicht Quittengelee. Mir pudert sie das Rührei mit dem ›Kraftprotz‹, bis es kaum noch zu erkennen ist. Da sind Maca, Guarana und gemahlene Traubenkerne drin.« Er zuckte mit den Schultern. »Und ich will nicht wissen, was sonst noch. Wenn du mich fragst, sollten wir unseren Frauen geschlossen den Besuch des Superfood-Ernährungskurses bei den Landfrauen verbieten.« Kesselring hatte sich in Rage geredet. Sein Schädel glühte. Er schien den Siedepunkt fast erreicht zu haben. »Oder noch besser: Wir fangen den Scharlatan von Kursleiter spätestens morgen ab, bevor er noch mehr Unheil anrichten kann.«

Kurt-Otto dämmerte langsam, dass er mit den Problemen mit seiner Renate nicht allein war. Er musste schlucken. Ein Kurs, etwa über mehrere Wochen? Es brauchte nicht viel Phantasie, um sich auszumalen, welche Tragweite das für seine körperliche Unversehrtheit haben konnte. So ein Kurs war eine ganz neue Dimension der Bedrohung. Der aktuellen Gefahrenlage war nicht mit einem kurzen Abstecher auf dem Traktor zum Metzger im Nachbardorf beizukommen, vielmehr erforderte sie Umdenken, Planung, Bevorratung und sichere Basisstationen. Der Kesselring war ihm mit Letzterem meilenweit voraus. Jeder der Kollegen im Dorf wusste, dass er in verschiedenen Weinbergen versteckte Versorgungspunkte unterhielt, die er im Laufe eines jeden Vormittags ansteuerte, um sich den einen oder anderen Schoppen zu genehmigen. Sein Know-how und sein erworbener Erfahrungsschatz waren in dieser existenzgefährdenden Situation nicht hoch genug zu bewerten. Kurt-Otto nickte. Sein Magen knurrte.

»Stimmt es, was sie im Ort erzählen?«, fragte Kesselring. »Dass du dem Dörrhof deine Weinberge versprochen hast?«

»Wer sagt das?«

»Er selbst.« Kesselring zuckte erneut mit den Schultern.

»Das könnte dem so passen. Nichts habe ich! Die gepachteten Weinberge gebe ich nach der Lese zurück, aber meine eigenen behalte ich noch ein paar Jahre.«

»Richtig so! Meine Kinder wollen meine Weinberge auch nicht übernehmen. Aber soll ich in zehn Jahren etwa daheim bleiben? Da werde ich ja trübsinnig.« Kesselring schüttelte den Kopf. »Hast du übrigens mitbekommen, dass beim Appenheimer heute Nacht zwei Weintanks geplatzt sind? Achtzigtausend Liter Rotwein sind ausgelaufen. Der Fluss hat sich wohl durchs halbe Dorf ergossen. So viel auf einmal, dass die Kanalisation damit überfordert war.«

Kurt-Otto guckte so ungläubig drein, dass Kesselring die Augen weit aufriss.

»Das weißt du noch nicht? Du kriegst ja gar nichts mehr mit!«

In diesem Moment schwor sich Kurt-Otto, nie wieder so früh morgens in die Weinberge zu fahren.

12

Er wusste, was sie vorhatten. Sie verhielten sich mehr als auffällig. Sie lag im Blick von jedem Einzelnen, die Unruhe. Beobachtete man einen von ihnen, konnte man vorhersagen, was die anderen taten. So einfach war das.

Er grinste breit. Schon in der Berufsschule waren sie immer zusammen unterwegs gewesen, und er hatte nie den Drang verspürt, sich ihnen anzuschließen. Er verabscheute ihre Nähe. Schon immer. So lange er denken konnte. Er brauchte niemand anderen, um sich seiner eigenen Existenz zu vergewissern. Und verstehen wollte ihn eh keiner. Das hätte ihre Fähigkeiten auch überstiegen. Er hatte niemals jemandem einen Vorwurf deswegen gemacht. Alles war gut so gewesen, wie es war, in den vielen Jahren, in denen es in ihm geschlummert hatte und doch gewachsen war. Langsam nur, aber stetig, bis er nicht mehr umhingekommen war, es zu akzeptieren. Einen langen Kampf hatte er gefochten, sich zur Wehr gesetzt, obwohl er von Anfang an gewusst hatte, dass das nicht funktionieren würde. Sein Weg war vorbestimmt, auch wenn sie daran nicht glaubten. Seit einiger Zeit stemmte er sich nicht mehr dagegen, nahm sein Schicksal und die sich daraus ergebenden Folgen an. Seither fühlte er sich frei und war sich sicher, das Gefühl würde sich noch verstärken.

Wenn er es sich recht überlegte, dann verband sie doch etwas. Ein unsichtbarer dünner Faden, der für niemanden außer ihm sichtbar war. Die vier waren sein Werkzeug, seine Marionetten, deren Fäden er in der Hand hielt. Ein Gedanke, der ihm so noch nie gekommen war, in dem aber reichlich Wahrheit schlummerte. Wie weit sie es wohl treiben würden, bis er eingreifen musste?

13

Verdammt, was wollte der denn hier? Schnell duckte er sich hinter seinen Weinbergsschlepper. Sein Herz hämmerte. Hitze schoss ihm in den Kopf. Er glühte. Leuchtend rot wie ein reifes Radieschen, das man gerade aus der Erde gezogen hatte. Seine schwarzen Locken bildeten sicher einen guten Kontrast dazu. Sie standen wirr in alle Richtungen, das dunkle Blattwerk der farbenfrohen Rübe.

Da er es nicht wagte, sich zu bewegen, konnte er nicht mit Sicherheit sagen, ob er näher kam. Aber wo wollte er sonst hin? Das war sein Hof, seine offene Lagerhalle, in der die Maschinen und Gerätschaften ordentlich nebeneinander aufgereiht standen. Sein Fuhrpark, sein Reich. Auch deswegen war er Winzer geworden. Der Traum am Anfang: ein schöner neuer Traktor, eine moderne Ausstattung, den ganzen alten Plunder ersetzen, mit dem sein Vater sich schon so lange abmühte. Er war verblasst. Alles war rostig, notdürftig geflickt. Kein Gerät, das nicht krumme Schweißnähte aufwies. Die Realität hatte ihn schneller eingeholt, als ihm lieb gewesen war. Der erstaunte Blick des Landmaschinenhändlers, als er vor fünf Jahren vor ihm gestanden hatte. *Und wie willst du bei den Fassweinpreisen die monatlichen Leasingraten aufbringen? Fahr den alten Schlepper noch ein paar Jahre und schau erst mal, wie sich der Betrieb unter deiner Leitung entwickelt. Dann verkaufe ich dir auch einen neuen Traktor.*

Am liebsten wäre er ihm in diesem Moment an die Gurgel gegangen, über den Schreibtisch aus abgegriffenem, billigem Furnier hinweg. Er hatte ihn wie einen kleinen Schuljungen gedemütigt, obwohl er sich doch längst auf dem Hof als Chef fühlte. Heute müsste er ihm dankbar dafür sein und ihm die Hand schütteln, würde er denn noch leben. Aber der Händler war im darauffolgenden Jahr umgekommen. Bei einem Verkehrsunfall irgendwo in Russland, wohin sie die großen Traktoren und riesige Mähdrescher lieferten. Zehn, zwanzig Stück auf einmal.

Verschreckt von dem Ratschlag des Händlers, hatte er jedenfalls bis heute kein einziges der rostigen alten Geräte seines Vaters ersetzt, was ihn vor den großen Schulden bewahrt hatte, die den anderen jetzt die Luft zum Atmen nahmen. Der Verkauf von Fasswein, von dem sie doch alle lebten, brachte kaum noch etwas ein.

Konzentriert lauschte er und versteckte sich weiterhin hinter seinem Schlepper. Wollte Eugen Appenheimer zu seinem Vater? Aber warum? Er konnte ihn gestern in der Nacht doch unmöglich erkannt haben. Ihre Gesichter waren vermummt gewesen. Er hatte ihn nicht einmal gesehen, weil er von hinten gekommen war. Auf Josch hatte er sich gestürzt, ihn niedergezwungen und auf ihm gekniet. Keine Polizei im Dorf, und alle redeten sie davon, dass zwei seiner Fässer dem Druck nicht mehr standgehalten hatten. Was zum Teufel wollte der Appenheimer jetzt hier bei ihm auf dem Hof?

»Wie lange willst du Feigling eigentlich noch hinter deinem Traktor sitzen und zittern?«

Locke zuckte zusammen. Appenheimer stand direkt vor ihm. Nur die Kühlerhaube des Schleppers befand sich noch zwischen ihnen. Seine Stimme klang so nah. Über seinen eigenen hämmernden Herzschlag konnte er ihn atmen hören. Kitzelnd suchten sich kleine Schweißtropfen unter Lockes Armen ihren Weg an seinem Körper hinab. Mit der ölverschmierten Rechten rieb er sich zitternd die Haare aus den Augen.

»Er wollte nicht anspringen.« Locke richtete sich auf und blickte Appenheimer kurz ins Gesicht. Knochige Wangen, eine kleine, aber spitze Nase und schmale, fast farblose Lippen. Ein borstiger, grau-schwarzer Kranz um die große Leere, die sich von seiner hohen Stirn bis zu seinem Hinterkopf zog. An seinem Hals die gleichen großen roten Flecken wie an seinen Händen. Irgendeine Hautkrankheit, die die betroffenen Stellen rosarot werden ließ. Er trug keinen Verband um den Kopf, wie Josch vorhin noch behauptet hatte.

Locke vermied es, ihm in die Augen zu sehen, konnte aber erkennen, dass sie gerötet waren. Appenheimer war um einiges jünger als sein Vater, befand sich irgendwo im Niemandsland zwischen fünfzig und sechzig. So weit entfernt, dass es Locke schwerfiel, sein Alter genauer zu schätzen. Er war groß und drahtig, ging manchmal leicht gebeugt. Die meisten Geschäfte machte er nicht mit ihm, sondern noch mit seinem Vater. Das Schicksal des Sohns, der den Betrieb noch immer nicht vollständig übernommen hatte, obwohl der Alte längst jenseits der siebzig war.

»Ist ja auch nicht mehr der Jüngste, dein Traktor.«

Locke spürte, dass Appenheimer seinen Blick suchte. Er wich ihm aus, schaute nach unten. Seine Augen irrten im Motorraum des alten Fendt herum auf der Suche nach einer Stelle, an die sie sich heften konnten. Es wollte sich einfach keine finden lassen. Hektisch huschten sie weiter.

Appenheimer ließ nicht von ihm ab. Er beugte sich über die Motorhaube und fixierte ihn mit seinem Blick.

Locke musste unweigerlich zu ihm aufsehen, sonst hätte er dagestanden wie ein auf frischer Tat ertappter Schuljunge. Eisern mühte er sich, Appenheimers Präsenz auszuhalten. Die bohrenden Augen. Der Blick, der sich seinen Weg tief in ihn hinein zu suchen schien. Die Stille, die sich ins Unendliche ausdehnte.

Appenheimers Lippen schimmerten jetzt noch blutleerer als zuvor. Seine Haut wirkte trocken. Streng zeichneten sich die senkrechten Falten um seinen Mund ab. Locke konnte eine Ecke des großen weißen Pflasters auf seinem Hinterkopf erkennen. Als Appenheimer bemerkt zu haben schien, wohin sich der Blick seines Gegenübers verirrt hatte, spürte Locke wieder die Hitze in seinem Gesicht.

Appenheimer brach das Schweigen. Seine Lippen verzogen sich zu einem schmalen Grinsen. »Der Schaden hält sich in Grenzen. Aber fester hättest du nicht zuschlagen dürfen.« Sofort war das Grinsen wieder aus seinem Gesicht verschwunden.

In Lockes Ohren rauschte das Blut. Ein betäubender Lärm, den die glühende Hitze noch verstärkte. Er versuchte, den Kopf zu bewegen, doch es gelang ihm nicht. Die Trockenheit in seinem Hals hinderte ihn am Widerspruch. Nur ein heiseres Krächzen hätte er herausgebracht. Viel zu wenig, um den Verdacht entschieden und überzeugend zurückzuweisen. Appenheimer konnte es nicht wissen. Die anderen hatten ganz sicher dichtgehalten. Wie kam er also darauf? Jeder hätte nach dem Zapfhahn greifen können. Jeder von ihnen.

»Ich weiß, dass in deinem Keller noch vierzigtausend Liter Dornfelder und Portugieser liegen. Die brauche ich jetzt dringend, um die Leere bei mir zu füllen.« Appenheimers Mundwinkel zuckten. Kein hinterhältiges Lächeln. »Ich gebe dir einen Euro pro Liter. Der Berkes holt morgen alles ab. Hier sind fünftausend als Anzahlung.« Appenheimer warf ihm einen braunen Briefumschlag entgegen.

Zu kurz die Entfernung, zu eingefroren seine Haltung, um reagieren zu können. Das dicke Kuvert prallte gegen Lockes Brust und fiel lautlos zu Boden. Das Rauschen in seinen Ohren überlagerte alles.

»Die höchste Gabe des Winzers ist ein guter Geruchssinn. In dem Moment, als du hinter mir aufgetaucht bist, konnte ich dich riechen.«

14

Es hatte schon wieder zu regnen angefangen. Wie am Morgen bereits angekündigt. Der Horizont lieferte nicht mal Grund für einen zarten Hoffnungsschimmer. Die nächsten zehn, zwanzig Liter pro Quadratmeter kamen herunter. Ein dichter Schleier nahm ihm die Sicht. Wenn es dumm lief, fiel über den Tag wieder so viel wie sonst in einem ganzen Sommermonat. Wie oft hatte er diese Ankündigung in den letzten Wochen schon im Radio und im Fernsehen gehört? Niederschlagsmengen, die sie hier, in einer der trockensten Regionen Deutschlands, noch nie in einem Sommer gesehen hatten. Der Monsun hatte sich nach Rheinhessen verirrt.

Kurt-Otto schnaufte genervt und stieg zum nächsten Stock den Hang hinauf. Der lange gelbe Regenmantel spannte bei jedem Atemzug über seinem Bauch. Ein kleiner, klarer Tropfen rann ihm die Nase herunter und fiel von deren Spitze. Zum Glück hatte er den im gleichen leuchtenden Gelb gehaltenen Regenhut heute Morgen noch eingepackt. Der verhinderte zumindest, dass ihm der Regen vom Kopf in den Nacken und dann bis in die Unterhose lief. Klatschnass war er unter dem Mantel trotzdem. Sein gelber Friesennerz war nur dann dicht, wenn man mit hängenden Armen auf dem Deich spazieren ging. Doch beim Heften, dem Ordnen der grünen Triebe und dem Hochhängen der Drahtpaare, die ihnen Halt geben sollten, wanderten die Arme unweigerlich in die Höhe. Es lag in der Natur der Reben, am Drahtrahmen nach oben zu wachsen und nicht wie Erdbeeren flach am Boden entlangzukriechen. Bei jedem notwendigen Handgriff lief das Wasser, das sich auf den Blättern gesammelt hatte, also munter in die einladend weiten Öffnungen der Ärmel und suchte sich von dort aus neugierig seinen Weg bis in die entlegensten Winkel unter der schützenden Gummimontur. Auf diese Weise hatte sich die Feuchtigkeit mittlerweile erfolgreich bis in Kurt-Ottos garantiert wasserdichte

Stiefel vorgearbeitet, die bei jedem Schritt am steilen Hang heiter quietschten.

So mussten sich seine Urahnen in jenem »Jahr ohne Sommer« gefühlt haben, dessen Folgen als Mahnung von Generation zu Generation in traurig ausgeschmückten Anekdoten weitergegeben worden waren. Auch seine Großmutter hatte die Erinnerung daran durch ihre Erzählungen wachgehalten. Als kleine Kinder hatten sie ihr gebannt zugehört, wenn sie von Zeiten berichtete, die sie selbst nur aus den Ofengeschichten der eigenen Urahnen kannte. Nachdem es im Jahr 1816 keinen Sommer gegeben hatte, waren Menschen verhungert, und die Zahl der Auswanderer nach Amerika war in die Höhe geschnellt. Alle wollten sie weg und dem Grauen entfliehen. Ein schreckliches Elendsjahr, das seither den Beinamen »Achtzehnhundertunderfroren« trug, weil selbst im Juni 1816 noch Schnee gefallen war. Ein einschneidendes Ereignis, das der rheinhessische Heimatschriftsteller Heinrich Bechtolsheimer in seinem Roman »Das Hungerjahr« eindrücklich verarbeitet hatte. Das Buch hatte Kurt-Otto vor vielen Jahren gelesen, etliche Details aus den Erzählungen der eigenen Familie darin entdeckt und sich anschließend über das »Jahr ohne Sommer« schlaugemacht.

Der Grund dafür war der Ausbruch des indonesischen Vulkans Tambora im April 1815 gewesen. Massen an Asche hatten den Himmel verdunkelt und die Temperaturen fallen lassen. Als Folge kühlte sich einige Jahre lang das Weltklima ab. In Erinnerung war ihm der Tagebucheintrag seines Urahns Johann Hattemer XI. geblieben, der alljährlich die Güte jedes Weinjahrgangs in wenigen Stichworten zusammengefasst hatte, um sie für die Nachwelt festzuhalten: *1816er – so sauer, nicht zu saufen.*

Kurt-Otto keuchte weiter zum nächsten Stock. Er zerrte an den Trieben, die sich fest aneinandergekrallt hatten. Das reinste Chaos. Zwei brachen direkt über der obersten der kümmerlichen Trauben ab. Er seufzte. Wenn es so weiterging, würde sein eigenes Urteil über den 2016er nicht anders als das seines Urahns über den 1816er ausfallen. Zumindest war es heute wärmer. Schnee war nicht vorhergesagt. Das hätte gerade noch gefehlt.

Er ließ die Arme sinken und schüttelte das Wasser aus ihnen heraus. Machte das überhaupt Sinn? Wenn er noch länger durch den Regen schlich, wäre er morgen mit Sicherheit krank und käme erst recht nicht mit den Heftarbeiten weiter. Außer den Rumänen vom Dörrhof hatte er heute niemanden in den Weinbergen gesehen. Die saßen alle daheim und warteten ab, bis es wieder trocken war. Solche Tage brachten ihn zum Grübeln. Vielleicht hatte Renate doch recht. Eine Parzelle würde ausreichen, um beschäftigt zu bleiben. Viele Kollegen im Ruhestand machten das so. Sie behielten einen einzigen Weinberg, der lediglich dazu diente, gegenüber der Ehefrau daheim zu begründen, warum man den Traktor weiterhin unbedingt brauchte.

Aber welchen? Welcher Weinberg war ihm der liebste? Unmöglich, eine Entscheidung zu treffen. Mit den meisten verband ihn mehr als nur eine Geschichte. Nach so vielen Jahrzehnten hingen sie ihm alle am Herzen. Sie waren Ersatz für die Kinder, die sie nicht hatten haben können. Deswegen kam er auch nicht weiter mit den vielen Kollegen, die um seine Gunst buhlten. Er hielt sie hin, weil er selbst nicht loslassen konnte. Brauchte er vielleicht den Regen, um klarzusehen? Kurt-Otto drückte einen Draht in die Höhe und hängte ihn in einem rostigen Haken ein. Alle erwarteten seine Entscheidung bis zum Herbst. Bis dahin würde der Druck stetig zunehmen, wenn er sich nicht erklärte.

Er schnaufte und wandte sich dem letzten Stock der Rebzeile zu. Er war schlicht noch nicht so weit. Das mussten Renate und auch die Kollegen einsehen, die das Fell des Bären in Gedanken schon unter sich aufteilten, noch bevor sie ihn erlegt hatten. Kein schöner Vergleich, aber er passte gut zu Kurt-Ottos Gemütslage.

Der anschwellende Lärm eines Fahrzeugs holte ihn aus seinen Gedanken zurück. Bitte nicht schon wieder einer, der ihm auf die Schultern klopfen, seine Weinberge loben und ihn daran erinnern wollte, wie gut sie sich doch schon immer verstanden hatten. Doch es war kein Traktor, sondern ein Auto, das er nicht zuordnen konnte und das sich ihm schnell näherte. Kurt-Otto schüttelte noch einmal die Arme aus, auch wenn das an der

Tatsache, dass seine Gummistiefel mittlerweile randvoll gelaufen waren, nichts änderte.

Der Wagen steuerte direkt auf ihn zu. Vorsichtshalber wich er einen Schritt zurück. Der Betonweg war so nass, er hatte keine Lust, einen riesigen Schwall der trüben Brühe, die reichlich Weinbergsboden mit sich führte, abzubekommen.

Der alte silbergraue Volvo Kombi bremste abrupt vor ihm ab. Die Fahrertür flog auf, und heraus hüpfte ein kleines kugeliges Männchen, das auf ihn zuhielt. Es schien sich am heutigen Tag schon öfter ohne Regenbekleidung unter freiem Himmel aufgehalten zu haben. Sein ausgebeultes hellbraunes Cordsakko zeigte ebensolche dunklen Flecken wie das rotbraune zerknitterte Hemd darunter. Die runden Gläser seiner Brille, die auf einer knubbeligen rot leuchtenden Nase saß, waren beschlagen. Die grauschwarzen, ehemals lockigen Haare hingen ihm nur noch leicht gewellt bis über die Ohren hinab. Der Mann sah aus wie ein begossener, schlecht frisierter Pudel. »Herr Hattemer?«

Kurt-Otto nickte, während er überlegte, ob sein Besuch im Weinberg ihn durch die Brille sehen konnte. Wie hatte er es überhaupt unfallfrei mit dem Auto bis hierher geschafft?

»Ihre geschätzte Gattin hat mir freundlicherweise erklärt, wo ich Sie finde.« Er sah sich kurz um. »Schön haben Sie es hier. So habe ich mir den Teufelspfad gar nicht vorgestellt.«

Kurt-Otto wusste nicht recht, was er antworten sollte. Das Wasser in seinen Gummistiefeln gurgelte, der Regen trommelte noch immer munter auf seinen Gummihut und durchnässte den Pudel ihm gegenüber immer stärker, dem das jedoch nichts auszumachen schien. Er hatte die Arme weit geöffnet, wie um sich anzuschicken, ihn zum Abschluss der Begrüßung zu umarmen. Waren sie denn heute alle wahnsinnig geworden?

»Mir wurde gesagt, dass ich bei Ihnen unter Umständen fündig werden könnte.« Er vollführte eine ungelenke Bewegung.

Kurt-Otto seufzte. Mit dem Vergleich eines nassen Pudels schien er nicht weit danebengelegen zu haben.

»Oh Gott, wie unhöflich von mir.« Der Mann klatschte in die Hände und kam einen Schritt näher. »Ich habe mich noch gar nicht vorgestellt.« Seine Hand schnellte nach vorn. »Perikles von Moldenhauer, Weinsammler.«

Ein fragender Blick, dann griff Kurt-Otto nach der ausgestreckten Hand direkt vor seinem Bauch. Er hatte keine Ahnung gehabt, was er sonst hätte tun sollen. Klein und warm lag sie jetzt in seiner.

Moldenhauer schüttelte sie so heftig, dass sein Oberkörper mitwippte. Er schien gar nicht mehr aufhören zu wollen. Ein glückliches Lächeln zeichnete sich unter der roten Nase ab.

»Angenehm.« Etwas Treffenderes war Kurt-Otto im Moment nicht in den Sinn gekommen.

»Das kann ich nur erwidern. Es ist mir eine Freude, Sie kennenzulernen, nachdem ich schon so viel von Ihnen gehört habe.«

Kurt-Otto wollte endlich wieder seine Hand zurück, doch der frisch geduschte Pudel schien sie nicht hergeben zu wollen. Munter schüttelte Moldenhauer weiter, bis Kurt-Otto seine Rechte entschlossen an sich zog. Endlich wieder frei.

Moldenhauer ließ seinen Blick an ihm hinabwandern. »Die richtige Ausstattung für dieses gewöhnungsbedürftige Sommerwetter. Als ich am gestrigen Vormittag in Berlin losgefahren bin, schien noch die Sonne. Die meteorologische Zweiteilung der Republik wird uns wohl auch in den nächsten Tagen erhalten bleiben. Ein Nord-Süd-Gefälle der neuen Art.« Der nasse Pudel gackerte wie ein altersschwaches Huhn. Er stellte sich auf die Zehenspitzen, sog lautstark Luft in sich hinein und wedelte mit den Händen vor seinem Gesicht herum, als fächerte er sich Luft zu. »Die Kalkmergelböden im Teufelspfad, der Schlamm des Urmeeres. Bei solchen Wetterbedingungen ist das Terroir sogar zu riechen.« Moldenhauer atmete aus und schloss die Augen. »Herb und erdig. Eine Umgebung, die starke Charaktere fordert.«

Kurt-Otto hatte jegliche Bemühung eingestellt, seinem Besuch gedanklich zu folgen. Ganz klar: ein Irrer, der versuchte, ihn zum Narren zu halten. Fehlte nur noch die versteckte Kamera. Keine Frage, dass sich das Publikum prächtig bei dem Film amüsieren würde. In diesem Moment war Kurt-Otto sich ganz sicher, dass allein sein Gesichtsausdruck ausreichte, um den Zusehern Lachsalven zu entlocken und Tränen in die Augen zu treiben.

»Ich muss jetzt weiter«, brummte er. Eine bescheuerte Aussage in diesem Moment im strömenden Regen. Mit einer kurzen Kopfbewegung deutete er in Richtung der nächsten Rebzeile.

»Ich begleite Sie gerne. Einem erfahrenen Winzer wie Ihnen bei der Arbeit über die Schulter schauen zu dürfen ist mir eine große Ehre.«

Wie kam er aus dieser Nummer bloß wieder heraus? Angestrengt suchte Kurt-Otto im umliegenden Grün der Rebanlagen nach Kameras. Sie waren zu gut getarnt für seine Augen.

»Ich bin auf der Suche nach edelsüßen Raritäten für meine umfangreiche Weinsammlung, die bis zum sagenumwobenen Kometenjahrgang 1811 zurückreicht. Damals konnte man einen Kometen über acht Monate lang mit bloßem Auge am Himmel sehen. Die Menschen haben ihm die außerordentliche Güte des 1811er Jahrgangs zugeschrieben, der sogar Eingang in die Literatur der Zeit fand. Ernst Moritz Arndt, Goethe und noch viele mehr durften ihn trinken und haben über ihn berichtet.« Der nasse Pudel lächelte selig.

Kurt-Otto musste an seine 2006er Trockenbeerenauslese denken, deren Trauben nicht weit von hier gewachsen waren, und an all die anderen feinen sämigen Tropfen in seinem Keller. Auch sein Urahne Johann Hattemer XI. hatte sich über den Kometenwein geäußert. Glaubte man seinen Aufzeichnungen, dann hatte er den letzten 1811er im Hungerjahr 1816 verkauft und damit die Existenz der Familie gerettet. Er musterte Moldenhauer noch einmal genauer. Endlich mal wieder jemand, der sich für die edelsüßen Schätze zu interessieren schien. Der deswegen sogar die beschwerliche Reise von Berlin auf sich genommen hatte und ihm nun im strömenden Regen hinterherlief. Man musste froh sein, wenn man auf einen wesensverwandten Weingenießer traf. Die Weinwelt hatte schon so viele Moden erlebt. Höhen und Tiefen im Winzerleben wechselten sich ab, davon konnte er ein Lied singen.

»Ich glaube, der Weinberg ist nicht der richtige Ort für ein

Gespräch. Lassen Sie uns zu mir nach Hause fahren, und wenn ich mich umgezogen habe, probieren wir einige meiner edelsüßen Lieblinge. Insbesondere die 2006er Trockenbeerenauslese ist ein Gedicht. Besitzt eine perfekte Trinkreife und Potenzial für mindestens zwanzig weitere Jahre.« Kurt-Otto empfand bereits wärmende Vorfreude.

Perikles von Moldenhauer strahlte zur Antwort übers ganze Gesicht.

»Eine kurze Frage noch: Essen Sie gerne Nüsse?«

Moldenhauer blickte erstaunt und nickte dann wild entschlossen.

»Dann habe ich etwas für Sie. Keine Weinprobe ohne ordentliche Grundlage!«

15

16. Juli 1985

Er gähnte. Das Wochenende steckte ihm noch immer in den Knochen. Sie hatten mal wieder alle zusammen und sehr ausgiebig gefeiert. Das kam nur noch selten vor, seit sie verheiratet waren. Die Bequemlichkeit wuchs, die Müdigkeit auch, besonders wenn der erste Nachwuchs auf der Welt war und die Nächte verkürzte. Er nickte bestätigend vor sich hin. Dazu kam noch die Verantwortung. Alle standen mittlerweile voll im Berufsleben.

Jochen hatte die Kfz-Werkstatt seines Vaters übernommen und erweitert. Zehn Leute arbeiteten schon für ihn. Eine ordentliche Belegschaft, die er mit dem Neubau im Elsheimer Gewerbegebiet noch vergrößern würde. Sein Laden brummte, weil er gut und günstig war und es verstand, mit der Kundschaft umzugehen. Jeder wurde vom Chef persönlich begrüßt. Ein Spaß hier, ein Schulterklopfen da, das waren die Leute von den umliegenden Autowerkstätten nicht gewöhnt. Sie kamen jetzt in Scharen zu ihm.

Heinz hingegen schob eine ruhige Kugel. Er schüttelte den Kopf. Er war einer der besten Lehrlinge im ganzen Land in seinem Fach gewesen, hatte sogar den Berufswettbewerb der Elektriker in Berlin gewonnen. Die Urkunde war ihm von Bundeskanzler Kohl persönlich überreicht worden, inklusive großem Foto und einem Bericht in der »Mainzer Zeitung«. Und jetzt gab er den Hausmeister in der Nieder-Olmer Grundschule. Sicheres Einkommen und kein Stress, ab sechzehn Uhr saß er im Trainingsanzug daheim auf dem neuen Sofa und ließ es sich mit dem ersten Pils und einer Tüte Kartoffelchips vor der Glotze gut gehen. Sein Körpervolumen nahm stetig zu, ein Ende des Wachstums war noch lange nicht erkennbar. Sein Humor hatte sich zum Glück nicht verändert. Er musste schmunzeln und konnte es nicht verhindern, dass ein weiteres Gähnen die Kontrolle über seine Gesichtszüge übernahm. Heinz erzählte noch immer die besten Witze. Hunderte an einem Abend, in einem fort, ohne Pause, wenn er begeisterte Zuhörer hatte.

Er war einer der Gründe, warum es am Wochenende so spät geworden war, und sein eigener Wein. Keine Ahnung, wie viele Flaschen sie zusammen geleert hatten. Eine Tafel wie zu ihren besten Zeiten. Der lange Tisch in seinem zum Probierraum für die Weinkundschaft umgebauten ehemaligen Kuhstall war voller Flaschen gewesen. Nirgendwo mehr Platz, um auch nur eine weitere sicher abzustellen. Martha, seine Frau, hatte am Sonntagmorgen beim Anblick des Schlachtfeldes angewidert das Gesicht verzogen. Aber wenn sie sich mit ihren alten Schulfreundinnen zum Grüne-Witwe-Trinken traf, dann artete das auch regelmäßig aus. Am Ende, wenn die Mädels den Curaçao geleert hatten und kein Orangensaft mehr übrig war, kam zur vollständigen Zerstörung regelmäßig die Reserveflasche Baileys auf den Tisch. Die Kopfschmerzen wollte er nicht haben. Er musste lachen und schon wieder gähnen. Martha schwor am nächsten Morgen stets mit einem Pfefferminztee in der Hand, nie wieder in ihrem Leben Likör, eine Grüne Witwe oder einen Batida-Kirsch anzurühren.

Er rieb sich über die schmerzenden Augen. Früher hatte er solche Samstage locker weggesteckt, jetzt begleiteten ihre Folgen ihn bis weit in die Arbeitswoche hinein. Er musste wach bleiben, zumindest so lange, bis Martha den Kleinen in den Schlaf gesungen hatte. Sie mochte es nicht, dass er schnarchend auf dem Sofa im Wohnzimmer lag, wenn sie wieder herunterkam. *Wie mein Vater. Ich kenne ihn nicht anders. Jeden Abend ist er nach zwei Minuten auf dem Sofa eingeschlafen. Ich kann mich nicht daran erinnern, während meiner Kindheit und Jugend abends mehr als zwei Sätze mit ihm gesprochen zu haben. So wirst du mir nicht! Dafür werde ich sorgen!*

Er klatschte sich seine Linke auf beide Wangen und drückte im Sessel seinen Rücken durch. »Otto, Lachmann der Nation«. Die Überschrift auf dem Titelblatt des neuen »Spiegel«, der auf dem Wohnzimmertisch neben ihm lag. Vielleicht hielt ihn ja der

Artikel wach. Martha wollte unbedingt in den Film gehen. Im Mainzer Residenz-Kino lief er am Donnerstag an. Anderthalb Stunden mit diesem Quatsch, die rechte Begeisterung wollte sich bei dem Gedanken daran und unter dem Einfluss des Restalkohols vom Wochenende nicht einstellen. Natürlich würde er sie ihr zuliebe begleiten, auch wenn er Kinos nicht ausstehen konnte. Die Sprungfedern der durchgesessenen Sitze stachen stets in seinen Hintern, und beim letzten Mal hatten seine Füße in einem Meer ausgekippten Popcorns gestanden, das noch von der Nachmittagsvorstellung dalag.

Gelangweilt blätterte er in der Zeitschrift. »Was ist an Otto so komisch?« Die ernst gemeinte Frage und Überschrift der Titelstory eines Politikmagazins. Es schien nicht wirklich viel im Laufe der Woche passiert zu sein. Er blätterte schnell weiter. »DDR hortet Devisen. Quecksilber verbuddelt?« So klang das Sommerloch.

»Frostschutz-Auslese in deutschen Kellern«. Die übergroße Weinflasche hielt seinen Blick fest. Er rang kurz mit sich. Nichts Neues, weil er die Nachricht schon Ende letzter Woche im Radio gehört hatte. Der Bundesgesundheitsminister warnte vor dem Genuss österreichischer Weine. Der vorläufige Höhepunkt des Weinskandals im Nachbarland, der schon seit zwei, drei Monaten schwelte. Wäre ja auch ein Wunder gewesen, hätten die Österreicher ihren mit Glykol verbesserten Wein nur im eigenen Land vermarktet. Er hatte sich schon lange die Frage gestellt, wie man Auslesen für eine Mark neunundneunzig im Supermarkt verkaufen konnte. Die Antwort war einfach gewesen: Die Österreicher hatten ihren dünnen Weinen Diäthylenglykol in zum Teil gesundheitsgefährdenden Mengen beigemischt, um ihm mehr Mundfülle, mehr Dichte und mehr Sämigkeit zu geben.

Er las: »Ein nahezu perfekter Weinschwindel schien möglich. Das süße Gift ist billig, allerorts frei verkäuflich und einfach in der Anwendung. Vor allem aber: Es ist schwer nachzuweisen, weil niemand bisher danach suchte. Einigen Weinhändlern kam das Mittel gerade recht. Sie konnten nun selbst Billigweine, chemisch veredelt, zu Spätlesen oder gar Eisweinen aufputzen.

Hin und wieder wurde der gepanschte Trunk sogar feierlich mit Gütesiegel und Goldmedaillen etikettiert. Solche Etiketten waren gut zu gebrauchen. Österreich produziert weit mehr Wein, als im Lande getrunken wird. Der Überschuss schwappt in den Export, überwiegend in die Bundesrepublik. (...) Der Export in die Bundesrepublik stieg dank der günstigen Preise im ersten Quartal im Vergleich zum Vorjahr um satte vierzig Prozent auf rund zehn Millionen Liter.«

Jetzt war die Aufregung groß. Die Weintrinker durchforsteten ihre Keller nach verdächtigen österreichischen Süßweinen, während die deutsche Bundesregierung anscheinend bereits monatelang gewusst hatte, dass gepanschte Weine aus dem Nachbarland auch in Deutschland verkauft wurden, ohne aktiv zu werden. Als Schuldigen hatte sich der »Spiegel« Heiner Geißler ausgesucht, der mit Helmut Kohl zusammen von Mainz in die Bundesregierung gewechselt war. Seit April schienen die beiden schon Bescheid gewusst zu haben. Passiert war wenig, und die Hysterie jetzt groß.

Er schlug die Zeitschrift zu, weil er glaubte, Marthas Schritte zu hören. Hoffentlich würden sie nicht auch darunter leiden müssen, dass einige österreichische Kollegen den Bogen überspannt hatten. Es war wichtig, auf dem Boden zu bleiben. Seine für Ende Juli geplante Abfüllung würde er morgen absagen. Alle wurden jetzt noch nervöser. Sein Ansprechpartner hatte ihm zwar versichert, dass bei ihm alles tadellos sei, aber niemand hatte eine Ahnung, worauf die Behörden die Kontrollen ausdehnen würden. Die Absage war richtig, auch wenn sie wehtun würde. Die Österreicher verschwanden jetzt nach und nach aus den Regalen, aber aus Angst vor dem Frostschutzmittel hätte sie sowieso niemand mehr gekauft. Von nun an stürzten sich alle auf ihre Weine, und er würde nicht liefern können.

»Noch nicht eingenickt?« Martha hatte die Tür einen Spalt weit geöffnet und strahlte ihn an.

Er erwiderte ihr Lächeln. »Hat nicht viel gefehlt. Jetzt ist es an dir, mich wach zu halten.«

16

»Du hast hoffentlich nicht vergessen, dass wir beide heute Abend eine gemeinsame Verabredung haben!«

Kurt-Otto sog noch einmal tief Luft durch die Nase ein. Keine Ahnung, wie lange dieser Wein noch stabil blieb. Gerade ganz alte Tropfen hielten oft nur ein paar Minuten stand, bis man zusehen konnte, wie sie sich unter dem Einfluss des Sauerstoffs in der Luft langsam eintrübten. Dann erloschen ihr Geschmack und ihr Duft, den sie für einen einzigen kurzen Augenblick offenbart hatten. Die Beerenauslese in seinem Glas war aus dem Jahr 1964. Eigentlich noch kein Alter, um so schnell zu gehen. Verzeihen könnte er es sich trotzdem nicht, würde er diesen Moment nicht genießen.

»Kurt-Otto!« Der schneidende Tonfall in ihrer Stimme war nicht mehr zu ignorieren.

Schnell hob er seinen Kopf, zwang sich einen erstaunten Ausdruck aufs Gesicht und sah Renate fragend an. *Habe dich gar nicht reinkommen gehört. Ist es denn schon so spät?* Nach mehr als dreißig Jahren Ehe wusste er, dass sie ihm seine Worte nicht glauben würde. Eher machten sie alles nur noch schlimmer.

Perikles von Moldenhauer sprang ihm bei. Der Pudel war mittlerweile getrocknet, sein sonst wohl lockiges graues Haupthaar nur schwach gewellt. Dafür leuchtete seine runde Nase so, dass er ohne weitere Verkleidung jeder Mainzer Fassenachtssitzung hätte beiwohnen können. Der begeisterte Glanz in seinen Augen passte dazu.

»Werte Frau Hattemer, es ist allein meine Schuld. Ich habe Ihren hochgeschätzten und verehrten Gatten zu lange in Beschlag genommen. Über den hochgradig interessanten Gesprächen haben wir die Zeit schlicht vergessen.« Er hob sein Glas zur Bekräftigung des Gesagten schräg in die Höhe.

Kurt-Otto befürchtete schon, dass der Schwung ausreichte, um einen Großteil des Glasinhalts quer durch das Kellergewölbe fliegen zu lassen, doch nichts Derartiges passierte.

Der Weinsammler nickte ihm zu und schmatzte mehrmals ausgiebig. »Spektakulär!« Moldenhauer schüttelte den Kopf. Die durch den Regen verklebte Haarpracht des Weinsammlers pendelte wie zwei flauschige Hundeschlappohren sanft nach. »Diese Frische und Lebendigkeit nach mehr als fünfzig Jahren. Unsereiner wäre froh, hätte er die vielen Jahrzehnte auch so unbeschadet überstanden. Die ehemals sicher opulente Süße ist fast vollständig verzehrt.«

Kurt-Otto seufzte. Wie hätte er wissen sollen, wie spät es war? Hier unten bekam man nichts mit. In das kleine alte Tonnengewölbe, das ihm als Lager seiner Raritätensammlung diente, fiel kein Licht. Und welche Verabredung meinte Renate? Er versuchte, sich zu erinnern. Ein sinnloses Unterfangen. Seine Gedanken klammerten sich noch immer an ihren Gesprächen fest.

Mit jedem Wein waren sie tiefer in die wechselvolle Weingeschichte eingedrungen, hatten Bögen gespannt. Moldenhauer kannte sich hervorragend aus, und Kurt-Otto hatte Erinnerungen aus der eigenen Familie beigesteuert.

Von den goldenen Jahren der Gründerzeit über den Zusammenbruch des Weinhandels im Ersten Weltkrieg bis hin zur Kluft zwischen den Fassweinerzeugern und den erfolgreichen selbst vermarktenden Winzern heute hatten sie sich vorgearbeitet. Schnell waren sie sich einig gewesen, dass der Aufschwung und die Euphorie in der Winzerschaft heute denen in den goldenen Jahren nach 1871 sehr nahe kamen. Der Erfolg zeigte sich damals wie heute in den Gebäuden. So viel, so groß und so opulent wie in den letzten zehn Jahren war lange nicht auf den Weingütern gebaut worden. Der Erfolg sollte durch die moderne Architektur der notwendigen Erweiterungen der stetig wachsenden Betriebe für alle sichtbar werden. Wie zur vorletzten Jahrhundertwende, als die teuersten Weine in den großen Hotels von Berlin bis München vom Rhein gekommen waren, herrschten heute goldene Jahrzehnte. Damals waren Rieslinge aus Oppenheim und Nierstein sowie Spätburgunder aus Ingelheim teurer als die großen Bordeauxweine gehandelt worden, die heute für Hunderte von Euro pro Flasche über den Atlantik oder an die neureiche Oberschicht in Russland und China verhökert wurden. Aber die Kluft war damals nicht so groß wie heute gewesen, wo sich ein tiefer Graben durch die Winzerschaft zog, der die Erfolgreichen von denen trennte, die zusehen mussten, dass sie über die Runden kamen, weil sie für ihre Fassware kaum noch gute Preise erzielten. Wie lange konnte das noch gut gehen?

Die Ähnlichkeit zwischen dem Damals und dem Heute war verblüffend. Nach drei Trockenbeerenauslesen, sechs Beerenauslesen, einem Eiswein und einer stattlichen Zahl einfacher Auslesen fühlte sich Kurt-Otto dem letzten und dem vorletzten Jahrhundert ganz nahe. Vielleicht brachte das auch das Alter mit sich. Früher hatte er sich kaum für die in einem alten Bücherschrank auf dem Speicher schlummernden Aufzeichnungen seiner Vorfahren interessiert. Mittlerweile nahm er als Abendlektüre gerne einen vergilbten Band zur Hand, um sich in den Notizen über längst ausgetrunkene Jahrgänge zu verlieren. Die Weinberge, in denen er heute noch täglich unterwegs war, waren dieselben wie schon vor zweihundert Jahren. Die gleichen Arbeiten waren zu erledigen, manchmal stand er sogar vor den gleichen Problemen und Herausforderungen, von denen seine Urahnen berichteten. Man konnte den Eindruck gewinnen, dass sich kaum etwas verändert hatte. Vielleicht waren die Schwankungen zwischen den Jahrgängen extremer gewesen. Früher hatte der Umfang der Erträge viel stärker variiert. Frühjahrsfröste und Hagelschauer hatten die Erntemengen in einzelnen Jahren fast bis auf null zusammenschrumpfen lassen. Dann hatten nur ein paar hundert Liter in diesem Keller gelagert, und man war froh gewesen, neben den Weinbergen noch ausreichend Felder, Wiesen und Vieh zu besitzen, damit die Familie das ertragsschwache Weinjahr überstand, ohne hungern zu müssen.

In dieser Zeit wurde der Eigenbedarf einzig mit dem Haustrunk gedeckt. Als Stärkung nahm man über Generationen hinweg einen verdünnten und leichten Wein mit in den Weinberg, der aus den Resten des Keltervorgangs hergestellt wurde. Dafür wurden die ausgepressten Beerenschalen und Kerne mit

Wasser eingeweicht und mit reichlich Zucker gemischt, stehen gelassen und noch einmal gekeltert. Da der Haustrunk vor allem in ertragsarmen Jahren immer wieder auch seinen Weg in den Handel fand und mit ihm nicht selten reguläre Weine zur Gewinnoptimierung gestreckt wurden, reglementierte man seine Herstellung schon zu Beginn des 20. Jahrhunderts und führte eine Meldepflicht ein. Ein späteres Weingesetz hatte dem Haustrunk dann endgültig den Garaus gemacht.

In manchen Jahren ließen lange Winter und ein verspäteter Vegetationsbeginn im Frühjahr den Trauben kaum genügend Zeit, um ausreichend zu reifen. Jahrelang lagen diese unreifen Weine dann im Holzfass, um Säure abzubauen. Manchmal wurden sie erst verkauft, wenn ein Totalausfall Jahre später die Nachfrage veränderte und alles auf dem Markt eine Chance hatte, was auch nur entfernt nach Wein schmeckte.

Sämtliche Weine seiner Vorfahren waren noch im Fass verkauft worden. Flaschenweine vertrieben um 1900 herum nur wenige große Betriebe direkt am Rhein. Bei seinem Urgroßvater kauften Gastwirte aus der Umgebung ihren Bedarf für den Ausschank. Auch Aufkäufer aus Mainz, Bingen und Ingelheim erwarben ganze Fässer, um sie dann selbst abzufüllen und weiterzuvermarkten.

In der florierenden Weinhandelsbranche waren nicht selten jüdische Händler mit von der Partie, bis diese von den Nationalsozialisten verdrängt und später verfolgt wurden. Die Weine seines Großvaters hatte über viele Jahre der Vieh- und Weinhändler Isaak Mayer erworben, der einen Teil der Abfüllung sogar bis in die USA verschiffte. Einer seiner Cousins hatte die Flaschen dort weitervertrieben.

Kurt-Otto bückte sich zum untersten Fach des gemauerten Lagerregals an der Stirnseite des Kellergewölbes. Die Feuchtigkeit hier unten setzte den Etiketten so zu, dass einige kaum noch zu entziffern waren. Doch er wusste, wo seine Schätze lagen. Zweimal schon hatte er bei diesen Flaschen den Korken gewechselt, weil der höchstens zwanzig Jahre durchhielt. Danach ließ seine Elastizität nach, womit das Risiko wuchs, dass die

Flaschen ausliefen. Aus ehemals drei waren mittlerweile zwei geworden. Bei jedem Neuverkorken hatte er schließlich testen müssen, ob sich der Aufwand überhaupt noch lohnte.

Vorsichtig zog er eine der beiden heraus. 1961er. Der erste Wein, den seine Familie selbst abgefüllt hatte.

Das Donnern der schwungvoll zugeschlagenen alten Kellertür holte ihn aus seinem gedanklichen weinhistorischen Exkurs zurück in die Gegenwart.

Renate war weg.

Moldenhauer zuckte mit den Schultern. »Es wird wohl besser sein, wenn ich mich jetzt zurückziehe. Es war mir eine große Freude, Sie kennenzulernen, und es würde mich noch mehr freuen, wenn Sie mich Perikles nennen.« Der Weinsammler streckte ihm das Glas entgegen. Er schien noch immer Durst zu haben.

Kurt-Otto schenkte ihm von der 1964er Beerenauslese nach und stieß mit ihm an. Warum war Renate eigentlich so schnell weg gewesen? Er hätte ihr gerne auch ein Gläschen zum Probieren gegeben.

»Ich habe ein Zimmer im ›Nonnenhof‹ bezogen und möchte noch einige Tage bleiben. Vielleicht können wir uns morgen noch einmal treffen. Einen ersten Überblick habe ich ja bereits gewonnen. Jetzt müssen wir uns nur noch über die Preise verständigen, aber dazu braucht es einen klaren Kopf.«

17

Verdammt noch mal, wo war dieser Idiot? Wieder besoffen im Puff, wie schon letzte Woche? Er hatte ihn auslösen müssen, weil zwei russische Bären, die nur gebrochen Deutsch sprachen, auf der Zahlung seiner Zeche bestanden. Knappe achthundert Euro, weil er im Überschwang ein halbes Dutzend Damen mit Schaumwein versorgt hatte, den er sich selbst mit Cola versüßte.

Es war schlimmer geworden mit dem Rüben-Rudi. Sollte er sich doch totsaufen, dazu fehlte sowieso nicht mehr viel. Gegen Ende ging es immer schneller bergab, er hatte es mit seinem eigenen Vater erlebt. Ein paar Jahre hatte er heimlich getrunken, dann war die Scham ersoffen, und er hatte sich ab morgens um zehn hemmungslos zulaufen lassen. War das so vier oder fünf Jahre lang gegangen? Er wusste es nicht mehr genau, aber im Grunde genommen war es ja auch vollkommen egal. Der Rüben-Rudi hatte schon die gleiche großporige Röte im Gesicht und kam kaum noch vor elf aus dem Bett. Oft lief er mit einer nicht zu ignorierenden Alkoholfahne bei ihm auf und wunderte sich dann auch noch, wenn er den Schlüssel für den Tanklastzug nicht bekam. Es gab andere, die für ihn einsprangen. Ein Schaden war bisher nicht entstanden, aber er musste immer aufpassen, dass sich der Rudi nur trocken auf den Fahrersitz hockte.

Dass er aber gar nicht auf seine Anrufe reagierte, wenn Appenheimer versuchte, ihn tagsüber zu erreichen, das war doch ungewöhnlich. Seit elf Uhr wählte er die Nummer im Stundentakt, und immer ging nach dem sechsten Klingeln die Mailbox an. Jetzt schon wieder. Eugen Appenheimer starrte kopfschüttelnd auf das Display seines Handys. Seine beiden anderen Fahrer waren im Urlaub, weil im Juli ohnehin nicht viel ging. Erst im August, wenn die Last des alten Jahrgangs drückte, wenn sie Geld brauchten und die Mengen, die draußen an den Rebstöcken hingen, sicher zu prognostizieren waren, kam in den eingeschlafenen Fassweinmarkt wieder neues Leben.

Musste er am Ende noch selbst den Rotwein bei dem Jungen holen? Das hatte er eigentlich vermeiden wollen. Der Besuch heute Vormittag hatte ihn mehr als genug Kraft gekostet. Sie hatten ihm einen Streich gespielt, weil ihnen das Wasser bis zum Hals stand. Er musste sich eingestehen, dass er sie falsch eingeschätzt hatte, was mehr schmerzte als die geklammerte Wunde an seinem Hinterkopf. Er hatte ihn gestern Nacht nicht mit voller Wucht getroffen, sondern im Schlag abgebremst, sonst würde er jetzt in der Gerichtsmedizin oder schon oben in der Leichenhalle liegen. Hergerichtet für die letzte Reise, deren Ziel unter der Erde lag.

Nur kurz war es schwarz vor seinen Augen geworden, dann hatte er sie wieder hören können. Sie hatten sich um ihn versammelt, hatten Angst gehabt, er könnte tot sein. Durch das Rauschen des Weines hindurch hatte er ihre Stimmen erkannt. Halbstarke Jungs, die sich mühten, die Machtverhältnisse auf den Kopf zu stellen. Ihre Anstrengungen waren ausweglos, aber wahrscheinlich hätte er es in ihrer Situation auch versucht. Nur hätte er keine halben Sachen gemacht.

Dass sie im Dorf über ihn hinter vorgehaltener Hand lachten, war zu verschmerzen. Doch genau aus diesem Grund war seine Reaktion noch wichtiger. Sie würde die alte Ordnung wiederherstellen. Sie waren zu viert, daher rührte ihr Mut. Und deshalb sollten sie alle mit ansehen, wie er ihm jetzt den Keller leer kaufte. Den Tanklastzug würde er laut hupend vorfahren und so parken lassen, dass ihn jeder sehen konnte, der mit dem Auto an dem Gehöft vorbeikam. Wenn man wie er die Eltern und Großeltern kannte, dann fiel es nicht sonderlich schwer, die Jungen einzuschätzen. Sie würden einknicken. Appenheimer schnaufte zufrieden, obwohl ihn dieser Schachzug eine ordentliche Stange Geld gekostet hatte.

18

»Was sollen wir denn um diese Uhrzeit schon hier?«

»Chill mal und nimm einen Zug.« Matschie hielt ihm den rauchenden Joint direkt unter die Nase und starrte ihn aus roten Augen an.

»Will ich aber nicht!«

»Sonst bist du doch immer der Erste.« Matschie zog seine Hand wieder zurück und nahm stattdessen selbst einen tiefen Zug. Die Glut leuchtete knisternd auf.

»Sind die anderen schon da?«

Er zuckte kurz mit den Schultern und drehte sich weg, um schlurfend voranzugehen.

Sie trafen sich meistens bei Matschie, weil dessen Mutter kaum da war. Die Eltern waren seit ewigen Zeiten geschieden. Der Vater, der in den Betrieb der Schwiegereltern eingestiegen und mit den Alten nie klargekommen war, hatte das Weite gesucht. Matschies Mutter lebte seit einigen Jahren mit einem anderen Mann zusammen, der aber nur in Ausnahmefällen hierherkam. Auch sie sah nur ab und an nach dem Rechten. Matschie hatte also sein eigenes Reich, in dem er schalten und walten konnte. Sie waren gerne hier zusammen, weil ihnen niemand Vorschriften machte.

»Was wollte der von dir?« Krücke und Josch saßen schon nebeneinander auf dem alten, niedrigen Sofa im Wohnzimmer. Der abgewetzte hellbraune Cord war kaum noch als solcher zu erkennen. Der Bezug der beiden Sessel, die zu der in die Jahre gekommenen Wohnlandschaft gehörten, waren noch in besserem Zustand. Im Raum stand die Luft. Es roch nach alten Joints, kaltem Rauch und Alkohol. Der Geruchsrestbestand der letzten Tage und Wochen. Auf dem Couchtisch, dessen ehemals glänzender Lack an vielen Stellen abgeplatzt war, herrschte gähnende Leere. Er musste aufgeräumt haben. Gestern Abend hatten sie zwei Flaschen von Joschs trockenem Riesling aus der Nonne getrunken, bevor sie sich auf den Weg zu Appenheimers großer Lagerhalle gemacht hatten.

»Jetzt sag schon!« Krückes Stimme klang sonderbar. Er richtete einen lauernden Blick auf ihn.

»Keine Ahnung, er war bei meinem Vater.« Locke wusste, dass das keine gute Notlüge war.

»Und du hast keine Ahnung, warum?« Krücke hatte fast geflüstert.

Alle drei starrten ihn an.

»Schnüffelst du mir hinterher?«

»Purer Zufall. Ich komme jeden Tag mindestens viermal bei dir am Weingut vorbei. Meine Weinberge liegen ja nicht erst seit gestern auf dieser Seite von Essenheim. Appenheimer kam von deinem Hof und hat wie ein glückliches Arschgesicht gelächelt.«

»Was weiß ich, was er von meinem Alten wollte. Die kennen sich eben. Vielleicht wollte er sich bei ihm wegen der ausgelaufenen Fässer von gestern Nacht ausheulen.« Locke zuckte mit den Schultern. Er wusste, dass sein Kopf wieder leuchtete. Sein Gesicht brannte vor Hitze. Diese Reaktion hatte er einfach nicht im Griff.

Krücke langte neben das Sofa und hielt einen durchsichtigen Gefrierbeutel in die Höhe.

Josch starrte Locke weiter an. Er verzog keine Miene. Was ging hier vor, nur weil Krücke den Appenheimer von seinem Hof hatte kommen sehen? »Bei euch ist er doch auch mindestens zwei-, dreimal im Jahr«, sagte Locke zu Krücke. »Wer kauft denn den meisten Fasswein im Dorf? Habt ihr das schon vergessen?«

»Dumm nur, dass ich gleich danach deinen Vater mit euren Rumänen am Hiberg gesehen habe.« In der kleinen Plastiktüte, die Krücke jetzt auf den Couchtisch legte, befand sich ein Handy. »Vielleicht trifft sich der Appenheimer ja heimlich mit deiner Mutter. Oder gibt es noch eine näherliegende Erklärung?«

Locke spürte ihre bohrenden Blicke. »Was soll das, du Arsch?«

»Was das soll, würde ich gerne von dir wissen.« Krücke

deutete mit beiden Händen auf das Handy in der Plastiktüte. »Das ist das Telefon von Rudi Berkes. Ich habe es heute Morgen in genau der Plastiktüte am ersten Stock meines Rieslings gefunden. Gut geschützt vor Regen und Feuchtigkeit.« Kurz senkte Krücke den Blick auf das Objekt seiner Erklärungen, dann sah er wieder Locke an. »Das muss ihm aus der Jackentasche gefallen sein, als er mit dem Motorrad auf den Feldwegen unterwegs war. An meinem Weinberg kommt er immer dann vorbei, wenn er zu seiner Cross-Strecke am Hiberg will. Der Akku ist noch relativ voll, allzu lange kann es also noch nicht dort gelegen haben.« Die nächste Pause folgte, und Krücke blickte ihn herausfordernd an. »Es klingelt andauernd. Immer der gleiche Anrufer, der vor einer knappen Stunde sogar eine SMS geschickt hat.« Sein Blick wanderte von einem zum anderen. »Und nun ratet mal, wer sich dahinter verbirgt?« Ein kurzes Schweigen. »Na? Ich höre ja gar nichts von euch. Hat's euch die Sprache verschlagen?«

Nur das Knistern von Matschies Joint durchbrach die angespannte Stille. Süßlicher Geruch stieg in Lockes Nase.

»Der Appenheimer«, löste Krücke das Rätsel.

In Lockes Schädel summte es. Die Hitze, die zu vielen wirren Gedanken, er wusste einfach nicht, was er sagen sollte.

»Und darf ich den Herren vorlesen, was er geschrieben hat?«

»Nun mach schon, Krücke. Es reicht! Wir platzen gleich vor Neugierde.« Das war von Matschie gekommen, der noch immer hinter Locke stand.

»Habt ihr etwa etwas gegen einen langsamen Spannungsaufbau?« Krücke grinste süffisant. »Keine Angst, gleich werdet ihr es erfahren. ›Beweg deinen Arsch hierher! Du musst Wein holen. Mehrere Fuhren.‹ Und nun ratet mal, wo der Absender den Empfänger hinbeordert. Vielleicht kann uns Locke weiterhelfen? Der treue Kamerad.«

In Lockes Rachen herrschte elendige Trockenheit. Er wollte husten, damit der Kloß verschwand, der ihn am Reden hinderte, aber selbst das wollte ihm nicht gelingen. Nichts, kein Ton kam über seine Lippen. Nur ein Schnaufen brachte er heraus.

»Zu dir. Dein Name steht da, dein beschissener Vorname steht da, nicht der deines Vaters! Und dafür möchte ich jetzt eine Erklärung haben.« Krücke schnaufte. »Wenn du uns verpfeifst, schlag ich dich tot!«

19

»Ach, meine Liebste, Sie sehen aber erholt aus! Es wirkt!«

Renate warf Kurt-Otto einen missbilligenden Augenaufschlag zu, obwohl er doch noch gar nichts gesagt hatte. Warum denn das jetzt schon wieder? Immerhin hatte er sich nach Perikles von Moldenhauers wortreichem Abschied, den er für weitere schnell hinuntergekippte Beerenauslesen genutzt hatte, umgehend ins Wohnzimmer begeben. Ihm stand der zweite Lichtblick des heutigen Tages bevor. Sein knurrender Magen, in dem sich lediglich ein paar trockene Nüsschen mit klebrigem Dörrobst vergnügten, hatte ihn schließlich an den Termin erinnert. *Und hebe dir bitte noch ein wenig Resthunger auf. Du weißt, dass wir heute Abend zum Vorkosten für die Feier zu meinem sechzigsten Geburtstag mit dem Caterer verabredet sind.* Kurt-Otto war hungrig und bereit, auch wenn er noch in seiner blauen Latzhose steckte. Deswegen auch Renates gerümpfte Nase und ihr leicht abfälliger Blick, der an ihm hinabwanderte.

Kurt-Otto betrachtete den Gast. So sahen also mittlerweile die jungen Metzger aus? Groß, klapperdürr und mit zurückgegelten schwarzen, welligen Haaren, die noch dazu von einem gezackten Haarreif gehalten wurden. Die männliche Kaltmamsell für Renates Geburtstagsbüfett steckte in engen und glänzenden schwarzen Hosen, ihr gut gebauter Oberkörper zeichnete sich durch das dünne rote T-Shirt deutlich ab. Warum nur musste Kurt-Otto in diesem Moment an die Schrumpfkapseln aus Plastik denken, die auf den Hals der Weinflaschen gesteckt wurden? Eine glühende Heizspirale sorgte dann dafür, dass sie sich zusammenzogen und fest am Glas anschmiegten. Es würde ihn nicht wundern, wenn sich der Jungmetzger morgens auf ähnliche Art in seine Arbeitskleidung einschweißte.

Das Gewicht an seinem rechten Arm erinnerte Kurt-Otto an seine Aufgabe. Auch Renates Blick hatte sich mittlerweile dorthin verirrt, aber er konnte ihren Gesichtsausdruck nicht wirklich einordnen. Oder galt der vielleicht seinen ausgetretenen Filzpantoffeln?

»Ich habe einen kleinen Querschnitt mitgebracht«, machte er endlich den Mund auf. »Ist ja nicht immer leicht, den passenden Wein zum Braten zu finden. Je nachdem, wie er gewürzt ist, passt er oder eben nicht. Aber dafür sind wir ja hier zusammengekommen. Man muss es einfach ausprobieren.« Kurt-Otto stellte den Plastikträger mit sechs Weinflaschen auf den Wohnzimmertisch neben das überdimensionale Holzbrett, das noch mit einer Alufolie abgedeckt war. Sein Magen knurrte vernehmlich. Mit der Hand strich er sich über seinen Schnurrbart und schmatzte in wohliger Vorfreude.

Als Renate den smarten Metzger anlächelte und dieser mit einem vielsagenden Augenaufschlag reagierte, wusste Kurt-Otto, dass es zu spät war. Das Gefühl, dass das hier irgendwie eine andere Veranstaltung war als die, die er erwartet hatte, war nicht mehr zu leugnen.

»Liebe Renate«, der Blick des Jungmetzgers hing an seiner Frau, »unser Hauptaugenmerk bei der von mir mitgebrachten Auswahl gilt den freien Radikalen und dem oxidativen Stress.«

Kurt-Otto schmatzte erneut, weil sich in seinem Mund noch immer in falscher freudiger Erwartung auf die erste Vorspeise Flüssigkeit sammelte. Freie Radikale hier bei ihnen? In seinem Kopf rasten die Gedanken. Farbige Bilder von bärtigen Männern und kahl geschorenen Schädeln blitzten auf. Aber was hatte der von Renate engagierte Metzger damit zu tun?

Der schien seine Frau nun beruhigen zu wollen, indem er nach ihren Händen griff. »Ich bewundere Ihren Mut, liebe Renate, und habe meinen Fokus ganz auf Zutaten gerichtet, die antioxidativ, entzündungshemmend und vor allem aktivierend wirken.« Mit einer knappen Bewegung löste er sich von seiner Frau, griff unter die Alufolie und zog nacheinander drei kleine Gläschen hervor, die sonst vermutlich ein Teelicht beherbergten.

Kurt-Otto konnte in ihnen eine dickflüssige grüne Masse erkennen.

»Das Amuse-Gueule!« Der Metzger reichte ihnen je ein klitzekleines Glas, nippte selbst nur kurz am eigenen und blickte dann fragend auf.

Kurt-Otto bemühte sich redlich, die heftig aufkeimende Enttäuschung wegzulächeln. Das war bestimmt die Vorspeise vor der Vorspeise. Kein Grund zur Besorgnis. Schnell leerte er das Gläschen. Die Suppe war kalt und schmeckte nach Gemüse. Nicht dass das schon ein Problem für ihn darstellte. Eines der bekanntesten rheinhessischen Gerichte war eine Suppe, und gegen die hatte er nichts einzuwenden. Die traditionelle Kartoffelsuppe, Grumbeerbrie genannt, gehörte als fester Bestandteil in den kulinarischen Jahresablauf. Sie wurde an kalten Herbsttagen draußen im Weinberg zur Stärkung der Lesetruppe serviert. Ein Teller dicke und heiße Kartoffelsuppe, auf die man zwei mächtige Scheiben grobe Leberwurst mit reichlich weißem Fett bettete. Die Hitze der Suppe ließ die Leberwurst schön weich werden, wodurch sich das Fett zu strahlenden, glücklich machenden Fettaugen verflüssigte. Kurt-Otto hatte bei dem Gedanken daran sofort den Geschmack der Suppe im Mund und musste schlucken. »Warm wäre besser.«

Renate blickte strafend.

»Ein Smoothie aus Löwenzahn, Brennnesseln, Gerstengras und Moringa. Für die Farbe sind Nori-Algen verantwortlich«, hauchte der Metzger die Zutatenliste herunter.

Renate lächelte glückselig.

»Green Food ist unsere Urnahrung. Grüne Blattgemüse entgiften, schützen vor Demenz und verhindern Diabetes.« Der Metzger streifte Kurt-Otto mit schnellem Blick. »Darüber hinaus ist frischer Blattspinat ein ganz natürlicher Appetitzügler.«

Der Schmusi hinterließ einen bitteren Nachgeschmack in Kurt-Ottos Mund, den er gerne mit einem kräftigen Schluck der 1974er Kerner Auslese hinuntergespült hätte, die sich in dem Flaschenträger direkt vor ihm befand. Doch weit und breit stand kein Glas bereit, das er dafür hätte nutzen können. Es herrschte trockene Luft in seinem eigenen Wohnzimmer.

»Das Menü leiten wir mit einem Brokkolisprossen-Cremesüppchen ein. Vegan wie auch die weiteren Gänge. Ich habe es mit einem Hauch Mandelmilch abgeschmeckt. Über die Sprossen des Brokkoli wie auch über die basische Mandel haben wir ja bereits in unserem Kurs gesprochen.« Wieder galt der schnelle Blick zur Seite Kurt-Otto. »Die Suppe wird natürlich heiß serviert. Dazu reichen wir warme vegane Chia-Käsetaler, die eine ganz neue Textur ins Spiel bringen.«

Kurt-Otto stöhnte auf. Chio-Chips kannte er, Chia nicht. Er griff nach dem ihm gereichten Teelichtglas. Der vegane Metzger schien ein Hunderterpack günstig erworben zu haben. Kurt-Otto würde eine ganze Batterie davon leeren müssen, um das Randalieren seines Magens notdürftig in den Griff zu bekommen. Es polterte in ihm, als wären mehrere Schmusis nacheinander die Treppen hinuntergefallen.

Renate entwich ein säuselndes Seufzen. Sie hatte die Augen geschlossen.

Er verstand die Welt nicht mehr. Die Schwere etlicher geleerter edelsüßer Dessertweine lastete drückend auf ihm. Woher kannte Renate eigentlich den Metzger? Und wie war er selbst überhaupt darauf gekommen, dass der Typ ein Metzger war? Genau, weil in diesem Haus seit jeher eine zwangsläufige Verbindung zwischen dem Büfett für einen runden Geburtstag und dem Metzger aus Mainz-Finthen bestand. Auf dem Weg aus dem Keller hinauf in sein Wohnzimmer hatte er sich den klassischen Aufbau einer kalten Platte bereits farbig ausgemalt: gefüllte Eier, Schinkenröllchen und ein Mett-Igel als Vorspeise, keine Experimente. Dann drei verschiedene Braten, Kroketten, in Butter geschwenkte Bandnudeln und zur Not auch noch ein Gemüse. Zum Dessert gäbe es eine luftige Schokomousse und um Mitternacht Gulaschsuppe mit Buttercreme-Torte. Alles andere würde zu einer Blamage führen. Er kannte seine liebe Verwandtschaft nur zu gut. Die alten Tanten, seine Nichten und Neffen, ihre Partner und die kräftigen Kinder. Auf die Schnelle wollte ihm keine Person in seiner weitläufigen Verwandtschaft einfallen, die auch nur ein einziges Familienfest mit kostenlosem warmen Essen ausgelassen hatte. So viel Trockenbeerenauslese würde er gar nicht auf den Tisch stellen können, um seinen ruinierten Ruf nach einem solchen Schmusi-Menü wieder einigermaßen zu retten.

»Den Hauptgang servieren wir bewusst auch im Teelichtglas. Er besticht durch die Reduktion auf das Notwendige. Diese konzentrierte Menge enthält alles, was wir brauchen.« Die vegane Büfettmamsell zauberte die nächsten Gläschen unter der Alufolie hervor und blickte Kurt-Otto auffordernd an.

Doch sein Magen schmollte. Nicht zuletzt, weil auch er endlich verstanden zu haben schien, dass heute kaum noch mit Spießbraten zu rechnen war.

»Zu der Babybulette aus Quinoa passt ein herbes Pesto von Chlorella und Spirulina.«

Kurt-Otto zuckte zusammen und warf erschrocken den Kopf herum. Sein Blick irrte suchend durch sein Wohnzimmer. Chlorella und Spirulina? Wer sollten diese beiden Frauen sein? Weitere freigelassene Radikale? Noch immer blickte er sich hektisch um, aber niemand war heimlich in den Raum gekommen. Kein großes Wunder bei dem reichhaltigen Speisenangebot.

Die Babybulette machte ihrem Namen alle Ehre. Sie schien zu früh zur Welt gekommen und dem Brutkasten entlaufen zu sein. Mit viel gutem Willen besaß sie die Größe eines zu klein geratenen Markklößchens und war zusätzlich noch auf einen Zahnstocher gespießt, der sie auf Abstand zum unter ihr grün leuchtenden Mus hielt. Das Arrangement erinnerte Kurt-Otto stark an die Verpflegung in einem Seniorenheim. Alles war püriert und damit trinkbar, sollten die dritten Zähne nicht mehr mitmachen wollen.

Die Bulette schmeckte nach gebratenem Kartoffelbrei und besänftigte seinen aufgebrachten Magen kaum. Das Pesto war so bitter im Abgang, dass es ihn sofort an Ohrenschmalz erinnerte. Noch nie war ein Schluck Süßwein so notwendig gewesen. Er überlegte schon, eines der geleerten Teelichter einer sinnvollen Nutzung zuzuführen, doch so weit kam es nicht.

»In meiner Kochschule ›Arte Culinaire‹ schrecken wir auch nicht vor klassischen Gerichten zurück, die wir aber neu interpretieren.« Das nächste Teelichtglas folgte. »Shiitake-Pilzrisotto mit Nabel-Purpurtang.«

Wie ein Blitz fuhr es ihm in diesem Moment in den Schädel. Schlagartig stellte sich eine alles erleuchtende Helligkeit ein. Dafür musste der über den Tag aufgebaute Fruchtzuckerspiegel in seiner Blutbahn verantwortlich sein. Natürlich! Der Kurs! Der vegane Metzger war der Scharlatan, der seiner Renate und den anderen Teilnehmerinnen des Landfrauen-Kochkurses das Thema »Superfoods« näherbrachte. Seine Visitenkarte klebte noch auf der Alufolie, die mittlerweile neben dem Holzbrett lag. Jetzt erkannte Kurt-Otto auch das kleine Logo wieder, den Brokkoli, der einem Atompilz glich, und den geschwungenen Schriftzug: »Arte Culinaire«. Er kombinierte: Es war das gleiche Logo wie auf der Dose, die ihm Renate in den Werkzeugkasten seines Schleppers geschmuggelt hatte.

In diesem Moment beschloss er, anschließend in der »Goldenen Traube« noch ein Jägerschnitzel mit Pommes zu essen. Eine gute Ausrede, die ihm die Flucht aus dem eigenen Haus ermöglichte, würde ihm bis dahin schon noch einfallen. Es würde ihn wundern, sollte er dort nicht einen Großteil seiner leidenden Winzerkollegen antreffen. Die Bedrohung war weit größer, als er sie sich in seinen drückendsten Alpträumen hätte ausmalen können. Sie war so mächtig, dass sie unmöglich im Alleingang bekämpft werden konnte.

20

Jetzt drehte er ganz durch. Die Nachricht war der Beweis dafür. Entweder lag er besoffen daheim oder hatte irgendwo das nötige Geld aufgetrieben, um sich im tschechisch-deutschen Grenzgebiet entlang der E 55 wieder günstig für ein paar Tage in einem Bordell einzumieten. Aber weder das eine noch das andere gab ihm das Recht, ihm so eine unverschämte Nachricht zu schreiben. Die Sache entwickelte sich in eine sehr unangenehme Richtung. Die Anzeichen kannte er von seinem Vater. Die Launen wurden extremer, der Alkoholiker unberechenbarer in seinen Taten und Worten.

Lass mich in Ruhe, du Schwein, und fahr deinen Mist allein durch die Gegend!

Appenheimer überflog die SMS, die vor wenigen Sekunden auf seinem Handy eingetrudelt war, noch einmal und schüttelte den Kopf. Rudi mutierte langsam, aber sicher zur Gefahr. Auf dem Heimweg von dem hiesigen Puff, aus dem er ihn hatte auslösen müssen, hatte er sich bereits in üblen Verunglimpfungen ergangen. Zunächst verständlicherweise über den Besitzer des Etablissements, der ihn ausgenommen hatte. Kein großes Wunder, wo der Rüben-Rudi doch das perfekte Opfer abgab, so dumm, wie der war. Das Gefasel nach der kurzen Pause, in der Appenheimer schon geglaubt hatte, der Rudi wäre endlich eingeschlafen, hatte ihn dennoch aufhorchen lassen. *Du holst mich doch immer raus, egal, wie tief ich in der Scheiße sitze. Das musst du auch, denn ich weiß zu viel.* Danach hatte er tatsächlich einige Minuten friedlich auf dem Rücksitz geschnarcht, sich aber zu guter Letzt doch noch kurz vor dem Ortsschild von Essenheim auf das helle Leder seines schweren Land Rover übergeben. Zusammen mit der unverschämten SMS von eben bewies die Andeutung im Suff, die er bisher verdrängt hatte, dass der Rudi nun ein ernsthaftes Risiko war.

Er trat mit Schwung gegen das Stück Wellstab, das noch

immer vor dem Fass lag. Scheppernd flog es über den harten Betonboden und knallte irgendwo gegen den mächtigen Fuß eines anderen Edelstahltanks. Ob es einen der Fünfzigtausender ganz hinten getroffen hatte, konnte Appenheimer nicht sagen.

Sie hatten alles genau geplant. Selbst die halben, zurechtgebogenen Wellstäbe, die sonst den frisch gepflanzten Rebstöcken als Stütze dienten, hatten sie mitgebracht. Jedes Zapfloch unten am Weinfass verfügte nicht nur über einen verschraubten Deckel, sondern zur Sicherheit auch noch über eine von innen befestigte Klappe, die durch den Druck des Weines geschlossen wurde. Damit ein Fass auslaufen konnte, musste man also einen Stab hindurchstoßen und verhaken. Das wussten sie natürlich. Ihren Streich sollte das ganze Dorf mitbekommen. Wollten sie am Ende, sollte alles doch aufgeklärt werden, als Robin Hoods Urenkel dastehen? Bestraft von der Justiz, aber überhäuft mit Anerkennung der Dorfgemeinschaft? Vielleicht. Es war der alte Kampf: David gegen Goliath, und es gab nicht wenige hier im Ort, die ihre Freude daran hätten, würde er verlieren.

Deswegen hatten die vier Einbrecher alle Abwasserrinnen in seiner großen Lagerhalle mit Bauschaum ausgesprüht: Der Rotwein sollte sich seinen Weg durchs ganze Dorf bahnen. Jeder sollte es sehen und am nächsten Morgen riechen können. Es würde Appenheimer nicht wundern, wenn die jungen Winzerkollegen zur Vorbereitung ihres Anschlags auch einen Teil der Gullys entlang des kalkulierten Stromverlaufs auf ähnliche Weise präpariert hätten. Nach dem Hieb auf den Schädel war er erst spät auf das Detail der gestrigen Nacht gekommen. Unter diesen Umständen hätte er die Wellstäbe vielleicht doch herausgezogen. Aber die Zeche, die die vier zu begleichen hatten, sollte eine ordentliche sein. Daher hatte er sich mühsam nach drinnen in sein Haus verkrochen und den Wein so lange weiterlaufen lassen, bis die Fässer endlich leer waren.

Sein alter Freund Achim Dautenborn von der Mainzer Polizei hatte die Anzeige am nächsten Tag diskret aufgenommen. Das Stück Papier mit Stempel und Unterschrift würde seinen Weg nicht in die Akten und nicht ins System finden. Es diente allein dazu, den Druck auf die vier Einbrecher zu erhöhen und den Wert des Schadens zu beziffern. Eine gute Ausgangsbasis für die Verhandlungen mit den Halbstarken.

Es war ein ganz besonders billiger Tropfen gewesen, der sich seinen Weg durchs Dorf gesucht hatte. Und doch würde er mit Sicherheit der mit der besten Rendite der letzten fünfundzwanzig Jahre werden. Eugen Appenheimer musste in Anbetracht der Schadenssumme, die Dautenborn bereitwillig notiert hatte, schmunzeln. Dass sich in den ausgelaufenen Tanks nicht der Spätburgunder befunden hatte, den er unter dem Markennamen »Butlers Reserve« für einen sehr guten Preis in die USA exportierte, sondern der spottbillige moldawische, den er als Grundlage für den Glühwein in Kanistern nutzte, das sollte ihm erst mal einer von den dummen Jungs nachweisen. An diesem Brocken würden sie noch lange zu knabbern haben. Es würde jeden von ihnen ein paar schöne Weinberge kosten, die Angelegenheit ohne teuren Prozess beizulegen.

21

Er blickte sich noch einmal schnell um. Nichts und niemand war zu sehen. Renate war noch immer mit dem veganen Metzger beschäftigt und schien froh zu sein, dass er das Haus verließ. Anders war ihr beiläufiges Nicken nicht zu deuten gewesen. Auf das Dessert im Teelichtglas hatte er freiwillig verzichtet. Irgendetwas Püriertes, was sonst. Keine der Zutaten, die der Metzger heruntergebetet hatte, war ihm bekannt vorgekommen, daher hatte er nicht einmal sagen können, ob es sich um Obst, Gemüse, Algen oder eine wilde Mischung aus allem handelte.

Er hatte Renate erklärt, dass er mit dem Dörrhof noch ein paar Details zur Übernahme seiner Weinberge nach der diesjährigen Weinlese zu klären habe. Ob sie ihm diese Notlüge wirklich abgenommen hatte, wusste er mit letzter Sicherheit nicht zu sagen.

Kurt-Otto fröstelte bei dem Gedanken daran, was dieses Büfett kosten würde. Wie die kalte Platte eines Metzgers würde es wohl kaum abzurechnen sein: soundso viel Euro pro Kilogramm geliefertes Fleisch. Vielleicht hätte er doch besser daheimbleiben sollen, um zur Not einschreiten zu können. Doch dafür war es jetzt zu spät. Außerdem schmerzte es in seiner Magengegend, als wollte sich sein Körper gegen die für Menschen seines Kulturkreises ungewohnten Nahrungsmittel zur Wehr setzen. Fortwährend zwickte und rumorte es in seinen Gedärmen. Er musste dringend etwas zu sich nehmen, um das natürliche Gleichgewicht in seinen Organen wiederherzustellen, bevor die fremden Nüsse, Algen und Früchte seine Magen- und Darmflora nachhaltig schädigen konnten. Freie Radikale. Sie schienen in seinem Bauch eine ausgelassene Party zu feiern. Eine muntere Truppe, den nicht besonders leisen Geräuschen nach zu schließen.

Kurt-Otto streckte seine Hand gerade nach dem Türgriff der Gastwirtschaft aus, als sein Blick eine gedrungene Gestalt am Ende der Hauptstraße streifte. Sie bog um die Ecke und verschwand damit schon wieder aus seinem Sichtfeld. Seufzend schüttelte er den Kopf. Wem sollte er nachgeben: dem Hunger oder der Neugier? Ein Drang musste zurückstecken. Der Fruchtzuckerspiegel der Beerenauslesen vom Nachmittag schien den Ausschlag für seine Entscheidung zu geben. Er wandte sich von der Gasthoftür ab und trabte möglichst geräuscharm los. Erst gemächlich nahe an der Hauswand und dann, als der helle Lichtkegel einer der Straßenlaternen auf ihn fiel, etwas schneller. Im Schatten des leer stehenden Bankgebäudes ging er für einen Moment in Deckung, bevor er sich vorsichtig um die Ecke schob. Der große geschotterte Parkplatz, der sich vor ihm auftat, bot keinen Schutz. Auf der anderen Seite standen zwei einzelne Autos. Er erkannte den Mann, als dieser sich hektisch umsah. Er war es wirklich. Anscheinend wollte er sich vergewissern, dass ihm niemand folgte.

Kurt-Otto zuckte zurück. So, wie der unterwegs war, machte der keinen abendlichen Spaziergang. Der wollte unbemerkt das Dorf durchqueren, aber wohin? Langsam streckte er seinen Kopf wieder aus der sicheren Deckung. Er fing noch eine kurze und schnelle Bewegung ein, dann war der andere in einem Haus verschwunden. Was wollte Perikles von Moldenhauer bei Rudi Berkes?

22

Selbst in der Nacht war es kaum möglich, sich unbeobachtet in den Weinbergen zu bewegen. Das trügerische Gefühl der Stille täuschte. Regen wäre für ihr Vorhaben besser gewesen, doch stattdessen funkelten die Sterne so hell am Himmel wie seit Monaten nicht mehr. Der Mond war als dünne Sichel sichtbar. Josch hatte die Mondphase extra noch auf dem Handy kontrolliert, denn bei Vollmond hätte man sie über große Entfernung sehen können.

Sie waren getrennt aufgebrochen. Zunächst in unterschiedliche Richtungen, damit es den Anschein hatte, jeder ginge seiner Wege. Das Werkzeug für ihre heutige nächtliche Unternehmung hatte Matschie gestern schon vor Ort deponiert. Sein Weinberg lag ganz in der Nähe und hatte dringend geheftet werden müssen. Bei der Gelegenheit hatte er das geheime Lager für den heutigen Abend angelegt.

Locke drehte sich im Laufen schnell um die eigene Achse. Es herrschte absolute Stille. Zwei Hundehaltern war er schon mit einem Sprung in eine der vielen Rebzeilen, die auf den Betonweg zuliefen, aus dem Weg gegangen. Gleich würde er ein paar Minuten im Weinbergshäuschen abwarten müssen, da die anderen einen deutlich längeren Anmarsch hatten. Früher hatte es dem Wingertschütz, der die reifen Trauben bewachte, als Unterstand und Aussichtspunkt gedient.

Vorsichtig schlich er sich parallel zu einer Rebzeile heran. Die schmale Stahltreppe konnte er schon erkennen. Der offene Zugang lag auf der Rückseite des kleinen Gebäudes. Kurz hielt er inne und lauschte. Immer noch die gleiche tiefe Stille. Nicht einmal ein Vogel schrie. Alles wurde von der Dunkelheit verschluckt.

Er wollte gerade den Schutz der Reben aufgeben, um die gut zehn, fünfzehn Meter über den offenen Feldweg geduckt zu sprinten, als er das Geräusch vernahm. Leise, aber doch deutlich, weil es nicht in die Umgebung passte. So fremd für seine Ohren, die höchstens Schritte, die auf dem Boden klickenden Tatzen eines Hundes oder das Rascheln einer Maus im toten Gras erwartet hatten. Sein Herz schlug fest und schneller in seiner Brust. Einen Moment lang hielt er die Luft an, um besser lauschen zu können. Das Geräusch wurde eindeutiger und lauter. Erleichtert atmete er aus und musste grinsen. Das war gerade noch mal gut gegangen. Ein paar Minuten eher, und er hätte sie nicht gehört. Wenn er sie beim stillen Vorspiel im Weinbergshäuschen aufgescheucht hätte, wären sie wahrscheinlich kreischend davongerannt. Jetzt stöhnte sie schon schneller. Keine Ahnung, wer sich in die muffige Enge dort drinnen hatte flüchten müssen. Er wäre gerne noch ein wenig im Schutz der Reben stehen geblieben und hätte gelauscht. Die Erinnerung an sein letztes Mal war schon vollkommen verblasst, es war ewig her.

Doch Locke hatte keine Zeit. Geduckt lief er an den Rebzeilen entlang weiter und näherte sich seinem eigentlichen Ziel. In Matschies Weinberg, weit weg vom Betonweg, würde er sich zusammenkauern und auf die anderen warten. Er versuchte, jeden weiteren Gedanken zu verdrängen. Krücke hatte darauf bestanden, dass es in dieser Nacht sein musste, wie geplant. *Oder bist du jetzt so dicke mit dem Appenheimer?* Der Hinweis auf den sternenklaren Himmel war die letzte Chance gewesen, aber Josch und Krücke hatten ihm widersprochen. Matschie war sowieso alles egal, solange er nur genug zu rauchen hatte. Wahrscheinlich flog er hierher, getragen vom Dauerrausch seiner dicken Joints.

Eine gemeinsame Aktion nur noch, dann hatte die Sache hoffentlich ein Ende. Es war doch jetzt schon offensichtlich, dass der Appenheimer seine Lektion verstanden hatte. Warum sonst hätte er ihm das Angebot für den Rotwein gemacht? Eigentlich hätte das die anderen beschwichtigen können, aber vor allem aus Krückes Gesicht war das Misstrauen nicht restlos gewichen. Er kannte ihn zu gut, als dass ihm das entgangen wäre. Und wenn er sich den Blick Appenheimers in dem Moment, in dem er ihm den Briefumschlag entgegengeschleudert hatte, noch einmal vor

Augen rief, dann musste selbst er zugeben, dass er nach allem, nur nicht nach Einknicken ausgesehen hatte.

Locke winkte ab. Diese Gedanken mussten aufhören. Plötzlich riss ihn eine Hand auf seiner rechten Schulter herum. Er zuckte zusammen und versuchte, sich wegzudrehen.

Matschie krümmte sich vor Lachen.

»Verdammt, sei doch leise!« Locke zischte ihn an.

»Dein Gesicht!« Matschie riss die Augen weit auf. »Das hättest du mal sehen müssen! Als ob dir der Leibhaftige begegnet wäre.«

»Musst du mich so erschrecken? Das hier ist kein Ausflug mit der Berufsschule, bei dem du dich schon im Bus auf der Hinfahrt zulaufen lässt, um den Tag über möglichst viel Spaß zu haben.«

»Mann, bist du spießig und angespannt. Was soll denn hier draußen passieren? Hier ist weit und breit kein Mensch zu sehen. Die sitzen alle daheim vor den Spätnachrichten oder liegen schon im Bett.«

Locke sah sich schnell in alle Richtungen um. Zum Glück war tatsächlich niemand zu sehen. Es war ein Wunder, dass Matschie seine Weinberge noch so in Ordnung hielt, wo er doch eigentlich nur noch auf Gras unterwegs war. Meistens blickte er vollkommen verstrahlt aus der Wäsche. Lange konnte das nicht mehr gut gehen, zumal er sich mittlerweile noch irgendwelche bunten Pillen einwarf. Locke wurde schlecht bei dem Gedanken, dass Matschie auf dem Weg hierher unvorsichtig gewesen und gesehen worden war.

Er atmete hörbar aus. »Lass uns weitergehen. Wenn uns jemand entgegenkommt, verschwinden wir nach rechts in die Rebzeilen.«

»Aye, aye, captain.« Matschie straffte seinen Rücken, führte die rechte Hand zur Stirn und kicherte albern.

Langsam gingen sie weiter den Betonweg entlang. Die ersten Schläge der Kirchturmglocke waren zu hören. Auf vier dunkle folgten etliche helle. Locke spürte, dass die Anspannung mit jedem Schritt zunahm, mit dem sie sich ihrem Ziel näherten.

Selbst wenn uns einer auf dem Weg zwischen den Reben sieht, wird er kaum ahnen können, was wir vorhaben. Das Resultat ist ohnehin erst in ein paar Tagen zu erkennen. Bis dahin wird sich kaum noch jemand erinnern können, wann und wo genau er uns gesehen hat.

Locke hatte Joschs Worte wieder im Ohr. Zumindest von ihm hätte er sich ein wenig Unterstützung erwartet, aber mittlerweile schwamm er in Krückes Kielwasser mit. Was, wenn sie nach heute Nacht noch immer nicht genug hatten? Irgendwann musste doch Schluss sein. Und der Appenheimer würde auch nicht alles schlucken. Seine Reaktion nach dem Anschlag auf seine Weintanks war vollkommen unverständlich gewesen. Locke schüttelte im Laufen den Kopf. Der Briefumschlag hatte wirklich fünftausend Euro enthalten. Den Vorschuss wie auch den von Appenheimer genannten Preis, den er für den Rotwein zahlen wollte, hatte er den anderen verschwiegen. *Über den Preis haben wir nicht verhandelt. Er zahlt, was zurzeit üblich ist. Sicher keinen Cent mehr als vierzig bis fünfzig. Mein Wein muss vor dem Herbst raus. Neue Fässer kann ich mir nicht leisten, und Platz dafür hätte ich momentan sowieso keinen. Ihr wisst ja, wie beengt es bei uns zugeht. Im Gegensatz zu euch habe ich noch keine Lagerhalle draußen auf der grünen Wiese. Ihr werdet sehen, in den nächsten Tagen wird er auch zu euch kommen, und dann ist es vielleicht gut, wenn nicht alles Porzellan zerschlagen ist. Er hat den ersten Schritt gemacht und ist auf uns zugegangen. Jetzt ist es an uns.*

Er wusste ganz genau, dass das nicht stimmte. Appenheimer würde nicht zu den anderen gehen. Er würde nicht kapitulieren, nur weil sie dafür gesorgt hatten, dass ihm ein paar Liter Wein ausgelaufen waren. Ein Witz bei den Mengen, die er liegen hatte und jährlich abfüllte. Seine Kellerei war weit und breit die größte und außerdem noch gut aufgestellt. Ihm gehörten etliche eigene Weinmarken, unter denen er Weine aus der ganzen Welt in die ganze Welt verkaufte. Erst vor ein paar Wochen hatte die »Mainzer Zeitung« seinem gut gehenden Amerika-Geschäft eine ganze bunte Seite im Wirtschaftsteil gewidmet. Appenheimers beide Linien »Winemakers Best« und die neue edlere »Butlers Reserve« mischten den Markt auf der anderen Seite des Atlantiks mächtig auf. Da er unter dem Markendach sowohl deutsche Spätburgunder und Rieslinge wie auch spanische, französische und italienische Weine vertrieb, war Appenheimer vollkommen frei in seiner Einkaufspolitik. Aufgrund der kontinuierlichen weltweiten Überproduktion konnte er mit Tiefstpreisen planen. Nur ein verschwindend kleiner Teil seiner exportierten Weine stammte aus Deutschland. Die Spanier und Italiener lieferten weit günstiger als hiesige Winzer, und reichte das nicht aus, dann bediente er sich im Osten und Südosten, in Rumänien, Moldawien und Bulgarien.

Locke griff nach Matschies Arm. Er hatte im Augenwinkel eine Bewegung bemerkt. Dort, wo sie hinwollten. Jetzt war er deutlicher zu sehen: ein Radfahrer auf dem Betonweg, der zwangsläufig an ihnen vorbeimusste.

»Lass uns zwischen den Reben in Deckung gehen und abwarten, bis er vorbei ist«, flüsterte Locke.

»Das ist doch Krücke.«

»Mit dem Fahrrad?«

»Na klar. Du warst schon weg, als er gesagt hat, er wolle kurz heim, um noch etwas zu holen, und dann mit dem Rad hierher. Sieht aus, als wäre er auf dem Heimweg von irgendeinem der vielen Weinfeste in der Nachbarschaft. Ist die beste Tarnung. Er muss nur noch Schlangenlinien fahren, damit sie auch echt wirkt.« Matschie kicherte wieder.

Locke schüttelte den Kopf. Warum bloß waren sie alle so sorglos? Geblendet vom ersten Erfolg, voller Selbstsicherheit und blind für die Gefahren, die an jeder Ecke lauerten.

»Dann können wir ja endlich loslegen«, begrüßte Krücke sie. »Dachte schon, ihr wärt unterwegs im Dunkeln verloren gegangen. Josch holt noch das Werkzeug aus dem Versteck in seinem Weinberg. Es gibt eine winzige Planänderung. Wir haben ja sowieso nur drei Baumscheren. Ich markiere euch die betreffenden Stöcke mit der Spraydose, ihr schneidet sie direkt über dem Boden und unterhalb der Veredelungsstelle ab. Ansonsten besteht die Gefahr, dass der Appenheimer sie retten kann, und das wollen wir doch nicht. Dann lacht der sich hinterher noch ins Fäustchen.« Er lächelte breit in Lockes Richtung. »Stimmt's?«

Auch Josch kam jetzt dazu. In den Händen hielt er die von

Matschie im Nachbarweinberg deponierten Baumscheren. »Das Werkzeug ist bereit.«

Krücke schüttelte klappernd die Spraydose.

In Lockes Brust hämmerte das Herz im schnellen Takt. Die heftigen Erschütterungen dröhnten in seinen Ohren.

»Wir gehen zwanzig Meter in den Weinberg hinein, damit er vom Weg aus noch nichts sieht. Die Überraschung wäre sonst hin.« Krücke rieb sich die Hände. »Die Urform der Rache im Dorf, mit langer Tradition. Das ist archaisch, was wir hier machen. Die Zerstörung der Existenzgrundlage des gehassten Feindes. Der Schaden wird Jahre nachwirken, auch wenn Appenheimer ihn gut verkraften kann. Es geht vielmehr um die Symbolik. Wenn in einer Woche die Blätter welk werden und abfallen, wird man sogar aus den Fliegern, die im Landeanflug auf Frankfurt sind, unsere Message erkennen können. Und übermorgen werde ich anfangen, mit der Drohne jeden Tag ein Foto für unsere Facebook-Seite zu machen.«

»Was?« Locke spürte die Hitze in seinem Kopf aufsteigen. Plötzlich füllte sie seinen Schädel aus und ließ ihn nach Luft schnappen.

»Ach ja, das hatten wir besprochen, als du vorhin noch nicht da warst. Eine kleine Planänderung, weil wir uns einig waren, dass wir noch mehr Aufmerksamkeit brauchen.« Krücke grinste ihn hämisch an. »WineRebellution. Joschs Idee übrigens. Ein geiler Name. Er hat die Seite schon angelegt. Unsere französischen Kollegen machen das übrigens schon lange so. Was glaubst du, woher die Presse die schönen kleinen Filmchen von den Tanklastzügen mit auslaufendem italienischen Billigwein hatte? Und wir können die Journalisten ja kaum zum Pressegespräch vorab hierher einladen. Eine Wirkung erzielen wir aber nur, wenn möglichst viele sehen, dass wir die Schnauze voll haben. Und womit könnten wir das deutlicher zeigen als mit einem riesengroßen Stinkefinger in seinem Weinberg?« Krücke hielt Locke beide Fäuste mit ausgestrecktem Mittelfinger direkt vors Gesicht. »Wenn die Blätter der toten Rebstöcke welken, wird er langsam sichtbar werden. Aber davor lotsen wir Appenheimer noch hierher und jagen ihm einen schönen Schrecken ein. Die Masken dafür liegen schon bereit. Wir werden ihn mit einer SMS von Berkes' Telefon einbestellen. Der Fund war eine Steilvorlage, die wir ausnutzen müssen. Ich wette, danach hat Appenheimer seine Lektion verstanden. Und alle werden in dem Handyfilmchen im Internet sehen können, wie er sich in seinem eigenen Weinberg vor Angst in die Hose pisst.«

23

Die Eile trieb ihm den Schweiß auf die kahle Stirn. Auch sein Rücken fühlte sich nass an. Das gerippte weiße Unterhemd klebte an seiner Haut. Eine unangenehme Kühle breitete sich aus und kroch an seiner Wirbelsäule weiter hinab. Eigentlich ein Wunder, dass Moldenhauer nach diesen Mengen an Wein überhaupt noch laufen konnte.

Kurt-Otto hatte das zweite der beiden Autos auf der weiten Schotterfläche mitten im Ort erreicht. Geduckt war er kreuz und quer gehetzt, damit ihn Moldenhauer nicht sehen konnte, wenn er zufällig in seine Richtung spähte. Die am nächsten stehende Straßenlaterne schien kaputt zu sein. Undeutlich zeichneten sich die Umrisse des grauen, von Efeu gänzlich eingehüllten kleinen Gebäudes in der Nacht ab. Selbst von der Einfahrt hatte das Grün mittlerweile Besitz ergriffen, sodass der Rüben-Rudi nur noch dann einen der beiden Torflügel öffnete, wenn er in seiner bunten Montur in Richtung Weinberge starten wollte und eins seiner Motorräder hinausrollen musste.

So lange Kurt-Otto denken konnte, hatte der Rudi nichts im und am Haus gemacht. Böse Zungen im Dorf behaupteten sogar, selbst die letzte Reinigung von Fenstern und Fußböden gehe auf eine der längst verstorbenen Generationen der Familie Berkes zurück. Ein Eindruck, der sich Kurt-Otto bestätigte. Im kleinen Vorgarten zur Straße lag undefinierbares Gerümpel, zwei zerbrochene Spanplatten ragten in die Höhe. Im Unterschied zu den anderen Häusern an der schmalen Straße stand Rudis ein paar Meter zurückversetzt und war deutlich kleiner. Es wirkte noch dunkler als das seiner Nachbarn.

Kurt-Otto überlegte: Wann hatte er den Rüben-Rudi zuletzt gesehen? Doch erst am Vormittag, als er es sich zum zweiten Frühstück auf dem Fahrersitz seines Traktors gemütlich gemacht hatte. Rüben-Rudi war auf seiner Motocross-Maschine unterwegs gewesen.

Hinter keinem der Fenster, an denen nur im oberen Stock Gardinen hingen, zeichnete sich Licht ab. Verlassen lagen Haus und Hof da. Ein gedämpftes Geräusch ließ Kurt-Otto aufhorchen. Links von der Haustür und den beiden sich anschließenden Fenstern stand im schmalen Vorgarten ein niedriger, windschiefer Schuppen, der früher wahrscheinlich die Mülltonnen und ein paar Gartengeräte beherbergt hatte. Doch die Mühe machte sich der Rüben-Rudi schon lange nicht mehr. Seine drei Tonnen standen immer draußen auf dem schmalen Bürgersteig. Er schien sich nicht darum zu scheren, dass so jeder Fußgänger in der engen Straße auf den Asphalt der Fahrbahn ausweichen musste. Bei Dorffesten machte sich die angetrunkene Jugend nicht selten einen Spaß daraus, Rudis Mülltonnen an entlegenen Stellen im Ort zu platzieren. Die Altpapiertonne hatten sie in diesem Jahr in der Nacht vor dem 1. Mai, der sogenannten Hexennacht, sogar im Brunnen auf dem Friedhof versenkt. Beschwert mit reichlich zusammengetragenen Steinen, hatten die Gemeindearbeiter sie erst viele Tage später bergen können. Die obenauf schwimmenden Seiten einschlägiger Hochglanzzeitschriften, auf denen unbekleidete junge Mädchen zu sehen waren, hatte Posthalters Sigrun schnell abgefischt. Der Brunnen stand direkt neben dem Grab ihres Heinrichs, dessen ewige Ruhe sie durch den – wie sie es nannte – »Schweinkram« nicht gefährdet sehen wollte.

Auf dem Schuppendach im Vorgarten zeichnete sich in diesem Moment für wenige Sekunden Moldenhauers gedrungener Körper ab. Danach war er wieder in der Dunkelheit verschwunden. Der Weinsammler musste auf den niedrigen Schuppen geklettert und von dort in den Hof gesprungen sein.

Kurt-Otto zögerte einen Moment, weil sich ein Fahrzeug näherte. Doch das Auto bog früher ab, es würde ihn nicht stören. Jetzt herrschte wieder absolute Ruhe. Schnell blickte er sich noch einmal um und hetzte dann gebückt über das letzte Viertel der freien Schotterfläche und auf Rudis Haus zu.

Sollte er Moldenhauer hinterherspringen? Auf gar keinen Fall. Sein neuer Bekannter war zwar auch nicht besonders schlank, aber viel kleiner als er. Das Gewicht des Weinsammlers hatte der Schuppen getragen, dass das aber auch für sein eigenes gelten würde, daran zweifelte Kurt-Otto. Ein Sturz durch das Dach in den Schuppen hätte gerade noch gefehlt und wäre die Krönung dieses ohnehin an Tiefschlägen reichen Tages gewesen. Immerhin musste er heute schon einige Kilogramm verloren haben. Sein Magen wurde nicht müde, ihn lautstark an seine gähnende Leere und daran zu erinnern, dass das eigentliche Ziel des abendlichen Ausflugs das Gasthaus und nicht das heruntergekommene Anwesen vom Rüben-Rudi gewesen war.

Hoffentlich hatte ihn keiner in diesem Aufzug gesehen. Gebückt laufend, in blauer Latzhose und mit Filzpantoffeln. Wobei, eigentlich war das doch seine ganz normale Feierabendbekleidung, in der ihn alle im Dorf kannten. Aufgefallen wäre er, wenn er sich für den kurzen Weg ins Wirtshaus extra herausgeputzt hätte. Schnell suchte Kurt-Otto hinter dem mit Efeu umrankten Torpfosten Deckung und lauschte angestrengt. Nichts war zu hören. So wie Moldenhauer sich beim Einstieg in das verschlossene Gehöft bemüht hatte, unentdeckt zu bleiben, schien er auch jetzt dort drinnen hinter dem Tor vorzugehen. Eine heimliche Verabredung zweier Personen, die etwas im Schilde führten, schien das nicht zu sein. Vielmehr war Moldenhauer offenbar beim Berkes eingestiegen, weil er genau wusste, dass der nicht da war. Es würde Kurt-Otto nicht wundern, wenn der Weinsammler im »Nonnenhof« nebenan eines der Zimmer mit Dachschräge bezogen hatte, das es ihm ermöglichte, dem Rüben-Rudi aus dem Fenster sogar in den Hof schauen zu können. Er hatte also nur in aller Ruhe abwarten müssen, bis der das Haus verließ, um sicher sein zu können, dass die Luft rein war.

Aber warum? Das war die Frage, auf die es keine schnelle Antwort gab. Wenn Kurt-Otto etwas genau wusste, dann dass es beim Rudi nichts zu holen gab außer ein paar halb vollen Flaschen billigen Wein oder Schnaps. Alles, was er beim Appenheimer verdiente, investierte er in seine Motorräder oder in flüssige Nahrung.

Kurt-Otto wagte sich kurz aus der Deckung und warf einen

schnellen Blick auf den Schuppen und die beiden dunklen Fenster. Nichts. Wie jeder im Dorf hatten auch Rudis Vater und Großvater sowie die vielen Generationen der Berkes' davor Weinbau betrieben. Erst der Rudi hatte alles aufgegeben und die Weinberge an den Appenheimer verkauft, bei dem er seither als Lkw-Fahrer arbeitete. War es denkbar, dass alte Jahrgänge der Vorfahren in einem hinteren Winkel des Kellers die letzten Jahre überdauert hatten? Dass dort noch fast vergessene Weine schlummerten? Schwer vorstellbar im Haushalt eines alleinstehenden, meist klammen Berufstrinkers.

Wenn es Altbestände gegeben hatte, dann hatte der Rudi diese sicherlich schon längst mit reichlich Cola trinkbar gemacht und sich einverleibt. Dann kam schon eher die Möglichkeit in Frage, dass er dem Moldenhauer eine Lügengeschichte von alten Raritäten aufgetischt hatte, weil er einen schnellen Euro witterte. Und hätte der Rudi sogar einige alte, leere Flaschen mit reichlich Patina präpariert, dann wären das nicht die ersten gefälschten Weinschätze, die über einen erfahrenen Sammler den Weg in den gierigen Markt fanden.

Schickte sich der Moldenhauer jetzt also an, den Bestand einer ersten ungestörten Prüfung zu unterziehen? Die hätte er aber doch auch am hellllichten Tage durchführen können. Niemand gab ein kleines Vermögen für ungesehenen und ungeprüften alten Wein aus. Wahrscheinlich versuchte der freundliche Sammler gerade, die betreffenden Flaschen, die er in den vergangenen Tagen schon in Augenschein genommen hatte, während Rudis Abwesenheit verschwinden zu lassen. Und Kurt-Otto hatte ihn dabei auf frischer Tat ertappt. Er musste schlucken.

Wenn der Moldenhauer beim Rudi Berkes klaute, dann würde er ganz sicher das Gleiche mit seinen Weinen vorhaben. Niemand im Dorf besaß eine besser sortierte Schatzkammer alter Raritäten als er.

Kurt-Otto schlug sich mit der flachen Hand gegen die Stirn. Und er Idiot hatte den Dieb auch noch naiv und bereitwillig, wie er war, in sein Allerheiligstes geführt. Wahrscheinlich hatte Moldenhauer schon den Lieferwagen geordert, um bei sich bietender Gelegenheit auch seinen Keller auszuräumen und die Flaschen dann schnell abzutransportieren.

Ihm wurde schlagartig heiß. Während die anderen schliefen oder in der Kneipe dumpf auf den dritten Schoppen vor sich stierten, blieb er als Einziger hellwach. Er fühlte sich in seinem Element. Aber was tun in dieser Situation?

Moldenhauer nahm ihm die Entscheidung ab. Ein Lichtschein, der kurz durch die trüben Scheiben fiel, verriet ihn.

Kurt-Otto musste das Risiko eingehen. Er schlich die wenigen Schritte bis zum Gartentürchen, das sich fast geräuschlos öffnen ließ. Hektisch drehte er den Kopf noch einmal in alle Richtungen. Die Straße war menschenleer, es war viel zu spät für nächtliche Spaziergänger. Vorsichtig nahm er die wenigen Stufen zur Haustür hinauf, drückte sich dann fest an die Hauswand und schob sich in kleinen Schrittchen bis zum ersten Fensterrahmen.

Trotz des schnell schlagenden Herzens in seiner Brust ging seine Atmung noch gleichmäßig. Langsam bewegte er den Kopf nach vorn und hielt für einen Moment die Luft an. Eine dichte Staubschicht bedeckte die Scheibe, dahinter herrschte absolute Dunkelheit. Er kniff die Augen zusammen, versuchte, irgendetwas zu erkennen. Plötzlich huschte ein kurzer Lichtschein durch sein Blickfeld. Kurt-Otto musste weitergehen, wenn er mehr sehen wollte.

Das zweite Fenster lag nahe dem niedrigen Schuppen, über den Moldenhauer sich Zugang zum Hof und von dort aus vermutlich auch zum Wohnhaus verschafft hatte. Schnell duckte Kurt-Otto sich unter dem ersten hindurch und schlich sich vorsichtig an das zweite heran, an dem er reglos stehen blieb.

Moldenhauer stand nur wenige Meter von ihm entfernt. Er konnte seinen Rücken, das braune Sakko und die welligen grauschwarzen Haare, die ihm über die Ohren hingen, erkennen. In der Linken hielt er eine Taschenlampe, mit der Rechten blätterte er durch irgendwelche Papiere, die wild durcheinander auf dem alten Schreibtisch lagen. Mehr konnte Kurt-Otto auf die Entfernung und durch die schmutzige Scheibe nicht erkennen.

Aber was hatte Moldenhauers Verhalten mit den alten Weinen

zu tun, die er sammelte? Suchte er Beweise für ihre Echtheit? Sicher kein Spaß bei dem Chaos, das in dem Zimmer herrschte. Selbst der Boden war von Papier bedeckt, Schubladen und Türen eines Schrankes neben dem Schreibtisch standen weit offen. Hatte Moldenhauer ihn schon durchwühlt? Eigentlich unmöglich, wo er sich doch erst seit wenigen Minuten im Haus befand.

Kurt-Otto beobachtete, dass sich Moldenhauer Zettel in die Tasche seines Sakkos stopfte und dann Anstalten machte, sich umzudrehen. Schnell zog er den Kopf zurück. Die Schritte des Weinsammlers im Raum waren dumpf zu hören. Kurt-Otto traute sich nicht zu atmen. Hatte er ihn gesehen und spähte jetzt durch die Scheibe nach draußen? Die Schritte verstummten. Lauschte er etwa auch in diesem Moment, die Nase platt an die Fensterscheibe gedrückt, die Ohren gespitzt, weil er spürte, beobachtet zu werden?

Das Geräusch an der Haustür zerriss die Stille. Es klang so, als würde der Schlüssel im Schloss langsam gedreht. Kurt-Otto sah sich hektisch um. Wenn Moldenhauer gleich durch die Haustür kam, stand er praktisch direkt vor ihm. Der einzige Fluchtweg wäre abgeschnitten und er gefangen. Sein Herz raste noch schneller, der Schweiß rann ihm kitzelnd die Schläfen hinunter und unter sein Hemd. In ein paar Sekunden würde Moldenhauer wahrscheinlich vor ihm stehen. Er rang nach Luft. Sein Schädel drohte zu platzen. Seine Augen hetzten auf der Suche nach einem Ausweg nach rechts und links, erblickten den windschiefen Schuppen. Kurt-Otto machte zwei Schritte auf ihn zu, riss die Tür auf, bückte sich und tauchte in die Dunkelheit.

Nur Sekunden später konnte er durch einen schmalen Spalt im Holz beobachten, wie Moldenhauer sanft die Haustür hinter sich zuzog und lautlos aus seinem Blickfeld entschwand.

Kurt-Otto atmete flach und hektisch. Erst in diesem Moment merkte er, dass es in dem Schuppen bestialisch stank und er in ihm kaum genügend Raum zum Stehen hatte. Deshalb also ließ der Rüben-Rudi seine Mülltonnen draußen auf dem Gehweg stehen. Den Schuppen schien er schon vor Jahren so weit mit Abfall gefüllt zu haben, dass kaum noch eine Tonne hineinpasste. In der Nähe raschelte es. Bestimmt hungrige Nager, in deren Revier er ohne Vorwarnung eingedrungen war. Hinter ihm erklang ein Fiepen. Der Schuppen schien ein Paradies für Ratten zu sein, in dem sie ungestört heranwachsen und sich vermehren konnten. Er beschloss, noch einen Moment auf der Mini-Müllkippe auszuharren, um auch wirklich sicher sein zu können, dass der angebliche Weinsammler weg war. Im Geist zählte Kurt-Otto schnell von zehn an rückwärts, dann öffnete er langsam die Tür. Die frische Nachtluft war eine Wohltat.

Was war schlimmer? Stinkend wie ein Müllhaufen nach Hause unter die Dusche und dann hungrig ins Bett zu gehen oder übel riechend ins Wirtshaus mit der Gewissheit, dass sich noch monatelang alle hinter seinem Rücken über ihn lustig machen würden? *Der Ecke-Kurt kommt in die Jahre. Jetzt leidet schon die tägliche Hygiene. Der hat sich bestimmt das letzte Mal an Weihnachten gewaschen. Welches Weihnachten? Eins kurz nach dem Krieg, dem Geruch nach zu urteilen.*

Aber Kurt-Ottos Hunger war so übermächtig, dass er selbst diese Bemerkungen für ein krosses Schnitzel mit reichlich sättigender und frittierter Beilage in Kauf nehmen würde.

»Ach, der Kurt!«

Schon wieder zuckte er zusammen, obwohl er es noch gar nicht gewagt hatte, sich vollständig aufzurichten.

Posthalters Sigrun stand mit erstauntem Gesichtsausdruck und weit geöffnetem Mund an Rudis rostigem Gartenzaun. Ihre Backen leuchteten rot.

»Kurzer Besuch bei einem alten Kollegen«, erklärte er, streckte sich und wischte sich den übel riechenden Schmutz vom Bauch. Da an seinen Händen bereits Dreck klebte, verteilte er ihn auf diese Weise recht gleichmäßig auf seiner Latzhose.

»Und ich dachte, der Rudi wäre verreist. Abends ist es immer dunkel bei ihm. Schon seit Tagen.«

Sigrun machte keinerlei Anstalten, ihren Heimweg fortzusetzen. Die leuchtend roten Wangen und die Richtung, aus der sie gekommen zu sein schien, verrieten, dass sie den Abend bei Eierlikör und Salzgebäck mit ihren beiden Freundinnen verbracht hatte. Mit der Chaussee-Helga und der Käfergässer-Gerda spielte sie schon seit Jahrzehnten einmal die Woche Rommé. Und da die Damen schon um sechs anfingen, endeten die Abende anscheinend immer früher.

»Ich gieße die Blumen, wenn er weg ist.« Kurt-Otto bereute seine Aussage sofort. So ein Schwachsinn, der Sigrun aber anscheinend zu überzeugen schien.

Sie nickte anerkennend, ging aber partout nicht weiter. Die vom Likör berauschte ältere Dame schien an dem kleinen Plausch auf dem Nachhauseweg Gefallen gefunden zu haben. »Schon der zweite Kollege, der sich um seine Pflanzen kümmert. Du gießt im Schuppen?« Sie grinste wieder. »Züchtet der dort Champignons und Pfifferlinge, oder was?«

»Nein, Shiitake-Pilze und Nori-Algen. Gute Nacht!«

Sie rümpfte pikiert die Nase und schnaufte ihr Missfallen hinaus. »Gleichfalls! Man wird doch wohl noch fragen dürfen, wo selbst bei uns im Dorf schon am helllichten Tage eingebrochen wird.« Beleidigt zog sie weiter.

Endlich konnte Kurt-Otto sich unbeobachtet bücken. Unmittelbar nachdem er sich aus dem stinkenden Schuppen gequält hatte, war sein Blick auf das Blatt Papier gefallen, das vor Rudis Haustür lag. Es schien Perikles von Moldenhauer aus der Jacke seines Cordsakkos gerutscht zu sein. Schnell ließ es Kurt-Otto in der Brusttasche seiner verdreckten Latzhose verschwinden. Er brauchte jetzt dringend ein Jägerschnitzel mit Pommes und einen milden Riesling, egal, wie sehr er stank.

24

31. Juli 1985

»Sind die Flaschen alle vom Hof?«

Er blickte erstaunt von seinem Mulcher auf. Nicht einmal eine halbe Stunde war er heute Morgen unterwegs gewesen, bis sich der Draht um die Welle gewickelt hatte. Keine Ahnung, wie der in seine Rebzeile gekommen war. Von ihm stammte der sicher nicht. Bestimmt hatte ihm den irgendjemand aus reiner Missgunst in die Zeile geworfen. Mindestens drei, vier Meter war das Stück Draht lang gewesen. Zwischen dem kniehohen Gras hatte er es nicht gesehen. Als er das Geräusch hörte und reagieren konnte, war es schon zu spät gewesen. Der Draht hatte sich so fest um die Welle gewickelt, dass er ihn draußen im Weinberg unmöglich entfernen konnte und nur deswegen zurück zum Weingut gefahren war. Eigentlich hatte er so viel zu tun, und jetzt mühte er sich schon mehr als zwei Stunden damit ab. »Was meinst du?«

»Sei nicht so schwer von Begriff.« Sein Gegenüber fuchtelte aufgebracht mit den Armen.

Er musste unweigerlich grinsen. Wie eine junge Vogelscheuche sah er aus, sein Kollege. Zuckte hektisch mit den Armen, als wäre er hilflos einem dichten Starenschwarm gegenüber, der über seinen reifen Trauben zu kreisen schien. Im letzten Herbst hatten die Vögel immensen Schaden angerichtet. Auch er hatte herbe Verluste hinnehmen müssen. Nachdem die Stare am Werk gewesen waren, sah es aus wie auf einem Schlachtfeld. Kein Wunder, wenn hunderttausend Schnäbel in die Rebzeilen fuhren. Einen zweiten Schwarm hatten sie ein paar Tage später mit vereinten Kräften vertrieben, indem sie mit ihren Schreckschusspistolen wie die Wilden drauflosgeballert hatten. Seit diesem Tag hatten die Winzer den gesamten Herbst hindurch in jedem ihrer Traktoren eine Pistole und reichlich Munition mit sich geführt. Die

Vögel schienen das geahnt zu haben. Danach waren keine mehr gekommen.

Er stand jetzt direkt vor ihm. Und seinem Gesichtsausdruck nach hatte er sich nicht zu ihm verirrt, um ein paar beiläufige Späßchen zu machen oder ihm gar beim Entfernen des Drahtes zur Hand zu gehen.

»Die Flaschen, die ich dir vor ein paar Wochen abgefüllt habe. Lagern die noch irgendwo in deinem Weingut?«

»Natürlich nicht. Noch am gleichen Tag sind sie abgeholt worden, so wie immer. Ich mag es nicht, wenn die hier rumstehen. Wenn irgendjemand, warum auch immer, kommt und nachzählt, dann ist schnell klar, dass aus viertausend Litern Auslese dreißigtausend geworden sind. So lagern überall ein paar: bei meinen Kunden und den Händlern. Und viele davon dürften sowieso schon getrunken sein. Vollkommen unmöglich, die ursprünglich abgefüllte Menge festzustellen.«

Er bewegte den Kopf schnell hin und her und schien damit nicht mehr aufhören zu wollen. »Das ist im Moment das geringste Problem.« Er rieb sich über die Augen. »Und sonst ist bei dir alles sauber? Du hast keine Probeflaschen des Weines mehr im Keller? Keine Restkisten für den Eigenverbrauch?«

»Was soll das?« Er war genervt, weil sich der Draht einfach nicht von der Welle lösen wollte, egal, wie fest er auch daran zog. Die Zange rutschte jedes Mal ab.

»Jetzt hör doch mal auf mit dem Mist.« Er stieß ihm mit der flachen Hand vor die Brust.

»Was ist eigentlich los mit dir?«

»Mit mir nichts, aber der ganze Laden ist dabei, uns um die Ohren zu fliegen, und du hast nichts Besseres zu tun, als an dem beschissenen Mulcher herumzuhantieren. Hast du jetzt noch Flaschen irgendwo herumliegen oder nicht?«

»Natürlich hebe ich immer ein paar Kisten auf. Ich will ja auch was zu trinken haben, und außerdem muss ich überprüfen, dass sich der Geschmack nicht verändert. Sonst würde das meinen Kunden auffallen.«

»Dann sieh zu, dass die verschwinden. Augenblicklich! Lass sie auslaufen. Bei dir darf nichts gefunden werden. Und vernichte alle Aufzeichnungen, die etwas damit zu tun haben.«

»Aber wir haben doch nur unsere Auslesen vermehrt. Wein zu Wein, nicht ganz legal, aber immerhin sauber. Das sind deine Worte. Niemand kann uns etwas nachweisen. Warum also die Aufregung? Bei mir kann alles auf den Kopf gestellt werden, aber niemand wird etwas finden, das verrät, wie viele Flaschen du für mich abgefüllt hast. Ich bin doch nicht bescheuert.«

»Du verstehst es einfach nicht. Das ist nicht das Problem!«

»Sondern?«

»Liest du eigentlich Zeitung, hörst du Radio, schaust du abends im Fernsehen die Nachrichten? Wenn ja, dann frag nicht so blöd!«

»Was ist denn los mit deinen Weinen, die du für mich abgefüllt hast?«

»Das sind deine Weine. Und was mit ihnen los ist, kannst du dir an den Fingern einer Hand selbst abzählen. Solange du sie noch alle hast.« Er grinste spöttisch und schloss für einen Moment die Augen.

»Was hast du gemacht?«

»Gar nichts. Nicht mehr jedenfalls als du auch. Ich habe geglaubt, alles wäre in Ordnung. Dass man nichts nachweisen kann, wenn man aus zwei Weinen einen macht. Ist ja bisher auch immer gut gegangen. Der zweite Wein kam von einer verlässlichen Quelle.«

»In Österreich?« Er spürte, wie ihm der Atem stockte. Sein Hals fühlte sich eng an. Ein gurgelndes Ringen nach Luft erklang.

»Was glaubst du denn? Vom Himmel ist das Fass mit der Auslese bestimmt nicht gefallen. Ölig, sämig, süß und günstig, damit es sich für uns beide lohnt.« Er schüttelte den Kopf.

»Die Auslese war nicht von dir?«

Er lachte. »Hast du das wirklich geglaubt? Woher hätte ich die in diesen Mengen denn nehmen sollen?« Eugen Appenheimer winkte ab. »Also mach Ordnung bei dir. Ich habe meine Hausaufgaben schon erledigt, mein Keller ist geräumt. Heute

Nacht feiern die Fische in der Selz ein Weißweinfest. In ein paar Stunden wird die Polizei da sein. Vor ein paar Tagen wurde in den ersten deutschen Weinen Glykol nachgewiesen. Heute in den nächsten. Einer davon ist von dir.«

25

Kurt-Otto fuhr sich mit der Serviette über den buschigen Schnurrbart und schmatzte genüsslich. Jetzt ging es ihm wieder besser. Wohlige Wärme breitete sich in seiner Magengegend und von dort aus weiter im Rest seines kräftigen Körpers aus.

Die junge Familie mit den beiden Kindern hatte sich schnell verabschiedet, als er an ihrem Nachbartisch Platz genommen hatte. Am Gesicht der Mutter hatte er den Grad der Geruchsbelästigung ablesen können, die von ihm ausging. Um die Nase herum hatte sie recht schnell sehr blass gewirkt und ihren Mann mit wenigen stummen Blicken davon überzeugt, nicht auf die Bedienung zu warten, sondern besser direkt an der Theke zu zahlen.

Kurt-Otto war das in diesem Moment vollkommen egal gewesen. Für ihn ging es ums nackte Überleben. Verhungert waren schon viele, am Gestank seines Nachbarn gestorben war noch keiner. Aus reiner Nächstenliebe hatte er sogar darauf verzichtet, der jungen Mutter bis ins Detail darzulegen, wo er sich den üblen Geruch eingefangen hatte, der stark an Verwesung erinnerte. Die Geschichte hob er sich für Renate auf, falls der vegane Metzger bei seiner Heimkehr noch immer ihr Wohnzimmer belagern sollte. Gestärkt durch ein Vierhundert-Gramm-Schnitzel, fühlte er sich zu allem bereit. Sollte es zum Äußersten kommen, würde er nicht davor zurückschrecken, eigenmächtig ein zweites Büfett zu bestellen. Dann würde Mett-Igel auf Babybulette aus Quinoa mit Chlorella und Spirulina treffen.

»Hat's geschmeckt?«

»Ja, danke.« Die Worte aus seinem Mund klangen wie das selige Seufzen eines Kleinkindes unter dem Weihnachtsbaum, nachdem es sämtliche Geschenke ausgepackt hat.

Chefin Helma griff nach dem leer gegessenen Teller. Sie schien seinen Geruch mit Fassung zu ertragen und flüchtete nicht übereilt aus der Gefahrenzone.

Mittlerweile war er der letzte Gast in der »Goldenen Traube«, und die Chefin schien Feierabend machen zu wollen.

»Sag mal, war der Rudi Berkes heute Abend hier?«, fragte er.

Helma drehte sich um und sah ihn verwundert an. »Nein, aber der kommt auch schon lange nicht mehr regelmäßig zu uns.« Sie zuckte mit den Schultern. »Trinkt lieber allein daheim. Im letzten Herbst habe ich ihn rausgeschmissen, weil er an einem Tag immer wieder Krach angefangen hat. Nachdem er ein paar Schoppen intus hatte, ist er von Tisch zu Tisch gezogen und hat so lange auf die Leute eingeredet, bis es Streit gab. Du weißt ja, wie er ist, wenn er getrunken hat.«

Kurt-Otto nickte, obwohl er das nicht wirklich wusste.

Helma fuhr fort: »Der reitet so lange auf einem Thema herum, bis ihm jemand widerspricht. Dann wird er immer lauter, fordert von den anderen Anwesenden Zustimmung für seine wirren Behauptungen ein, und der Krach ist vorprogrammiert. Ich bin froh, dass er sich daheim betrinkt. Die Aufregung brauche ich in meinem Alter nicht mehr.« Helma seufzte.

Kurt-Otto tat es ihr gleich.

»Seltsam ist es trotzdem. Du bist heute Abend schon der Zweite, der nach ihm fragt. Vorhin war der Appenheimer hier und hat den Berkes auch gesucht. Er war ziemlich zornig.«

Kurt-Otto schüttelte ungläubig den Kopf. Es schien Rudis Tag zu sein. Für den Appenheimer fuhr er schon lange Lkw. Wenn der ihn suchte und sogar seine möglichen Aufenthaltsorte abklapperte, dann sprach einiges dafür, dass sich der Rudi aus dem Staub gemacht hatte. War er untergetaucht, weil er etwas ausgefressen hatte? Der Einbruch Moldenhauers würde gut dazu passen. In Kurt-Ottos Schädel setzten sich einige Puzzleteilchen zusammen. Zum Glück verfügte sein Körper wieder über ausreichend Energiereserven, um genauer darüber nachdenken zu können.

Es würde ihn nicht wundern, nannte der Appenheimer eine ebenso gut bestückte Raritätensammlung wie er selbst sein Eigen. Über Generationen hinweg waren die Appenheimers Winzer im Dorf mit einer stets stattlichen Weinbergsfläche gewesen. Dass sich mit dem Eugen die Ausrichtung gänzlich verschoben hatte, war eine andere Sache. Was der in seinen eigenen Weinbergen erntete, wirkte neben den unfassbaren Mengen, die täglich seine große Kellerei durchliefen, wie der Ertrag eines Hobbywinzers.

Im Fünf-Jahres-Rhythmus hatte Appenheimer die Gebäude stetig erweitert. Jeder Anbau war dabei größer ausgefallen als der komplette Altbestand der Abfüll- und Lagerhallen zusammen. Aktuell konnten mehrere Tanklastzüge gleichzeitig ent- und etliche Lkws parallel dazu mit Paletten beladen werden.

Hatte sich der Rudi etwa an der Raritätensammlung Appenheimers bedient, um diese Flaschen dann an Moldenhauer weiterzuverkaufen? Und war dem Weinsammler die Sache dann vielleicht zu heiß geworden, weshalb er nach Beweisen für die Echtheit der angebotenen Ware gesucht hatte?

Helma hatte sich verzogen. Kurt-Otto hörte das Klappern der Teller in der Küche. Egal, was passiert war, fest stand, dass er in den nächsten Tagen ein Auge auf den Weinsammler haben würde. Je mehr er nachdachte, desto naheliegender erschien ihm die Tatsache, dass mit Moldenhauer irgendetwas nicht stimmte. Wenn er nach Hause käme, würde er als Erstes den Keller abschließen und seinen Traktor als unverrückbares Bollwerk über Nacht ganz nahe davor platzieren. Damit dürften seine Schätzchen vor dem Zugriff Unbefugter geschützt sein.

26

War das der Beweis? Er nickte und tastete zitternd über das zerknitterte Stück Papier. Für ihn war das alles schon davor klar gewesen. Das hier hätte es nicht mehr gebraucht. Nicht jetzt, aber damals vielleicht. Doch wäre es mit diesem Wissen anders gekommen?

Seine Fingerspitzen malten Kreise auf den knisternden Untergrund. Sie tanzten zur langsamen Musik, die nur in seinem Kopf erklang. Ein Wiegenlied, das aus der Erinnerung aufstieg, die es gar nicht gab. In einer dunklen Stimme gesungen, obwohl er sich doch nur an seine Mutter erinnerte. Seinen Vater hatte er ausschließlich auf verblassten Farbfotos gesehen. Undeutliche und verschwommene Gesichtszüge, denen er selbst Leben eingehaucht hatte. In seiner Phantasie bewegten sie sich. Regungen, die er von anderen übernommen hatte, ohne zu wissen, ob sie zu seinem Vater passten. Der Schmerz war dennoch nicht verschwunden. Er gehörte zu ihm, so lange er sich erinnern konnte. Der Schmerz in seiner Brust, der ihm früher die nächtlichen Tränen in die Augen getrieben hatte. Ein nasses Kopfkissen am Morgen, das er versucht hatte, vor ihr und dem Großvater zu verstecken. Er hatte sich wegen seiner Tränen geschämt, nicht wegen des großen runden Flecks auf dem Bettlaken.

Der Junge muss weg. Der geht kaputt daran. Er hatte sie belauscht. Ihren Streit am Küchentisch. Jedes ihrer Worte hatte er gehört, ohne zu verstehen, was sie damit meinten. Er wusste, dass ein Turm aus Bauklötzen kaputtging, wenn man sie zu hoch stapelte oder zu viele der unteren Steine herauszog. Konnte er auch kaputtgehen? Und wie? Indem er ungleichmäßig wuchs oder ihn jemand umstieß? Zerfiel er dann in seine Einzelteile? Stürzte der Turm ein, dann rafften seine Mutter oder der Opa die bunten Bauklötze wieder zusammen, um sie erneut aufzuschichten. Ihm war damals schon klar gewesen, dass das mit einem Leben anders war. Ein Mensch konnte nicht zerstört und dann wieder zusammengesetzt werden. Stattdessen kam er auf den Friedhof unter die Erde – wie sein Vater. Mit der Oma war er häufiger dort gewesen. *Da liegt der Papa. Kannst du fühlen, dass er in deiner Nähe ist? Er schaut dir zu. Als Engel vom Himmel.* Sie hatte nach oben in das wolkenlose Blau gedeutet.

Nichts hatte den Schmerz lindern können. Die Wunde, die immer wieder aufriss und unsäglich wehtat, wenn er andere Kinder mit ihren Vätern sah.

Also war seine Mutter dem Rat des Großvaters gefolgt und mit ihm weggegangen. Sie hatte den Hof ein zweites Mal verlassen, aber das verstand er erst viel später, als er wieder zurück war. Als die Erinnerung ihn hierher zurückgeführt hatte. So viele Jahre war er stark genug gewesen, es auszuhalten. Hatte alles in einen hinteren Winkel seines Schädels gedrängt, zugehäuft mit Unrat und gut abgedeckt, um es nicht mehr sehen zu müssen. Seine Taktik hatte funktioniert, und doch war er gewachsen. Aus dem winzigen Samen hatte sich ein mächtiger Baum entwickelt. Ein allumfassender Hass, der ihn jetzt antrieb.

»Kommst du mit raus, oder hast du noch im Keller zu tun?«

Sein Großvater steckte den Kopf durch die Tür. »Die Rumänen sitzen schon im Auto und warten.« Es lag kein Vorwurf in seiner Stimme.

Schnell schlug er das alte Kellerbuch seines Vaters zu und legte es auf das zerknitterte Blatt Papier, das er gestern in Rudi Berkes' Schreibtisch gefunden hatte. »Ich komme mit in die Weinberge. Frische Luft wird mir guttun. Die restliche Arbeit im Keller kann ich auch noch nachmittags machen.«

27

Kurt-Otto konnte Renates Laune an ihrer rechten Augenbraue ablesen. Zog sie diese in die Höhe, während sie äußerst knappe Antworten gab, dann war Vorsicht geboten. So wie jetzt. In ihr brodelte es. Ein Vulkan war erwacht, stand kurz vor der Explosion. Ein einziges weiteres Wort würde einen gefährlichen und unkontrollierbaren Ausbruch zur Folge haben.

Möglichst vorsichtig und leise hob er seine Kaffeetasse an und führte sie zum Mund. Er fühlte sich wie eine weiße Maus im Angesicht der Schlange. Vor Schock erstarrt. Renate stocherte mit dem Löffel in ihrem Müsli herum. Um Harmonie bemüht, hatte er gar nicht erst nach dem Verbleib seiner Bratwurstdosen gefragt und sich stattdessen mit Quittengelee auf seinem Vollkornbrot zum Frühstück begnügt.

Renate schien dem keine Beachtung zu schenken. Ihre Müsligrundmischung, die sie abends stets für den kommenden Morgen in lauwarmem Wasser einweichte, damit sie über Nacht quoll, hatte sie in einem langwierigen Prozedere mit klein geschnittenen frischen und getrockneten Früchten gemischt, um sie anschließend mit einem Pulver aus einer der vielen Wunderdosen des veganen Metzgers zu bestreuen.

Kurt-Otto hatte sich unauffällig auf sein Brot konzentriert und konnte daher nicht sagen, ob es sich um die Dose mit dem Gorilla oder dem Schmetterling gehandelt hatte. »Energiebündel« oder »Goldengel«? Nichts davon würde seine Situation an diesem Morgen nachhaltig verbessern. Das wäre vielleicht nur dann gelungen, hätte er auf seinem Quittengelee freiwillig ein paar gehäufte Teelöffel von pulverisiertem Weizengras, Hanf, Maca, Chia oder Guarana verteilt.

Beiläufig ließ er seinen Blick durchs Küchenfenster nach draußen wandern. Gefühlt schien die Sonne seit Wochen zum ersten Mal wieder. Ein blauer Himmel, welcher Segen nach dem vielen Regen. Hoffentlich blieb ihnen das bisschen Sommer wenigstens ein paar Tage erhalten. Die Weinberge hatten es bitter nötig. Er seufzte laut. Wenn es so weiterging wie in den zurückliegenden beiden Monaten, dann bestand kaum noch die Hoffnung, aus seinem letzten richtigen Jahrgang brauchbaren Wein zu machen. So konnte sein aktives Winzerleben doch nicht zu Ende gehen. Er hatte vorgehabt, sich mit einem Knaller zu verabschieden. Mit einem tollen Jahrgang, bei dem er alle Register gezogen hatte, um dann im Kleinen als rüstiger Weinrentner weiterzumachen. Mit voller Konzentration auf ein paar wenige Parzellen, für die er aber noch mehr Zeit und Muße hatte. Kein schlechter Plan. Er unterdrückte das aufkommende Lächeln.

Renates Gesichtsausdruck verriet, dass sie nur auf den passenden Moment gewartet hatte. Sie sah ihn prüfend an.

Schnell wich er ihrem Blick aus.

»Du warst unmöglich gestern!«

Er schluckte und starrte sein Frühstücksbrot an.

»Nicht nur, dass du viel zu spät gekommen bist«, sie schob sich einen gut gehäuften Löffel ihres Quellmüslis in den Mund und kaute ausgiebig und entschlossen darauf herum, »sondern auch noch betrunken, in Latzhose und Filzpantoffeln und bewaffnet mit einer ganzen Batterie weiterer Flaschen.« Lautstark zog sie Luft durch die Nase ein und schnaubte dann verächtlich. »Einfach nur peinlich! Ein Glück, dass Pierre so verständnisvoll ist!« Sie schüttelte ihre dunkelblonden Locken, die wie immer wirr in alle Richtungen standen. Ihre Frisur ließ nie eine Aussage über ihren Gemütszustand zu. Aber dafür reichte die in die Höhe gezogene rechte Augenbraue auch vollkommen aus. »Das ist mein Sechzigster, und den werde ich so gestalten, wie ich das möchte.«

Renates Blick war noch immer auf ihn gerichtet. Sie erwartete eine Antwort. Welche, war schwerlich zu erraten. Kurt-Otto nickte vorsichtig. Reichte das? Sie reagierte nicht. »Natürlich, mein Goldengel.« Er biss sich auf die Zunge. Die Hitze in seinem Schädel nahm genauso wie das schlechte Gewissen zu. Er musste einfach vorsichtiger sein. Warum nur hatte er nicht einen der sonst üblichen Kosenamen benutzt? Meine Weinprinzessin zum Beispiel?

Renate musterte ihn prüfend.

Kurt-Otto glaubte einen zarten Hauch Wohlwollen und Verständnis aus ihrem Blick herauszulesen. War der Zeitpunkt für ein erstes zaghaftes Aufbegehren schon gekommen? *Denk doch bitte auch an unsere liebe Verwandtschaft. Die Kinder essen so gerne Schnitzel und Kroketten. Onkel Manfred kann nicht ohne seinen Mett-Igel, und Tante Sieglinde holt sich immer mehrmals von den gefüllten Eiern nach, weil sie die grüne Sauce so liebt.* Doch Kurt-Otto hielt es in diesem Moment für angemessen, weiter eisern den Kopf zu senken und die Kommunikation auf ein unverfängliches Mindestmaß zu beschränken. Die Situation hatte sich nur oberflächlich entspannt. Wie sehr es darunter weiterbrodelte, konnte er nicht einschätzen.

»Und wo um Himmels willen hast du dich gestern Abend noch herumgetrieben? Deine Latzhose hat so gestunken, dass ich sie gleich nach dem Aufstehen in die Maschine gestopft habe.«

Kurt-Otto zuckte zusammen. Getroffen von einem unsichtbaren Hieb auf den Schädel, der ihn auf die Küchenbank drückte. Hektisch tasteten seine Finger über die Brust und fanden die Tasche seiner Latzhose. Es war eine neue, frisch aus dem Schrank, in ihr würde er den Zettel von gestern Abend natürlich nicht finden.

Renate lächelte. Sie schien sein verstörter Anblick zu erfreuen. »Meine Reblaus, du glaubst doch nicht wirklich, dass ich auch nur eine deiner Hosen ungeprüft in die Wäsche befördere. Dann könnte ich ja jede zweite Woche den Kundendienst einbestellen, um verstopfte Zu- und Abläufe von rostigen Nägeln, Drahtresten und Hefthaken zu befreien. Der Zettel aus der Brusttasche, den du anscheinend suchst, liegt in der Waschküche. Ziemlich stattliche Summen, die da für einen 1981er und 1983er gezahlt werden. Für den Preis einer Flasche macht uns Pierre ein ganzes Jahr lang jeden Tag ein Büfett.« Sie erhob sich grinsend, ging zum Kühlschrank und kam gleich darauf wieder zurück an den Frühstückstisch.

»Die letzten beiden Gänge. Du hast es ja vorgezogen, vorschnell zu verschwinden.« Sie platzierte die beiden Teelichtgläser direkt neben seiner fast geleerten Kaffeetasse und nahm ein drittes mit an ihren Platz. »Das wird dir schmecken.« Sie sah ihn auffordernd an.

Kurt-Otto glaubte, eine leichte Bewegung ihrer rechten Augenbraue erahnen zu können. Es war also besser, das Friedensangebot anzunehmen. Er griff nach dem ersten Gläschen und beförderte den Inhalt in seinen Mund. Der Anblick erinnerte ihn sehr an Sauerkraut. Es war Sauerkraut. Überrascht sah er auf. Zum ersten Mal schmeckte das, was er aus einem dieser Teelichtgläser aß, so, wie es aussah. Nur die Temperatur passte nicht dazu. »Ziemlich kalt.« Er kaute gequält weiter.

»Natürlich, meine Reblaus, das soll es auch sein.« Sie lächelte verständnisvoll. »Frisches, fermentiertes Sauerkraut. Durch das Erhitzen werden sämtliche wichtigen Inhaltsstoffe zerstört. Aber in rohem Zustand sind die probiotischen Kulturen gut für deine Darmflora, fördern die Verdauung, wirken gegen Magengeschwüre und verbessern nebenbei sogar noch deinen Teint. Du kannst ruhig beide Gläschen essen, wenn es dir schmeckt. Pierre hat mir noch eine große Portion dagelassen. Die gibt es dann zum Mittagessen.«

28

Von Locke ging die meiste Gefahr aus. Er musste ihn im Blick behalten. Trotzdem konnte er doch nicht alle halbe Stunde bei ihm vorbeifahren, um zu kontrollieren, wer bei ihm ein und aus ging. Und was hätte das auch gebracht? Eben: nichts!

Es war nicht zu übersehen, dass Appenheimer einen Keil zwischen sie treiben wollte. Das war auch der Grund dafür, dass er Lockes Keller leer kaufte. Mit ihm hatte er sich ganz bewusst den Schwächsten in ihrer Gruppe ausgesucht, weil er wusste, dass er sich an ihm und Josch die Zähne ausgebissen hätte. Und Matschie wäre nur auf das Angebot eingegangen, hätte er ihm auch noch eine Wagenladung Hasch auf den Hof gekippt. Krücke musste bei dem Gedanken grinsen. Der Appenheimer hätte die Möglichkeit bestimmt in Betracht gezogen, hätte er gewusst, wie er an das Zeug herankam.

Mit ein paar schnellen Handgriffen steckte er die in der Rebzeile hängenden Triebe unter dem Draht hindurch. Im Südhang herrschte Betrieb wie sonst nur während der Weinlese. Alle wollten die Sonnenstunden für die notwendigen Handarbeiten nutzen. Das Wetter der letzten beiden Monate hatte sie gelehrt, die kurzen trockenen Zeitfenster nicht verstreichen zu lassen.

Krücke stellte sich auf die Zehenspitzen, um einen Blick über die grüne Wand aus Weinreben zu werfen. Die Arbeiter von Klaus Dörrhof machten sich im Nachbarweinberg zu schaffen. Es waren acht bis zehn Mann, eine stattliche Truppe, weil der Dörrhof ja auch die meisten Weinberge im Dorf besaß. Mit den Flächen von Kurt-Otto Hattemer würde er den Abstand zu den restlichen Winzern noch weiter vergrößern. Für den Dörrhof lohnte sich das, weil er seine gesamte Ernte als Flaschenwein verkaufte und anscheinend noch mehr absetzen konnte als das, was er jetzt schon jährlich einfuhr. Dörrhof hatte die Probleme nicht, die ihn und die anderen plagten. Früher hatte er immer mal wieder bei einem von ihnen Trauben oder sogar

Wein zugekauft. Sogar zu einem höheren als dem Marktpreis, wenn die Qualität stimmte. Aber als die Weinpreise dann um die Jahrtausendwende stark angestiegen waren, hatte er seine Strategie geändert und seinen eigenen Besitz durch Pacht und den Zukauf von Weinbergen erweitert, um unabhängig von den steigenden Preisen zu sein, die er nicht auf seine Kunden umlegen konnte.

Gegen den Dörrhof hatte Krücke keine Chance. Was der als Pachtzins an Kurt-Otto zahlen könnte, würde er nie aufbringen. Es machte doch einen nicht unbeträchtlichen Unterschied, ob man fünfzig Cent für den Liter Fasswein oder fünf Euro für die Flasche Wein erlöste.

Dass das Geschäft Klaus Dörrhofs auch kein ganz einfaches war, davon konnte aber auch Krücke ein Lied singen. Er hatte die dreijährige Ausbildung bei einem Kollegen in Worms absolviert, der im Jahr mehr als eine halbe Million Flaschen an Privatkunden in ganz Deutschland verkaufte. Da er den größten Teil davon selbst mit dem Lkw ausfuhr, verbrachte er mehr Zeit auf der Autobahn zwischen Hamburg und München als in seinen Weinbergen. Trotzdem lief der Laden, weil der Kollege alles gut im Griff hatte und über zuverlässige Arbeiter draußen im Weinberg verfügte.

Dieses Vorbild hatte Krücke daheim im eigenen Betrieb nachahmen wollen. Der größte Teil seines ersten Jahrgangs, den er daraufhin fast komplett in Flaschen abgefüllt hatte, alterte noch immer in seiner Lagerhalle munter vor sich hin. Nicht ein Zehntel davon hatte er im ersten Jahr verkauft und danach schnell die Lust an dem Vertriebskonzept verloren. Der Umgang mit Kunden, ihre Launen und ihre Wünsche, das alles war nicht seins. Außerdem lockte ihr kleines, verbautes Gehöft niemanden an. Zu seinen Probiertagen mit Jazzmusik waren zwar einige Leute da gewesen und hatten sich auch munter durch die kostenlosen Proben getrunken, aber wiedergekommen war kaum einer von ihnen. Seit drei Jahren verzichtete Krücke daher auf das Abfüllen eigener Weine. Die bis unter das Hallendach in die Höhe gestapelten Gitterboxen mit jeweils knapp fünfhundert Flaschen seines ersten und einzigen Jahrgangs erinnerten ihn täglich daran, die richtige Entscheidung getroffen zu haben.

Schnell stopfte er weiter grüne Triebe unter den Draht hindurch. Vielleicht sollte er es doch wie Josch machen. Der war heute Morgen durch seinen struppigen Portugieser einfach mit dem Laubschneider gefahren. Jetzt sahen die Reben wieder ordentlich aus. Alles, was hervorstand, war gekappt worden. Dass sich an den meisten Trieben jetzt außer Trauben kaum noch Blätter befanden, schien Josch in Kauf zu nehmen. Doch eigentlich verstieß so ein Vorgehen gegen alles, was sie je gelernt hatten. Acht Blätter pro Traube waren notwendig, um die Versorgung der Früchte zu gewährleisten und sie richtig reifen zu lassen. Sofort hatte er Joschs einfache Erklärung wieder in den Ohren: *Und wer bezahlt mir den Aufwand? Das lohnt sich alles nur noch, solange meine Eltern als kostenlose Hilfskräfte die Handarbeiten machen. Und dann? Ich übe schon mal, wie es funktioniert, für den Fall, dass das nicht mehr so sein wird.* Und recht hatte er damit. Es gab keinen Cent Zuschlag für den Liter, nur weil die Triebe mehrfach gerade gestellt worden waren.

Krücke drückte sich noch einmal auf den Zehenspitzen in die Höhe, um über seine Zeile hinwegzuspähen. Das Geräusch, das er gehört hatte, passte zu dem, was seine Augen gerade erblickten. Bei jedem Schritt, den Locke machte, tauchten seine schwarzen, wuscheligen Haare kurz über den am höchsten wachsenden Blättern auf. Er und Locke besaßen viele Weinberge nebeneinander. Krücke musste ihn also nur bei der Handarbeit beobachten, um über sein Treiben im Bilde zu sein. Für Locke schien die Angelegenheit abgeschlossen zu sein, aber er selbst hatte mit dem Appenheimer noch eine Rechnung offen.

29

Ein schneller Blick auf den zerknitterten Zettel auf der Waschmaschine hatte ihm Gewissheit verschafft. Kurt-Otto musste erneut den Kopf schütteln. Im Grunde tat er das schon die ganze Zeit, seit er an diesem Tag mit seinem Traktor unterwegs war. Doch Renate hatte die Zahlen falsch gedeutet.

Der Rüben-Rudi hatte seine Notizen fein säuberlich auf der Rückseite eines alten, nutzlosen Formulars gemacht. Ein paar Zeilen nur, aber die hatten es in sich.

83er – 4000
81er – 5500
82er – 3500
80er – 3500
79er – 4200

Damit mussten Weine aus dem 19. Jahrhundert gemeint sein, nicht aus dem 20., wie Renate vermutet hatte. Anders waren die hohen Beträge nicht zu rechtfertigen. Aber selbst dann waren sie noch immer weit von dem entfernt, was Kurt-Otto erwartet hätte. Außerdem war es völlig abwegig, dass der Rudi über solche Schätze verfügte.

Der erste Flaschenwein des Hauses Hattemer stammte aus dem Jahr 1961. Ein denkwürdiges Jahr, in dem die Berliner Mauer errichtet worden war, und ein denkwürdiger Jahrgang, aber niemand würde dafür eine Summe wie in der zweiten Spalte des Zettels auf den Tisch legen.

Damals war er noch zu klein gewesen, gerade einmal neun, um sich heute noch an ihre erste eigene Abfüllung bis ins Detail erinnern zu können. Sein Vater hatte stets darauf beharrt, dass sie zu den Ersten im Ort gehörten, die Weine in Flaschen gefüllt hatten, um sie zu verkaufen. Davor hatten alle Winzer ihren Wein über Jahrhunderte stets nur als Fassware abgegeben. Das Abfüllen hatten Händler oder kleine Kellereien in Mainz übernommen. Der Großteil der Weine war direkt aus dem Fass im Glas gelandet, ohne jemals eine Flasche von innen gesehen zu haben.

War es da überhaupt denkbar, dass der Rudi Berkes über so alte Flaschenweine verfügte? Ganz sicher konnten es keine eigenen sein. Kurt-Otto wiegte ungläubig den Kopf. Es war sinnlose Zeitverschwendung, sich darüber das Hirn zu zermartern. Bestimmt hatte der Rudi schlicht das schnelle Geld gewittert und dem Moldenhauer einen riesigen Bären aufgebunden. Vielleicht stellte die knappe Liste ja seinen Forderungskatalog dar. Astronomische Summen als Verhandlungsgrundlage. War es möglich, dass der Rudi sich beim Moldenhauer einen Vorschuss erbettelt hatte und damit auf und davon war? Das würde nicht nur den Einbruch des Weinsammlers erklären, sondern auch, warum der Appenheimer nach dem Rudi suchte. Wahrscheinlich hatte er Wind von der Sache bekommen, oder Rudi hatte die Weine am Ende doch aus dessen Sammlung entwendet. Das war zumindest realistischer als die Theorie, nach der die Flaschen aus seinem eigenen Besitz stammten.

Vorsichtig hatte Kurt-Otto Renates kleines rotes Auto gleich nach dem Frühstück bis auf wenige Millimeter an die Kellertür rangiert. Er brauchte den Traktor, der über Nacht dort zur Sicherheit gestanden hatte, und der Opel Rekord passte schlicht aufgrund seines Ausmaßes nicht so vor das Kellertürchen, dass er den Zugang restlos verstellt hätte. Als Kurt-Otto Renate recht umständlich zu erklären versuchte, warum sie an diesem Tag auf seinen alten Opel für die Fahrt zur Schule umsteigen musste, hatte sie ihn entgeistert angestarrt.

Er tastete seine Brust ab. Der Autoschlüssel befand sich an der denkbar sichersten Stelle. Direkt am Mann. Pfeifend lenkte Kurt-Otto seinen Traktor auf den schmalen Feldweg, der ihn zu seinem Riesling führte. Hoffentlich hatte ihm der Rudi mit seinem Verhalten das Geschäft nicht kaputtgemacht. Insgeheim hoffte er noch immer darauf, dass es der Weinsammler ernst meinte. In seinem Keller lagerten doch noch so viele Flaschen edelsüßer Weine alter Jahrgänge, dass er gerne einen Teil von ihnen zu einem vernünftigen Preis verkauft hätte. Und ganz nebenbei könnte er bei den Verhandlungsgesprächen mit Moldenhauer den Weinsammler aushorchen. Kurt-Otto interessierte es brennend, ob und wie ihn der Berkes übers Ohr gehauen hatte.

Schnell warf er einen Blick auf seine Armbanduhr. Er bräuchte in etwa zwei Stunden, um den Riesling zu heften. Anschließend würde er einen kurzen Abstecher zum Metzger im Nachbardorf unternehmen, um seinen Werkzeugkasten aufzufüllen. Renate würde er eine knappe, alles erklärende Nachricht aufs Band sprechen, warum er heute nicht zum Mittagessen zu ihr kam. Seine Weinberge brauchten jetzt seine ganze Aufmerksamkeit, jede Menge Arbeit stand an, weil die Reben in den letzten Tagen so schnell gewachsen waren. Mit der hohen Feuchtigkeit im Boden, zu der sich nun endlich Sonne und Wärme gesellten, schossen sie regelrecht in die Höhe. Das kalte Sauerkraut konnte sie allein essen. Seine Darmflora war in bester Ordnung, solange ihr ausreichend Dosenbratwurst zugeführt wurde. Er würde durcharbeiten, im Weinberg ausgiebig vespern und erst am späten Nachmittag wieder nach Hause kommen.

30

Bis eben hatte Eugen Appenheimer noch geglaubt, es sei irgendwie aus der Welt zu schaffen. Schwamm drüber und vergessen. Nur eine üble Laune von Rudi Berkes im Suff. Natürlich, schon wieder eine, aber letztlich war ja nichts passiert. Er hatte sich bei seinen bezahlten osteuropäischen Freundinnen zurückgehalten, hatte nicht das Maul zu weit aufgerissen. Was die wohl aus seinen großspurigen Behauptungen und Theorien gemacht hätten? Er wollte es sich nicht ausmalen.

Doch die neue SMS hatte alle guten Vorsätze zunichtegemacht. Damit war Rudi eindeutig etliche Schritte zu weit gegangen. Appenheimer rieb sich mit beiden Händen über die Augen und tastete dann behutsam weiter, bis seine Finger die geklammerte Stelle an seinem Hinterkopf erspürten. Sie schmerzte wieder. Seit heute Morgen pochte sie unaufhörlich. Wie gleichmäßige Trommelschläge. Hatte sich die Platzwunde entzündet? Sein Hausarzt hatte für einen Verband plädiert, um sie vor Schmutz zu schützen. Er hatte den Vorschlag vehement abgelehnt, weil er nicht einem Kriegsversehrten ähneln wollte. Außerdem sollten sie sehen, dass er hart im Nehmen war und sie ihm nichts anhaben konnten. Der Einbruch, die paar Liter Wein, die ausgelaufen waren, das war eine Kleinigkeit gewesen. Er hatte alles unter Kontrolle, war Herr über die Situation. Aber die Halbstarken würden für das, was sie ihm angetan hatten, teuer bezahlen müssen.

Appenheimer schlug mit der flachen Hand auf den polierten Stahl. Das leere Fass gab ein hohles, dunkles Donnern von sich, das noch ein paar Sekunden in der Weite seines riesigen Kellers nachhallte. Er hatte sie im Griff, die vier Jungs, die ihn nur so lange piesacken würden, wie er es zuließ. Fuhr er entschlossen dazwischen, würden sie auf den Knien flehend und bettelnd aus Angst vor der Vernichtung angekrochen kommen.

Appenheimer holte noch einmal aus, hielt dann aber in der Bewegung inne. Die eigentliche Gefahr ging vom Rudi Berkes aus, der anscheinend dem Größenwahn verfallen war. Eine seiner Nutten musste ihm das eingeflüstert haben. Oder es war doch der Suff. Der viele Alkohol, der sein Gehirn langsam auflöste und alle Hemmungen hinwegschwemmte.

Heute Abend um zehn kommst du in deinen Grauen Burgunder, sonst hast du keinen Spaß mehr im Leben.

Auf seine Antwort hatte Rudi nicht reagiert und auch seine Versuche, mit ihm am Telefon zu sprechen, waren erfolglos geblieben.

Hatte er eine andere Wahl, als sich allein draußen im Weinberg mit ihm zu treffen? Appenheimer schnaufte und ließ seine noch immer zum Schlag erhobene Hand sinken. Der Suff musste den Rudi längst mürbe gemacht haben. Stark waren nur noch seine verbalen Drohungen. Mit ihm würde er fertig werden. Zur Sicherheit würde er nachher noch den kleinen Revolver, den er im Nachttisch unter den alten Stofftaschentüchern deponiert hatte, in die Innentasche seiner Lederjacke stecken. Das äußerste Mittel zur Selbstverteidigung, eigentlich für den Fall gedacht, dass ihn ein Einbrecher überraschte. Die Zeiten waren gefährlicher geworden. Wenn der Neid übermächtig wurde, musste man auf alles gefasst sein.

Seine Gedanken drifteten wieder zu Rudi. Säufer waren schwache Menschen. Das wusste er von seinem Vater. Zur Not bekam Rudi eins auf die Fresse, und sollte das nicht genügen, hätte er keine Hemmungen, den Revolver zu benutzen. Die Sache musste aus der Welt geschafft werden, ein für alle Mal.

31

Sein Traktor fand den Weg ganz allein. Genüsslich strich er sich über den Bauch. Die Arbeit auf dem Weinberg war beendet. Kurt-Ottos Riesling stand da wie eine Eins. Wer vorbeikam, würde ihn bewundern. Und da er am Querweg wuchs, würden sie alle an ihm vorbeikommen. Jetzt hing kein Trieb mehr in die Gasse, er hatte alle gerade aufgestellt und ausgerichtet. In einer guten Woche musste er noch einmal durch die Reihen gehen, um das obere Drahtpaar in den höchsten Haken zu hängen, danach war der Weinberg bereit für den Laubschnitt. Dann wurden die Spitzen der Reben gekappt, um dem Rebstock zu signalisieren, dass er von nun an seine Hauptkraft in die Entwicklung der Trauben und nicht mehr in das Höhenwachstum zu investieren hatte. So nahmen die Trauben schnell an Masse und Gewicht zu, bevor ab August die Zuckereinlagerung einsetzte.

Jedes Jahr der gleiche Kreislauf. Eine wohltuende Routine im Rhythmus der Natur. Die Abweichungen in ihr waren fein, hatten aber eine so große Auswirkung, dass ein jeder Jahrgang seine eigene Ausprägung und seinen eigenen Charakter entwickelte. Genau das machte den Reiz des Weinbaus aus und war die Würze des Winzerdaseins. Der sanfte Spannungsaufbau über das Jahr bis zum Höhepunkt im Herbst, wenn man sich dem Ziel ganz nahe fühlte, die Gefahren aber überall lauerten.

Zum Beispiel durch zu viel Hitze, die die Trauben zu süß und den daraus gekelterten Wein zu alkoholisch werden ließ. Zu viel Feuchtigkeit führte hingegen zu Fäulnis, während zu kühle Tage die Reifeentwicklung fast vollständig stoppten. Hoffen und Bangen begleiteten daher jeden Herbst – genauso wie die Dankbarkeit, wenn alles geerntet war und sicher im Keller lag.

Die schönste Musik in den Ohren eines Winzers war das gleichmäßige Blubbern der Gärröhrchen auf den Fässern. Ein polyphones Durcheinander im alten Gewölbe, dem Kurt-Otto gerne zuhörte. In diesem Jahr würde er besonders intensiv lauschen, das nahm er sich spontan vor. Er würde das Geräusch für die Ewigkeit oder zumindest für die Jahre, die ihm noch beschieden waren, in seiner Erinnerung konservieren. Wie würde Renate ihn anschauen, wenn er später mit dem alten Kassettenrekorder bewaffnet in seinem Keller verschwand, um sich an den Gärklängen seines letzten Jahrgangs zu berauschen! Wahrscheinlich würde sie seine tägliche Dosis kaltes Sauerkraut und anderer Superfoods so lange erhöhen, bis er wieder zur Besinnung kam. Ein Kräftemessen um die richtige Ernährung, auf das er sich gerne einlassen würde, denn die Krisen-Notversorgung sollte bis dahin sichergestellt sein. Er würde mehrere Wochen durchhalten, wenn Planung und Verschleierung wohldurchdacht ineinandergriffen.

Entschlossen trat er das Gaspedal seines Traktors bis aufs Bodenblech durch. Der Motor seines Fendt heulte auf. Schnell ließ er die Feldwege hinter sich. Er musste nur noch das Neubaugebiet durchqueren, dann hatte er sein Ziel erreicht. Bot der Metzger in Stadecken nicht auch warmen Mittagstisch an? Aber natürlich. Der Gedanke daran zauberte ihm ein seliges Lächeln ins Gesicht. Kurt-Otto erinnerte sich daran, dass der Speiseplan sogar im »Wochenblatt« abgedruckt wurde. Wenn er ihn von nun an ausschnitt, wüsste er immer genau, an welchen Tagen sich ein kleiner Ausflug ins Tal besonders lohnen würde.

Beherzt nahm er die letzte Linkskurve und hatte das Ziel seiner Ausfahrt erreicht. Der Anblick ließ ihn stutzen. Kein einziger Parkplatz war mehr frei. Sieben, acht, neun Traktoren standen nebeneinander vor der Metzgerei. Kurt-Otto kannte sie alle. Er schien das Ziel einer Schlepper-Prozession erreicht zu haben. Maschinensegnung mit Wasser und Weihrauch? Das fehlte gerade noch.

Er stellte seinen Fendt direkt hinter den Weinbergstraktor vom Dörrhof. Der würde bestimmt gerne so lange warten, bis er seine Wurstdosen ausgesucht hatte, schließlich machte er sich ernsthaft Hoffnungen auf seine Weinberge. Bis vor die Tür konnte er die anderen laut und deutlich hören. Die Stimmung schien gut zu sein. Die Essenheimer Kollegen, die den gesamten Stehbistro-

Bereich der Metzgerei besetzt hielten, empfingen ihn denn auch lautstark johlend.

»Als Letzter kommst du! Hast du dich auf dem Weg hierher verfahren?«

»Hoffentlich hast du die Hosen gewechselt. Posthalters Sigrun hat dich gestern Nacht gesehen, wie du beim Rüben-Rudi im Vorgarten nach Pilzen gesucht hast. Ausgesehen musst du haben, und dein Geruch erst …«

»Hast du etwa Stinkmorcheln gefunden? Die riechen nach Aas und locken damit Fliegen und Mistkäfer an.«

»Komm zu uns, Kurt-Otto. Heute sind Rinderrouladen mit Rotkohl und Klößen im Angebot. Winzer-Superfood.«

»Aber die Luft ist hier unten im Tal schon arg trocken. Nur Limo gibt's. Morgen bringen wir uns den Wein selber mit.«

Kurt-Otto stutzte. Planung und Verschleierung? Zumindest ein Bestandteil seiner Gedankengänge bedurfte einer eingehenden Neubewertung. Die üppigen Damen hinter der gut bestückten Wursttheke hatten ihre Köpfe bereits verschwörerisch zusammengesteckt und blickten immer wieder zu ihnen herüber. Zwischen den Ortschaften gab es unzählige familiäre Querverbindungen. Ein nicht unbeträchtlicher Teil der Landfrauen-Kurse fand sogar gemeinsam mit Teilnehmerinnen aus den Nachbardörfern statt. Saßen die Stadecker Kollegen jetzt vielleicht beim Mittagstisch in ihrer »Goldenen Traube«? Doch im Grunde genommen wäre selbst das vollkommen egal. Es würde nicht einmal so lange dauern, wie sie für den Verzehr ihrer Rinderroulade brauchten, bis die Neuigkeit oben auf dem Berg in Essenheim angekommen war. *Eure Männer sitzen bei unserem Metzger. Gebt ihr denen nichts mehr zu essen? Haben die etwas ausgefressen, oder habt ihr sie auf Diät gesetzt?*

Lange würde das nicht gut gehen. Wahrscheinlich schon morgen zerriss sich das ganze Dorf über ihre täglichen gemeinsamen Ausfahrten das Maul. Kurt-Otto musste sich also dringend und schnellstmöglich vollumfänglich bevorraten.

Ein hektischer Blick auf das leere Regal neben der Kühltheke bestätigte seine Befürchtung, dass er in diesem Punkt der Allerletzte war. Nicht einmal eine Dose Blutwurst oder Presskopf hatten sie ihm übrig gelassen. Sein Blick schweifte weiter. Etliche gut gefüllte Plastiktüten lehnten an den Füßen der Bistrotische.

Nun denn, dann würde er sich eben eine zusätzliche Portion Rinderrouladen mit Rotkohl und Klößen einpacken lassen.

32

5. August 1985

»Sie wissen nicht, warum wir hier sind? Das nehme ich Ihnen wirklich nicht ab.« Er schüttelte ungläubig den Kopf und drehte sich lächelnd von ihm weg. »Gruppe eins: Büro, Buchhaltung, Kellerbuch, Rechnungen, Lieferscheine und so weiter. Gruppe zwei: Keller und Flaschenlager. Alles andere ist besprochen.« Er wandte sich ihm wieder zu. Wache blaue Augen beobachteten ihn scharf, um jede Regung einzufangen und zu bewerten.

Sein Rachen war staubtrocken. Er versuchte zu schlucken. Keine Spucke.

Er hatte gewusst, dass sie kommen würden, und sie eigentlich schon viel früher erwartet. Am selben Tag noch, an dem Appenheimer bei ihm auf dem Hof gestanden hatte. Als er die Welle vom Mulcher vom Draht hatte befreien wollen.

Nach dem Besuch hatte er sofort angefangen, alles klein zu schlagen. Jede Flasche hatte er ausgeleert und mit dem schweren Hammer zertrümmert. Seine Mülltonne war hinterher voller Scherben gewesen. In der Nacht, als der Rest der Familie schlief, war er mehrmals in seinem Transporter und mit dem Spaten bewaffnet zu einer Stelle unterhalb des Hibergs gefahren und hatte dort tiefe Löcher ausgehoben, um die winzigen Glasscherben in ihnen zu vergraben. Irgendwann hatte er aufgehört, die Touren zu zählen.

Seine Händler hatten ihn am Tag darauf angerufen. Nacheinander, als hätten sie sich abgestimmt. Jeder sagte ihm das Gleiche. Verpackt in andere Worte, gespickt mit unzähligen Verunglimpfungen, Drohungen und Verwünschungen. Bezahlen sollte er für den Schaden, für den er doch gar nichts konnte. Seine Gier, die Angst, nicht mehr liefern zu können, die Befürchtung, dass sie sich die Auslesen bei einem der vielen anderen holten, waren Grund seines Handelns gewesen. Er hatte sich alles stumm angehört. Hatte ihre Wut und ihren Hass über sich ergehen lassen. So lange, bis sie endlich auflegten.

Gestern hatte seine Frau den Stecker gezogen, obwohl sie selbst doch nie ans Telefon gegangen war. Sie hatte verstanden, was los war. Seither herrschte Ruhe, die ihm guttat. Er war in seiner Scheune auf und ab gegangen. Hatte den Boden gefegt, bis jetzt. Nun waren sie endlich da. Es fühlte sich wie eine Erlösung an.

»Wir müssen uns in Ruhe unterhalten. Dazu möchte ich Sie bitten mitzukommen.«

Zwei Polizisten in Uniform begleiteten seinen Abgang. Fürchteten die Polizei, der Staatsanwalt, dass er abhaute? Am letzten Freitag war ein weiterer seiner Weine auf der neuesten Liste in der Zeitung aufgetaucht. Einer von mittlerweile dreihundertsechzig österreichischen und deutschen, in denen die Behörden Glykol nachgewiesen hatten und vor deren Verzehr sie warnten.

Die Zeitungen überboten sich mit neuen Zahlen und Horrormeldungen. »Frostschutz-Wein bei Omas Geburtstag. 11 vergiftet«, titelte die »BILD«. In einem Fernsehbericht hatte ein Redakteur Wein in den Kühler eines Mercedes gegossen, um zu verdeutlichen, wo der Frostschutz hingehörte. Auf jeden Fall nicht ins Glas, weil er ab einer bestimmten Dosis tödlich sei.

Wohin hätte er denn abhauen sollen? Das gesamte Dorf wusste es natürlich. Sollte er seine Frau und ihren gemeinsamen kleinen Sohn sitzen lassen, um den eigenen Kopf zu retten? Er rieb sich über die brennenden Augen und zwang sich dazu, nicht loszuheulen. Keine Tränen, während sie ihn vom Hof führten.

Die Polizeiwagen parkten entlang der Straße. Ein Aufgebot, als wäre die Sparkasse im Dorf überfallen worden. Fünf Wagen mindestens reihten sich allein vor seinem Haus auf. Ein paar Minuten hatten ausgereicht, dass sich eine Schar Schaulustiger zusammenfand. Die Leute tuschelten miteinander, bis ihn die ersten sahen, sich gegenseitig anstießen und verstummten. Aus ihren Mienen sprachen Abscheu und Hohn.

Der alte Dörrhof streckte den Zeigefinger mahnend in die Höhe und fuchtelte mit der Hand in seine Richtung. Er rief etwas, das nicht bis zu ihm durchdrang. Ein Fotograf zielte abwechselnd auf ihn und auf die Menschenmenge gegenüber.

Er konnte es an den Gesichtern der Umstehenden ablesen, dass sie auch seine Frau nicht verschonen würden. Wenn er weg war, war sie mit dem Kleinen und seinen Eltern allein auf dem Hof. Sie würde daran zugrunde gehen. Schon seit Tagen hatte sie sich nicht mehr vor die Tür getraut, kauerte, wenn der Kleine schlief, im dunklen Wohnzimmer in der hinteren Ecke in einem Sessel. Sie hatte ihn nicht allein lassen wollen aus Angst, er könnte sich etwas antun.

Würde sie am Abend, wenn er wiederkam, noch da sein? Aber wer wusste schon, ob sie ihn überhaupt wieder gehen lassen würden. Er war einer von so vielen, aber der Nestbeschmutzer, der sie alle mit in den Dreck zog. Schon jetzt standen alle Winzer im Land unter Generalverdacht. Zeitungen und das Fernsehen fachten die Hysterie an. Niemand kaufte mehr ihre Weine. Die Kunden durchforsteten ihre Keller und brachten die Flaschen mit den edelsüßen Weinen der letzten Jahrgänge kistenweise zurück. Auch bei ihm hatten schon etliche vor der Tür gestanden und wütend ihr Geld zurückgefordert.

Er war der einzige Winzer auf der langen Liste, auf der bisher nur Kellereien und Abfüller standen. Eine neue Zielscheibe, ein Gesicht, das von nun an für den Betrug stand. Keine anonyme Großkellerei, die ihre Anwälte vorschicken konnte, um sich aus der Schusslinie zu bringen. Für einen Moment konnten die anderen Beschuldigten durchatmen, weil sich alle auf ihn stürzen würden. Das schwarze Schaf, der Einzelfall, die unrühmliche Ausnahme. Ein Einzelner, der den Hals nicht voll genug hatte bekommen können.

Bei Eugen Appenheimer war die Polizei gestern schon gewesen, hatte aber nichts gefunden. Nur zwei Beamte, weil bisher in keinem seiner Weine etwas von dem Zeug aufgetaucht war. Alles sauber, so wie er es angekündigt hatte. *Meine Hausaufgaben habe ich gemacht.* Wie ihm das gelungen war, blieb sein Geheimnis. Unmöglich, dass er damit durchkam.

33

Es war noch nicht vollständig dunkel, und das war gut so. Ob er auch in der absoluten Finsternis hier herausgekommen wäre? Zuvor hatte er alles getan, um das zu vermeiden.

Eine ganze Stunde hatte Appenheimer am Nachmittag in seinem Geländewagen auf dem großen geschotterten Parkplatz herumgestanden und Rudis heruntergekommenes Haus beobachtet. In unregelmäßigen Abständen hatte er seine Nummer gewählt. Er wollte ihn abfangen und zur Rede stellen.

Doch irgendwann war ihm die Warterei zu blöde geworden. Außerdem hatte er genug zu tun. Er musste einen Container seines »Butlers Reserve«-Rieslings für den Export vorbereiten. Schon morgen sollte die Lieferung geholt werden. Die neue Marke wurde schneller bekannt als prognostiziert, weil die Amerikaner nach guten deutschen Weißweinen gierten. Unzählige Berichte in US-Weinzeitschriften hatten die Einzigartigkeit deutscher Weißweine allgemein und des Rieslings im Besonderen gepriesen. Jetzt musste geliefert werden. Nicht nur ein paar hundert Flaschen edler Gewächse zu Höchstpreisen für die gut betuchten Sammler und Kenner, sondern auch Masse für den Mittelstand, der auf den Geschmack kommen wollte.

Die zweite Verkaufswelle lief an, wenn der Markt vorbereitet war und das Interesse stetig wuchs. Die vielen kleinen Winzer konnten die großen Mengen nicht liefern. Wer hatte schon hunderttausend Flaschen Riesling abrufbereit auf Lager? Nur er! Zufrieden fuhr er sich über die Stirn. Zudem noch in guter Qualität, auf die die Händler in den USA gerne zurückgriffen. Sie orderten kontinuierlich nach und konnten sich darauf verlassen, dass die eingeführten Sorten bei ihm stets verfügbar blieben.

Für das nächste Halbjahr plante er, die Marke breiter aufzustellen. Mit einem Weißen Burgunder aus Deutschland, einem französischen Sancerre und einem Italiener. Wichtig war der Klang der Rebsorten. Sie durften als Namen nicht so verbraucht sein wie etwa der Chardonnay. Daher hatte er sich beim Italiener auch noch nicht festgelegt. Zudem mussten, obwohl die Regionalität durchklingen sollte, ordentliche Mengen verfügbar sein.

Eugen Appenheimer sog die Luft im Dämmerschein schnaufend ein. Eigentlich hatte er in seinem Geländewagen sitzen bleiben wollen, bis der Rudi endlich auftauchte, sich dann aber dagegen entschieden. Er würde die Zeit des Wartens nutzen, um zumindest einen schnellen Blick auf seinen Grauen Burgunder zu werfen. Die Stöcke waren mittlerweile fünfunddreißig Jahre alt. Das beste Alter für hohe Qualitäten. Ihr Ertrag würde die Krönung in seinem Portfolio für den US-Markt sein. Die notwendige Abrundung durch ein eigenes Spitzengewächs, von dem alle anderen seiner Markenweine profitierten. Nur ein paar tausend Flaschen zu Höchstpreisen weit jenseits der hundert Dollar. Darunter kamen für die Superreichen, die er als Kunden im Blick hatte, keine Weine in Frage.

Die Weinberge dafür hatte er in Gedanken schon ausgewählt: diesen Grauen Burgunder und drei schöne alte Rieslinge, die ältesten im Dorf, mit weit über fünfzigjährigen Rebstöcken. Der erste Arbeitstitel seines neuen Projekts war »Oldest Wineyard«. Mal sehen, was die Werbeagentur daraus machen würde, die bereits reichlich Erfahrung auf dem amerikanischen Markt besaß. Es fehlten nur noch die Weinberge. In den nächsten Tagen musste er das Problem angehen und alles klarmachen. Noch gehörten sie drei von den vier Halbstarken, die die Sauerei in seinem Keller angerichtet hatten. Er musste grinsen. Die zart aufkeimende Vorfreude hatte die Anspannung verdrängt.

Jetzt erst sprang ihm die farbliche Veränderung an den Blättern ins Auge. Schnell sah sich Appenheimer um. Die Dämmerung schien nicht daran schuld zu sein. Nur die Stöcke rechts von ihm wirkten, als wären sie ergraut. Ungläubig schüttelte er den Kopf und hetzte durch die Rebzeile. Ausschließlich die Blätter auf der rechten Seite waren betroffen. Vorsichtig betastete er sie. Sie fühlten sich schlaff, wie ausgelaugt an. Als wäre die Kraft aus ihnen herausgesaugt worden. Als er mit beiden Händen in die Rebe griff, hielt er sofort mehrere Blätter zwischen den Fingern.

Andere fielen mit herab. Ein erschrockenes Röcheln bahnte sich seinen Weg aus Appenheimers Rachen. Er brüllte seinen Zorn hinaus.

»Rudi, du elendes Arschloch! Wenn ich dich zu fassen bekomme!« Hektisch griff er erneut in das welke Grün und bog mit aller Gewalt die toten Triebe auseinander. Er musste wissen, ob die Schäden nur die eine Zeile betrafen. Sein Herz hämmerte in seiner Brust. Er schrie erst vor Wut und dann vor Angst.

Kalte Augen starrten ihn durch die Lücke im Reblaub teilnahmslos an. Eine lang gezogene Maske, deren Mund zu einem Schrei geformt war. Daneben erkannte er noch eine weitere.

Appenheimer hörte das Sirren in der Luft, dann traf ihn ein Schlag in die Kniekehlen, der seine Beine einknicken ließ. Erst der zweite Hieb brachte den Schmerz. Er fuhr von seinem Nacken aus in jeden entlegenen Winkel seines Körpers, bevor er alles um ihn herum in tiefe Dunkelheit tauchte.

34

»Saffo, wo bist du?« Markus quälte sich weiter mühsam durch das Dickicht. »Komm schon, du Mistvieh, wohin hast du dich verkrochen?« Genervt schleuderte er den Stock in einen toten Strauch. Der verarschte ihn doch. Spielte Hase und Igel mit ihm. Hätte er sich mühsam bis zu der Stelle durchgekämpft, wo er ihn aufgrund der eindeutigen Geräusche vermutete, dann wäre er bestimmt schon wieder woanders.

Geduckt drückte er sich weiter durchs Unterholz, schob sich durch schmale Lücken im Gebüsch, um einen ausreichenden Sicherheitsabstand zwischen sich und den Verfolger zu bringen, um ganz entspannt und ungestört an einer anderen Stelle genüsslich weiterzufressen. Flieder, Holunder, Wildrosen, dornige Brombeertriebe. Esel wie er scheuten vor nichts zurück. Selbst die Disteln, die auf dem kalkig-weißen Untergrund am Hiberg in Massen wuchsen, schmeckten ihnen. Anspruchslose Allesfresser.

Markus wollte nach einem neuen Stock greifen, um seinen Zorn an einer unschuldigen Hecke auszulassen. Im letzten Moment zuckte er zurück, weil er die vielen feinen Dornen erkannte. Ein blutiger Striemen zog sich bereits quer über sein Gesicht. Auf weitere Verletzungen konnte er verzichten.

»Saffo, du dummer Esel, zeig dich!« Er legte einen freundlich flehenden Unterton in seine Stimme. »Im Unterstand warten deine Freunde auf dich, die dich schon vermissen. Und frisches Fressen. Beweg endlich deinen faulen Arsch aus dem Gebüsch, sonst gibt es im Herbst Eselsalami.« Markus flüsterte in die Richtung, aus der das letzte Rascheln gekommen war. Eigentlich zu leise für einen ausgewachsenen Esel. Vorsichtig kämpfte er sich weiter, um das blöde Vieh nicht zu erschrecken.

Warum bloß hatte er sich von Rüdiger bequatschen lassen, der in dieser Woche zum Eseldienst eingeteilt war? Fünf Tiere sollten im Sommer die wenigen noch nicht zugewachsenen Stellen am Hang frei halten, damit noch mehr Pflanzen Licht bekamen als Brombeerhecken und Holunder. Die Idee dazu war von Laura gekommen, einer Umweltschützerin, mit der sie alle nacheinander im Bett gewesen waren und die mittlerweile nach Südspanien verschwunden war, um dort in einer Kommune mit noch mehr Eseln zusammenzuleben.

Jeder aus der verbliebenen Gruppe musste im Sommer eine Woche Eseldienst verrichten, morgens und abends nach dem Rechten schauen und kontrollieren, dass das Trinkfass noch ausreichend mit Wasser gefüllt war. Zu fressen hatten die Tiere genug.

Rüdiger hatte vorgestern überstürzt weggemusst, weil ihn seine Oma in Hannover dringend brauchte. Und da niemand anders Zeit für die Viecher zu haben schien, hatte er sich breitschlagen lassen, obwohl seine Freundin zu Besuch war. *Du musst nur abends kurz hin. Den Morgendienst habe ich mir auch schon häufiger geschenkt. Was soll denn groß passieren? Nach den vielen Schauern gibt es genügend Wasserlöcher, und die Esel sind genügsam. Nimm deine Freundin abends zum Kontrollgang einfach mit. Mädchen finden Esel so süß.*

Dieses Arschloch! Er hatte keine Ahnung, wie lange Rüdiger das Fass schon nicht mehr aufgefüllt hatte, und die einzigen Wasserlöcher befanden sich außerhalb des eingezäunten Geheges. In ihrer Not hatten die Esel den Stromschlag in Kauf genommen und den Elektrozaun niedergedrückt. Vier hatte er mittlerweile gefunden, sie waren ihm entgegengetrottet. Aber nach Saffo, dem schwarzen, suchte er bereits seit einer geschlagenen Stunde ohne Erfolg. Das Katz-und-Maus-Spiel schien ihm Freude zu bereiten. Eine nette Abwechslung im eintönigen Esel-Alltag, während seine Freundin Marlene daheimsaß und auf ihn wartete. Morgen musste sie wieder zurück nach Wien, und er verbrachte den letzten gemeinsamen Abend damit, allein durchs stinkende Unterholz zu kriechen.

Er schüttelte sich vor Ekel. Ein widerlicher Geruch stieg ihm in die Nase, der mit jedem Meter schlimmer wurde. Andererseits konnte er Saffo jetzt ganz deutlich schmatzen und schnaufen hören. Er musste einfach weitergehen.

Wie es das Vieh bei diesem Gestank aushalten konnte? Markus spürte säuerliche Übelkeit in sich aufsteigen, musste aber dennoch schmunzeln und an eine seiner Geografie-Exkursionen im ersten Studienjahr denken. Eine dieser aufgetakelten Lehramts-Tanten hatte kotzen müssen, weil die Stinkmorcheln einen abartigen Aasgeruch verströmt hatten. Den Kopf des Pilzes, der auch noch wie ein erigierter Penis aussah, hatten Hunderte kleiner Schmeißfliegen bevölkert, die der Tussi entgegengeflogen waren. Bei der Erinnerung an ihr Gesicht musste er lachen. Anschließend hatte die Kotze ihr in den Haaren gehangen. Und alles nur wegen eines Pilzes, der für die Vermehrung der eigenen Art Aasgeruch verströmte, um so massenhaft Fliegen und Käfer anzulocken. Markus schnaufte jetzt wieder genervt. Vielleicht war es doch gut, dass Marlene nicht mitgekommen war.

Saffo musste sich hinter den Büschen verbergen, das Schmatzen wurde immer lauter. Vorsichtig sank er auf die Knie, um durch eine Lücke in der dichten grünen Wand vor sich zu spähen.

Sie schoss ihm unkontrolliert aus Mund und Nase. Eine säuerliche Fontäne, die seinen Schrei gurgelnd erstickte. Die beiden Wildschweine stoben erschrocken auseinander und verschwanden zwischen dürrem Geäst. Direkt vor Markus lag ein kopfloser, halb ausgeweideter Kadaver. Eine stinkende Masse aus braunem Blut und Fleisch, aus der die Rippen des Brustkorbs starr in die Höhe ragten. Die Füße steckten in schwarzen Motorradstiefeln.

Ein neuer Schwall Magensaft ergoss sich auf den Boden. Markus hatte gar nicht erst versucht, ihn zurückzuhalten. Auf Händen und Knien kroch er hektisch rückwärts, bis ihm tote Zweige den Weg versperrten.

35

Locke rannte, so schnell er nur konnte. Seine Sohlen klatschten auf den harten Asphalt. Ein Geräusch wie das der Schläge, die auf Appenheimer niedergeprasselt waren. Immer wieder, obwohl er sich doch längst schon nicht mehr rührte. Nur noch die Kraft der Hiebe hatte seinen Körper zucken lassen.

Schon nach dem zweiten Schlag war er Krücke in den Arm gefallen. Locke konnte es nicht mehr mit ansehen, wie er auf den wehrlosen Mann einschlug. Einen gehörigen Schrecken hatten sie dem Appenheimer einjagen wollen, nicht mehr. Krücke hatte ihn entschlossen von sich gestoßen und ihm mit dem kurzen, gebogenen Schlagstock gedroht. *Verpiss dich, Locke, wenn du zu weich bist!*

Josch hatte alles mit seinem Handy gefilmt. Appenheimer am Boden und sie mit ihren Masken um ihn herum. Immer mehr Schläge. Krücke hieb am Ende nur noch auf Brust und Kopf. Unzählige Hiebe, bis er endlich hektisch schnaufend von ihm abließ. *Es reicht jetzt. Wir müssen verschwinden.*

Wie vorher besprochen waren sie in alle Himmelsrichtungen davongerannt, damit man sie nicht zusammen sah. Daheim würde jeder seine Maske verbrennen. Gut angefacht mit Brennspiritus, würde nach wenigen Sekunden nicht mehr von ihr übrig sein als ein stinkender Rest Plastik, der dann im Klo hinuntergespült werden sollte. Alles ganz sauber, sodass kein Verdacht auf sie fallen konnte. Es gab ja keine Zeugen.

Ein guter Plan. Krücke hatte breit gegrinst, als sie vor dem Aufbruch in die Weinberge alle an einem riesigen Joint gezogen hatten, den Matschie zur Feier des Tages zusammengebaut hatte. Ein Festtagsexemplar. Keine Ahnung, wie viele Matschie sich selbst davor schon reingepfiffen hatte. Er hatte die ganze Zeit im Weinberg entrückt gelächelt, mit glückseligem Gesichtsausdruck, während Krücke zuschlug, gebannt von der Gewalt.

Später hatte Locke Matschie mitziehen müssen, sonst hätte

er jetzt noch neben Appenheimer inmitten der toten Reben gestanden.

Die Tränen in Appenheimers Augen waren nicht zu übersehen gewesen. Noch vor dem ersten Schlag waren die kleinen Perlen beim Anblick der fein säuberlich über dem Boden abgeschnittenen alten Rebstöcke über seine blassen, rauen Wangen gelaufen.

Locke blieb abrupt stehen. Gierig atmete er die Nachtluft ein und drückte sie sofort wieder heraus. Einem stöhnenden Tier gleich, angeschossen und auf der Flucht. Er krümmte sich vor Schmerzen, drehte sich schwerfällig um die eigene Achse. Er konnte sich nicht dagegen wehren. Es zog ihn dorthin zurück, von wo er eben gerade weggerannt war. Zuerst setzte er zaghafte, kleine Schrittchen. Dann wurde er schneller, immer schneller, bis er den Berg hinunterlief. Wieder erklangen schnelle Schläge auf dem Asphalt. Er konnte ihn doch nicht die ganze Nacht mit seinen Verletzungen dort liegen lassen.

Altes verrottetes Rebholz vom Frühjahrsschnitt brach in den Zeilen knackend unter seinen Füßen. Locke fand die Stelle nicht auf Anhieb. Alles sah so gleich aus. Überall abgeschnittene Rebstöcke, die in der Luft hingen. Leblos baumelten sie in einer Reihe an einer endlosen Schnur.

Appenheimer atmete. Ein kaum hörbares Röcheln kam gleichmäßig über seine Lippen.

Locke ging in die Knie und schob ihm seine beiden Hände unter den Oberkörper. Appenheimer stöhnte, als er ihn vorsichtig anhob, um seine Arme vor der Brust zu verschränken. Locke machte die ersten Schritte. Er musste es irgendwie schaffen, ihn so bis zu seinem Auto zu schleifen. Für einen Moment nur öffnete Appenheimer die Augen. Er drehte mühsam den Kopf, suchte seinen Blick. Locke sah zur Seite. Dennoch konnte er erkennen, dass sich Appenheimers Lippen bewegten.

»Du bist ein guter Junge, mein Sohn«, hauchte er kaum hörbar.

36

Zum ersten Mal hatte es nicht so funktioniert wie geplant. Ein winziges Detail nur, das aber von einschneidender Bedeutung war, hatte alles in eine ganz andere Richtung gelenkt.

Appenheimer war eine halbe Stunde zu früh auf dem Betonweg aufgetaucht. Könnten sie darauf entsprechend reagieren? Er hatte gewusst, dass alles von Krücke abhängen würde. Der würde wie immer die Marschrichtung vorgeben, und er hatte seine Erwartungen an diesem Abend mehr als erfüllt.

Krücke hatte die anderen abgefangen, ohne dass Appenheimer es bemerkte. Der war zu diesem Zeitpunkt längst schon mit seinen welkenden Reben beschäftigt gewesen. Wann genau hatte er realisiert, was vor sich ging? Erst beim zweiten, gründlicheren Blick in die Rebzeile?

Ein Profi hätte nicht besser Regie führen können. Das Dämmerlicht hatte in diesem entscheidenden Moment noch ausgereicht, damit er selbst durch sein kleines Fernglas die Szenerie im Blick behalten konnte.

Appenheimer hatte die dichten grünen Triebe auseinandergebogen und war von einem der vier mit einer Maske überrascht worden. Edvard Munchs Schrei als billige weiß-schwarze Plastikmaske. Sie alle trugen diese Dinger. Eigentlich lächerlich, aber in dieser Situation wirkungsvoll. Der winzige Moment hatte in Appenheimer Todesangst ausgelöst.

Schon nach dem ersten Schlag hatte er feststellen können, dass Krücke den gemeinsamen Pfad längst verlassen hatte. Er erkannte ihn deutlich an seiner Art, sich zu bewegen. Als er erneut ausholte, hatte er den dünnen Schlagstock gesehen, mit dem er auf Appenheimer einhieb. Einer der vier war ihm in den Arm gefallen, wahrscheinlich Locke, doch Krücke hatte ihn weggestoßen. Josch stand daneben und filmte alles, Matschie dumm grinsend an seiner Seite. Die übliche Rollenverteilung, die sie trotz der lächerlichen Maskerade entlarvte.

Auf ihrer albernen Facebook-Seite, die er vorhin noch einmal angeklickt hatte, jubelten sie über ihre Taten und stellten der Polizei die notwendigen Beweismaterialien kostenlos und bereitwillig zur Verfügung. Ihr Name: WineRebellution. Ob sie heute Nacht noch das Video hochladen würden? Alle vier konnten an ihrem Traktor den Ölwechsel und bestimmt noch einige anspruchsvollere Reparaturen durchführen, ohne in die Werkstatt zu fahren, aber ihre Spuren im Netz würden sie niemals so verschleiern können, dass sie für einen Profi nicht zu lesen wären.

Ruhig atmend hatte er so lange abgewartet, bis die vier verschwunden waren. Jeder in eine andere Richtung, damit sie bloß niemand gemeinsam sehen würde. Locke war als Einziger gerannt und dabei ganz nah an ihm vorbeigekommen. Er hatte seine schnellen Schritte auf dem Weg gehört. Zu gerne hätte er in diesem Moment sein Gesicht gesehen.

Er selbst war schon auf dem Weg zum Appenheimer gewesen, als er Locke wieder hörte. Alles war vorbereitet gewesen, um es zu Ende zu bringen. Appenheimer lag reglos da und atmete schwach. Ein Handgriff hätte ausgereicht. Keine Minute hätte er dafür gebraucht, um seine Rache zu vollenden. Sein Plan war geplatzt wie eine Seifenblase, weil Locke zurückgekehrt war. Er hatte Appenheimer zu seinem Geländewagen gezogen und war mit ihm weggefahren. Lockes Mitleid mit dem alten Mann war das winzige Detail gewesen, das alles verändert hatte.

Er bückte sich und griff nach der Baumschere. Die gleiche Marke aus dem Baumarkt, die auch die vier benutzt hatten. Langsam spannte er die Muskeln an. Sein Brustkorb hob sich kaum merklich, als er den ersten Rebstock dicht über dem Boden so wie sie gestern durchtrennte. Er hatte noch einiges zu tun in dieser Nacht, die nicht wie erwartet verlaufen war.

Appenheimer lebte, es war also doch noch nicht zu Ende. Er würde nicht umhinkommen, selbst erneut einzugreifen, damit das Rad, das sich so schön drehte, nicht kurz vor dem Ziel noch stehen blieb.

37

»Die Ökos haben den Rudi umgebracht.« Die Chaussee-Helga war in aller Frühe zu Posthalters Sigrun geeilt, um ihr die brandaktuelle Nachricht, die sie eben zufällig vor ihrer Haustür aufgeschnappt hatte, brühwarm zu erzählen. Jetzt stand Sigrun vor ihr in Nachthemd und Bademantel. Helga musterte sie kurz. So würde sie sich nie fremden Menschen zeigen. Auch denen nicht, die sie seit Jahrzehnten jede Woche zum Rommé traf. Ein wenig Anstand und Stil gehörten doch auch im hohen Alter noch dazu. Man durfte sich nicht gehen lassen, sonst hieß es nachher noch, man sei nicht mehr in der Lage, allein zu leben.

Bei etlichen war es sogar noch schlimmer gekommen, als sie Anzeichen gezeigt hatten, sich nicht mehr im Griff zu haben. Die Kinder hatten sie schneller ins Heim gesteckt als für möglich gehalten. Helga kannte die Argumente.

Unsere Mutter braucht Unterstützung. Allein schafft sie es nicht mehr. Wir wollen nicht, dass sie hilflos daheimliegt, wenn etwas passiert. Je früher sie sich an die neue Umgebung gewöhnt, umso besser. Bestimmt findet sie dort auch neue Freunde.

Sie hielt kurz inne und versuchte, die Gedanken zu vertreiben. Was hatte sie noch mal bei der Sigrun gewollt?

»Welchen Rudi?«, fragte diese in dem Moment und half ihr damit auf die Sprünge.

Die Chaussee-Helga winkte ab, blickte auf und registrierte, dass Sigrun ihr dünnes Haar anscheinend noch nicht einmal gekämmt hatte. Sie schüttelte den Kopf. Nicht das erste Mal, dass ihr das bei Sigrun auffiel. Ging es mit ihr also schon bergab? Auch bei einem ihrer letzten Rommé-Abende hatte sie schon recht unzusammenhängendes Zeug von sich gegeben. Sie hatte nach Rezepten für Eierwein gefragt, obwohl es bei ihr doch immer gekauften Eierlikör gab. Den ließ sie sich stets von ihrer Tochter aus dem Aldi mitbringen und füllte ihn dann in eine jahrzehntealte Verpoorten-Flasche um, deren abgegriffenes Etikett das wahre Alter nicht mehr verschleiern konnte.

»Also doch keiner umgebracht?« Sigrun ging ins Wohnzimmer und ließ sich auf einen Stuhl nieder. »Du kommst hierher, klingelst Sturm, und dann ist gar nichts passiert? Langsam mache ich mir Gedanken um dich.« Sie nickte in einem fort. Helga brachte sie ganz durcheinander.

»Der Rudi.« Helga schnappte nach Luft. »Der Rüben-Rudi. Vom hinkenden Berkes der einzige Sohn. Die Ökos haben ihn ermordet. Am Hiberg haben sie ihn gestern Abend gefunden. Der Scheppe-Hannes hat es mir eben erzählt. Sein Sohn ist doch bei der freiwilligen Feuerwehr. Die haben mit schwerem Gerät Rudis Motorrad aus dem Gestrüpp ziehen müssen. Da hatten die Ökos es versteckt, zusammen mit dem Leichnam.« Genau so war es gewesen. Das mit den Ökos hatte der Scheppe-Hannes zwar nicht so direkt gesagt, aber es lag doch auf der Hand. Jeder im Dorf wusste, dass ihre Esel dort standen. Esel im Weinberg! Das passte doch nicht zusammen. Die Chaussee-Helga schüttelte schon wieder den Kopf. Seit die Ökos dem Rüben-Rudi verbieten wollten, mit seinem Motorrad am Hiberg herumzufahren, weil die Esel sich dadurch gestört fühlen würden, gab es Streit. So eine Forderung ging selbst der Helga eindeutig zu weit. Irgendwann durfte man im Weinberg wahrscheinlich nicht einmal mehr einen fahren lassen, ohne dass die Ökos einen angingen. *Ihre Verdauungsgeräusche stören unsere armen Esel.*

Plötzlich spürte sie den unangenehmen Druck ihrer Blase. Bestimmt wegen der vielen seltsamen Gedanken. Und seit ihrem Morgenkaffee war sie auch noch nicht auf der Toilette gewesen. »Kann ich kurz auf dein Klo?«

Sigrun nickte und fuhr sich durch die wirren Haare.

Helga öffnete schwungvoll die Tür zu Sigruns kleinem Badezimmer neben der Eingangstür. Eine praktische Einrichtung, so ein Gästeklo mit Wanne. Wenn Sigrun der Alltag schwerer fiel, musste sie sich nur im Erdgeschoss ein Bett herrichten, dann brauchte sie sich nicht mehr die steile Treppe hinaufzuquälen.

Der Schrei kam aus ihrem tiefsten Innern. Er war laut, spitz und außerordentlich lang gezogen. Helga verstummte erst, als ihre Lungen leer waren und sie nach Luft schnappen musste.

»So viel Blut!« Ein zweiter ausgiebiger Schrei folgte.

Endlich ertönten Sigruns schlurfende Schritte hinter ihr.

»Deine Badewanne ist voller Blut.« Helga zitterte am ganzen Leib.

»Das ist Rotwein.« Sigrun drehte sich um und ging langsam in die Küche zurück. »Der Rest, den ich noch abfüllen muss. Kannst du mir vielleicht mit ein paar leeren Wasserflaschen aushelfen? Bei den Nachbarn habe ich schon nachgefragt, aber die hatten nicht genug.«

Helga näherte sich vorsichtig der Wanne und ihrem leuchtend roten Inhalt. Wo sollte auch so viel Blut herkommen, seither es verboten war, daheim zu schlachten? Sie schloss die Augen und sog den Geruch ein. Das war wirklich Wein. Aber komisch war es trotzdem. Ihre Blase schien sich unter diesen Bedingungen entschieden zu haben, noch bis zu Hause durchhalten zu können. Helga ging in die Küche.

»Kannst ihn gerne probieren. Ein feines Tröpfchen auf den Schreck.«

Helga seufzte. Vielleicht musste man doch häufiger nach der Sigrun schauen. Ihr Verhalten nahm mittlerweile beängstigende Züge an. Trug am helllichten Tag nur ein Nachthemd und lagerte Rotwein in der Badewanne.

Sigrun hielt ihr ein Glas entgegen.

Hoffentlich hatte sie die Wanne zumindest ausgebraust, bevor sie sie befüllt hatte. Helga rang einen kurzen Moment mit sich, konnte dann aber doch nicht widerstehen. Mit dem Frühstück hatte sie eine ausreichende Grundlage geschaffen, und ein wärmendes Tröpfchen täte ihr nach der Aufregung sicher gut. Außerdem hatte sie ja noch eine kleine Zugabe zur bereits erzählten Geschichte in petto. Sie nahm einen vorsichtigen Schluck aus dem Glas, sammelte sich kurz und sortierte im Geist die Sätze, damit Sigrun diesmal auch alles verstand.

»Außerdem ist der Appenheimer so böse gestürzt, dass er ins

Krankenhaus eingeliefert werden musste. Alles in einer Nacht.« Sie riss die Augen vielsagend weit auf und ließ ihren Kopf auf und nieder wippen. »Wenn bei uns im Dorf mal etwas passiert, dann kommt es gleich richtig dicke!«

38

Markus schloss gähnend die Tür zu seiner kleinen Wohnung auf. Seine Glieder und sein Kopf schmerzten. Ein summender Dauerton begleitete ihn schon seit einiger Zeit. Seine Klamotten stanken noch immer. Er würde den Verwesungsgeruch wahrscheinlich nie wieder aus der Nase bekommen. Die gut riechbare Erinnerung an die gestrige Nacht. Auch Bilder tauchten flimmernd vor seinem geistigen Auge auf, die sich mit dem Aasgeruch verwoben. Sein Gehirn spielte den wackeligen Film immer wieder von vorn ab. Die erschrockenen Wildschweine, die um ihre Beute fürchteten. Der zerfetzte menschliche Kadaver, der so abscheulich stank, dass er hatte kotzen müssen. Immer und immer wieder, selbst dann noch, als er schon weit weg im Gebüsch kauerte, versuchte, seine Gedanken zu sortieren, und nur noch bittere Galle heraufwürgte.

Der Mensch hatte keinen Kopf besessen, war aber an den Kleidungsüberresten und seinen Schuhen deutlich zu erkennen gewesen. Es war der Idiot aus dem Nachbardorf, der den mit Büschen bestandenen Hang noch immer als Motocross-Strecke nutzte, obwohl sie ihm das schon so oft untersagt hatten. Er hatte sich einen Scheißdreck darum geschert, dass das ihre Fläche war, gepachtet auf dreißig Jahre. Ein Rückzugsraum für Tiere, die er mit seinem ohrenbetäubenden Lärm vertrieb.

Da Saffo noch immer verschwunden gewesen war, hatte Markus sich irgendwann, als es bereits dunkel gewesen war, wieder aufgerichtet. Die Sterne hatten matt am Himmel geleuchtet. Er umrundete den Kadaver in einem weiten Bogen, um dahinter nach dem verlorenen Tier Ausschau zu halten, und wäre fast am Dickicht hängen geblieben. Vor ihm tat sich eine kleine Lichtung mit zwei schiefen alten Apfelbäumen auf, zwischen denen sich kaum sichtbar ein dünner Stahldraht abzeichnete.

Markus hatte lange dort gestanden und die Szenerie auf sich wirken lassen. Die ausgefahrene breite Reifenspur war ihm aufgefallen. Der Mann musste durch das Unterholz immer denselben Weg genommen haben. Markus selbst hatte sich nie bis hierhin verirrt, im Gegensatz zu Rüdiger. *Irgendwann lege ich ein paar Stämme quer. Mal sehen, ob das hilft.*

Plötzlich hatten die Esel gerufen, und Saffo hatte ihnen geantwortet. Alle Schreie waren aus der gleichen Richtung gekommen. Anscheinend hatte der Flüchtige freiwillig seinen kleinen Ausflug beendet und war nun auf dem Weg zur Gruppe zurück. Satt gefressen und voller Furcht vor dem Elektrozaun.

Es würde zu Rüdiger passen. Er löste Konflikte stets auf seine Art. Aber nun würden sie alle darunter zu leiden haben. Und mit ihnen das Projekt am Hiberg, das sie gegen so viele Widerstände aufgebaut hatten. Alles legte er damit in Trümmer.

Mit zitternden Händen hatte Markus den dünnen Stahldraht von den beiden Stämmen gewickelt und dann so zusammengelegt, dass er in eine der Seitentaschen seines Rucksacks passte. Danach hatte er mit seinem Handy die Polizei verständigt und den Beamten bereitwillig Auskunft gegeben.

Langsam schloss er von innen die Wohnungstür. Seine Augen füllten sich im gleichen Moment mit Tränen, ein wässriger Schleier, durch den er kaum noch etwas erkennen konnte. Kitzelnd rannen einzelne Tropfen über seine Wangen und fielen auf die weißen Flurfliesen.

»Marlene, bitte hilf mir. Ich habe einen riesigen Fehler gemacht.«

39

Im Dorf war seit acht Uhr morgens die Hölle los. Zumindest, soweit Kurt-Otto wusste. Die Ereignisse hatten sich überschlagen. Noch in der Nacht hatte sich die Nachricht verbreitet, dass Rudi Berkes tot am Hiberg lag. Die Polizei war schnell vor Ort gewesen und hatte Unterstützung von der freiwilligen Feuerwehr aus dem Dorf erhalten. Daher waren auch viele Essenheimer bis ins kleinste Detail über den Zustand des arg in Mitleidenschaft gezogenen Leichnams informiert. Die Tiere im dichten Dickicht mussten den armen Rudi fast vollständig zerlegt haben. Sein Kopf schien noch immer zu fehlen, während man einen Arm ein ganzes Stück weiter bis fast auf die Knochen zerkaut wiedergefunden hatte. Polizeibeamte und Feuerwehrleute aus den benachbarten Gemeinden suchten den Hiberg ab, der bereits zum Großteil abgesperrt worden war. Sie hofften, weitere Einzelteile des Opfers und Hinweise darauf zu finden, wie es zu dem Unglück hatte kommen können.

Kurt-Otto saß bereits auf seinem Traktor und war eigentlich startklar für einen kleinen Ausflug in seinen Silvaner, der direkt an das Gehege der Esel grenzte. Er war sich ziemlich sicher, dass er der Letzte war, der den Rudi lebendig gesehen und gehört hatte. Der arme Rudi musste verunglückt sein, während er selbst mit den Nüssen und dem klebrigen Trockenobst in seinen Zahnzwischenräumen gerungen hatte.

Viel hatte er nie mit Rudi zu tun gehabt. Ab und an hatte er im Auftrag vom Appenheimer Fasswein bei ihm geholt. Dabei hatten sie immer ein paar schnelle Worte über die Marktlage, die Preisentwicklung und das Wetter verloren, kaum mehr. Trotzdem kannte man sich. Kurt-Otto ließ ein Unglück im Dorf nie kalt. Der Rüben-Rudi war nur fünfundfünfzig geworden. Wirklich kein Alter zum Sterben.

Sofort waren die ersten Gerüchte im Umlauf gewesen. Bestimmt ein Unfall, jeder wusste ja, mit welchem Tempo der

Rudi immer unterwegs gewesen war. Und dann auch noch diesen dicht zugewachsenen Hang hinunter. Letztlich war es nur eine Frage der Zeit gewesen, bis es hatte passieren müssen. Dass Rudi dabei den Tod gefunden hatte, stellte die besondere Tragik der Ereignisse dar. Es konnte nicht ausgeschlossen werden, dass er wie so häufig reichlich Alkohol im Blut gehabt hatte, was ja bekanntlich die Reaktionsfähigkeit nicht gerade förderte.

Am Tatort hatten die Feuerwehrleute aus dem Dorf bereits Vermutungen geäußert, dass die Ökos dahintersteckten. Ihre Abneigung gegen Rudis Raserei war allseits bekannt.

Kurt-Ottos geplante Ausfahrt wurde schließlich von der zweiten Nachricht dieses Morgens gestoppt. Eugen Appenheimer war nachts im Weinberg so schwer gestürzt, dass er in die Mainzer Uniklinik gebracht werden musste. Es hieß, er sei ins künstliche Koma versetzt worden und sein Zustand äußerst kritisch. Wenn ihn nicht einer der jungen Winzer gefunden hätte, hätte er draußen im Weinberg die Nacht kaum überlebt.

Erst der Unfall Appenheimers rief ihm wieder seine Gedankengänge der letzten Nacht in Erinnerung. Kaum ein Auge hatte er zugemacht, weil er über den Summen gebrütet hatte, die der Rudi für seine angeblich so alten Weine forderte. Es konnte doch kein Zufall sein, dass von den drei Personen, die ihm den Schlaf dieser Nacht geraubt hatten, am Morgen danach einer tot war und ein zweiter ganz knapp davorstand, dem ersten zu folgen.

Kurt-Otto stieg vom Traktor und beschleunigte seine Schritte. Hatte Moldenhauer etwas mit Rudis Tod zu tun? Aber das war abwegig. Er schüttelte im Laufen den Kopf. Wie hätte er das anstellen sollen? Kurt-Otto wollte keinem Menschen, mit dem er einen harmonischen Nachmittag in seiner Raritätensammlung verbracht und der seine Beeren- und Trockenbeerenauslesen so überschwänglich gelobt hatte, einen kaltblütigen Mord zutrauen. Hatte Moldenhauer vielleicht im Affekt gehandelt, als er erfahren hatte, dass ihn der Rudi um so viel Geld gebracht hatte? War er aus diesem Grund bei ihm eingebrochen und hatte die Zettel mit den Notizen verschwinden lassen? Und warum hatte Moldenhauer in Kauf genommen, bei einem Einbruch überrascht zu werden?

Kurt-Otto spürte den festen Herzschlag in seiner Brust. War es unter diesen Umständen wirklich ratsam, sich allein auf den Weg zu Moldenhauer zu machen? Wer einmal gemordet hatte, der schreckte auch vor einer zweiten Tat nicht zurück. Hieß es nicht so? Die ersten Schweißtropfen bildeten sich auf seiner Stirn. Hatte Appenheimer das Spiel Moldenhauers durchschaut und war vorsätzlich zu Fall gebracht worden? War der Winzerkollege damit nach Rudi das zweite Opfer des angeblichen Weinsammlers? Alles wirre Hirngespinste, in die er nur Licht bringen konnte, wenn er mehr über Moldenhauer herausbekam. Aber dafür musste er ganz besonders vorsichtig zu Werke gehen.

Langsam drückte er die schwere gläserne Eingangstür zur Pension im Gasthaus »Nonnenhof« auf. Es herrschte absolute Stille. Er schlich über den dicken Teppich und sog kaum hörbar Luft ein. Kein Mensch war zu sehen.

Da er das Gebäude kannte, ging er auf Zehenspitzen am Tresen vorbei und übers Treppenhaus ins Obergeschoss. Dort gab es vier Zimmer, die die Namen der wichtigsten Rebsorten im Dorf trugen: Spätburgunder, Riesling, Grauer Burgunder und Silvaner. Kurt-Otto meinte, sich an eine beiläufige Äußerung des Sammlers zu erinnern, als sie beide seinen Ruländer im Glas geschwenkt hatten. *Den alten Namen meines Zimmers kennt kaum noch jemand.*

Er atmete lautlos und möglichst flach. Auch hier war alles ruhig. Die ersten beiden Zimmer hatte er passiert, Riesling und Silvaner. Das nächste musste es sein. Das Blut rauschte gleichmäßig in seinen Ohren. Das Hintergrundgeräusch begleitete ihn auf den letzten Metern zur Zimmertür Moldenhauers.

Er schluckte überrascht und hielt inne. Sie stand einen Spalt weit offen! Sein erster Impuls war, umzudrehen und wegzulaufen. Aber wenn Moldenhauer da war, könnte er ihn zur Rede stellen. Ganz unverfänglich, weil sie sich ja ohnehin verabredet hatten, um über Preise und in Frage kommende Jahrgänge sowie lieferbare Mengen zu sprechen. Beiläufig könnte Kurt-Otto dann das Thema auf die Ereignisse der letzten Nacht lenken. Auf Moldenhauers Reaktion war er jetzt schon gespannt. Würde der Sammler ausweichen, ihm die Röte ins Gesicht steigen, würde er ihm überhaupt in die Augen sehen können, ertappt, überführt, sich in Widersprüche verstrickend? Oder gab es am Ende doch eine einfache und einleuchtende Erklärung für alles? Der Weinsammler hatte nichts mit alldem zu tun, und sie würden sich auf ein gutes Geschäft einigen. Ein ordentlicher Preis für seine Raritäten, die er gehegt und gepflegt hatte wie eigene Kinder. Jetzt waren sie herangewachsen, gereift und bereit, das Haus zu verlassen. Kurt-Otto schnaufte kaum hörbar gegen den Druck in seiner Magengegend an.

Vorsichtig näherte sich sein rechter Fuß der Tür. Seine Nase zuckte. Was war das für ein Geruch? Er erinnerte eher an im heißen Fett der Pfanne zischendes Fleisch oder an knusprige Bratkartoffeln. Dachte er in einer solchen Situation wirklich an Essen?

Kurt-Otto zwang sich zur Ruhe und Besonnenheit. Aufmerksam lauschte er, erstarrt in der Bewegung. Außer dem Rauschen des Blutes in seinen Ohren war nichts zu hören. Die Herzschläge in seiner Brust ließen ihn erbeben. Verhalten klopfte er mit dem Gelenk seines Zeigefingers gegen das hölzerne Türblatt und wartete auf eine Reaktion. Wenn Moldenhauer nicht tief und fest schlief, musste er das Geräusch gehört haben. Kein Laut drang aus dem Zimmer. Ganz langsam drückte Kurt-Otto die Tür ein Stück weiter auf.

»Herr Moldenhauer?« Er atmete tief ein. Seine Lunge gierte nach Luft. »Darf ich Sie kurz stören? Ich war zufällig in der Nähe. Da dachte ich, vielleicht hätten Sie Zeit für einen kurzen Plausch.« Sein Blick hetzte durch das kleine Zimmer. Das Bett war gemacht. Am Schrank hing Moldenhauers Cordsakko auf einem Bügel. Die Tür zum Bad war verschlossen. Der Tisch unter dem geöffneten Dachfenster war mit Zetteln übersät. Saß der Sammler auf der Toilette?

»Hallo.« Kurt Otto klopfte erneut gegen den Türrahmen, horchte kurz. Nichts. Eigentlich müsste er sofort von hier verschwinden, sonst würde Moldenhauer noch denken, er schnüffele ihm hinterher, doch etwas hielt ihn zurück. Seine Neugier. Sie war übermächtig, hatte ihn fest im Griff. Bestimmt würde der Sammler bald zurückkommen, aber eine knappe Kontrolle der verstreut liegenden Zettel musste doch drin sein. Mit ein paar schnellen Schritten ging Kurt-Otto durch das Zimmer zum Schreibtisch. Der hastig durch das Dachfenster geworfene Blick bestätigte seinen Verdacht: Von hier aus hatte man freie Sicht auf Rüben-Rudis Hinterhof. Man bekam alles mit, was dort unten geschah.

Er überflog die auf dem Tisch verteilten handschriftlichen Notizen und Kopien. Zeitungsausschnitte, Unmengen davon. In ihnen wimmelte es von unterstrichenen Passagen, farbigen Markierungen in Rot und Gelb und kaum leserlichen Kritzeleien am Rand. Etliche Blätter ähnelten sich in ihrem engen Schriftbild. Sie wirkten wie mit einer Schreibmaschine getippt. Kurt-Otto griff nach dem ersten und drehte hektisch den Kopf noch einmal zur Zimmertür, die offen stand.

Nichts zu hören. Es herrschte vollkommene Stille. Sein Puls raste dennoch.

Austria Presse Agentur, 23. Juli 1985
Mainz/Wien/Athen (dpa/APA/Reuter) – Nun ist doch auch in zwei deutschen Weinen von der Weinkontrolle in Rheinland-Pfalz das Frostschutzmittel Diäthylenglykol gefunden worden. Das Umweltministerium des Bundeslandes berichtete am Dienstag, eine entsprechende Analyse des chemischen Untersuchungsamtes Mainz habe eine Konzentration von 0,2 Gramm Diäthylenglykol pro Liter ergeben. Ein solcher Gehalt sei bei täglichem Konsum gesundheitlich bedenklich. Es handelt sich um zwei Weinsorten aus Rheinhessen.

Schnell zog sich Kurt-Otto die nächste Meldung heran.

Austria Presse Agentur, 31. Juli 1985
Fünfter deutscher Wein mit Diäthylenglykol gefunden: Jahrgang 1978
In einem weiteren deutschen Wein ist das Frostschutzmittel Diäthylenglykol gefunden worden. Wie das Bundesgesundheitsministerium heute, Mittwoch, in Bonn mitteilte, handelt es sich um den 1978er Albinger Petersberg Kanzler aus dem Anbaugebiet Rheinhessen. (...) Damit wurde das Frostschutzmittel bisher in fünf deutschen Weinen gefunden.

Kurt-Otto schob einige Artikel beiseite, die ebenfalls von der österreichischen Presseagentur stammten. Alle befassten sich mit der Ausweitung des Glykolskandals auf Deutschland. Sein Blick blieb an einem von ihnen hängen:

Austria Presse Agentur, 12. August 1985
830 Weine auf der »schwarzen Liste«
Im Zusammenhang mit dem österreichischen Weinskandal hat das Bundesgesundheitsministerium in Bonn insgesamt 830 österreichische und deutsche Weine aufgelistet, in denen Diäthylenglykol nachgewiesen worden ist. Die Liste dieser »Frostschutz-Weine« wurde in Zusammenarbeit mit dem deutschen Institut für medizinische Dokumentation und Information verfasst. (...) Die Liste enthält bisher 803 österreichische Weine sowie 27 deutsche Weine. Auf der 63 Seiten umfassenden Liste sind 1.467 Proben. Das Bundesgesundheitsministerium in Bonn wies nachdrücklich darauf hin, dass Weine gleicher Bezeichnung, gleicher Aufmachung und vom gleichen Abfüller im Verkehr sein können, die nicht mit Diäthylenglykol versetzt sind. Die »dringende Warnung« vor dem Verzehr von österreichischen Weinen behalte bis auf Weiteres ihre unveränderte Gültigkeit, betonte das Ministerium.

Sofort war Kurt-Ottos Erinnerung an jenen Sommer wieder da. Der größte aller Weinskandale war zunächst nur ein österreichischer gewesen und hatte die billigen Süßweine aus dem Nachbarland betroffen, die in allen Supermarktregalen standen.

Auslesen, Beerenauslesen und sogar Eisweine, die für Spottpreise über den Ladentisch gingen. Damals hatte der Klimawandel noch nicht den Weinbau bestimmt. Auslesen und vor allem Beeren- und Trockenbeerenauslesen waren echte Raritäten gewesen, die nur in Ausnahmejahren reichlich, ansonsten lediglich in verschwindend geringen Mengen geerntet wurden. Sämtliche Winzer, die er kannte, hatten sich gefragt, wie die Kollegen im Nachbarland solche Mengen an edelsüßen Weinen zu Kampfpreisen anbieten konnten. Die Überproduktion schien sie zu immensen Preisabschlägen gegenüber den Kellereien und Importeuren zu zwingen. Die günstigen Weine hatten den deutschen Markt überflutet.

Eine Auswahl hatten er und seine Kollegen, die zusammen die Ausbildung zum Winzermeister durchlaufen hatten, selbst getestet. Die Österreicher exportierten solide Qualitäten. Sämig, ölig und süß, wie Auslesen sein sollten. Kurt-Otto konnte sich noch genau erinnern, dass sie nach der Probe von mehr als zwanzig dieser Weine alle zu der Überzeugung gekommen waren, selbst eine solche Qualität zu diesen Preisen niemals herstellen zu können. Kopfschüttelnd hatten sie die Auswirkungen auf den deutschen Markt analysiert, sollten die Österreicher ihre aggressive Preispolitik auf Dauer durchhalten.

Als dann die ersten Nachrichten durchsickerten, dass die Kollegen mit Hilfe eines Frostschutzmittels einfache dünne Weine in ölige Auslesen verwandelt hatten, wollte es jeder geahnt haben. Kurt-Otto nickte sich selbst bestätigend zu. *Ich hatte schon immer so ein Gefühl, dass das nicht mit rechten Dingen zugehen konnte.* Wie oft hatte er diesen Satz im Sommer 1985 gehört? Vor allem, nachdem der damalige Bundesgesundheitsminister Heiner Geißler Anfang Juli öffentlich vor dem Genuss österreichischer Weine gewarnt hatte. Daraufhin setzte eine regelrechte Hysterie ein, und schlagartig verschwanden alle österreichischen Weine aus den Supermärkten. Bilder von klaffenden Lücken in den Regalen fanden als sichtbares Symbol des Skandals ihren Weg in die Fernsehnachrichten. Die Zeitungen berichteten von Menschen, die nach dem Genuss von edelsüßen Weinen über unterschiedliche Beschwerden klagten, vor allem Übelkeit und Erbrechen wurden genannt. Gestorben war aber zum Glück niemand, wenn Kurt-Otto sich richtig erinnerte.

Das Misstrauen gegenüber sämtlichen Süßweinen war sofort da gewesen. Der Glykolskandal war nur der Höhepunkt in einer ganzen Reihe von Weinpanscherskandalen, die in den Jahren zuvor ans Licht gekommen waren. Dabei hatte man mit allen denkbaren Mitteln nachgeholfen, aus leichten Weißweinen Auslesen zu machen. Meistens unter Zuhilfenahme von Zucker in allen möglichen Varianten. Der Zusatz einer Chemikalie, die sonst als Frostschutzmittel Verwendung fand, hatte eine neue Dimension markiert. In der Vorstellung der Konsumenten ging anschließend von sämtlichen Süßweinen eine unmittelbare Gesundheitsgefährdung aus.

Die anderen Kollegen seines Stammtischs hatten es zunächst nicht wahrhaben wollen. Hinter vorgehaltener Hand hatten sie ihre Zufriedenheit ausgedrückt. Der Markt war wieder geradegerückt worden. Die Österreicher hatten mit Diäthylenglykol gepanscht, doch ihre eigenen deutschen Weine galten weiterhin als sauber. Bis zu jenem Tag, als im ersten deutschen Wein Frostschutzmittel nachgewiesen wurde. Selbst bei Kurt-Otto stand wenig später der erste Kunde vor der Tür, der freundlich, aber sehr bestimmt darum bat, die in der Vorwoche gekauften Flaschen Huxelrebe Beerenauslese zurückgeben zu dürfen. Er war nicht der einzige geblieben.

Es folgte der Sommer der Tränen, dessen Auswirkungen sich bis ins nächste Jahr hinzogen. Wochenlang kamen nur wenige Kunden zu Kurt-Otto auf den Hof, die alle einen weiten Bogen um die Weine machten, um die sie sich vor wenigen Wochen noch gerissen hatten. Plötzlich wollte niemand mehr seine geliebten Auslesen, Beerenauslesen und Eisweine kaufen. Ein Erdbeben hatte das Segment der edelsüßen Weine erschüttert, von dem es sich nie wieder gänzlich erholen sollte. Jeder süße Wein galt fortan als verdächtig, gepanscht und gefährlich für die eigene Gesundheit. Unbedenklich waren in der Wahrnehmung der Öffentlichkeit nur die trockenen. Der Skandal leitete einen

Geschmackswandel ein und sorgte dafür, dass nach und nach die ehemals bevorzugten Rebsorten von den Weinhängen verschwanden. Kein Winzer wollte mehr die in Verruf geratenen Sorten der frühen Achtziger anbauen, die niemand mehr trinken wollte. Die Huxel, Bacchus, Kanzler, Ortega und wie sie alle hießen. Aber sein Raritätenkeller war noch voll von ihnen. Vor allem von den Jahrgängen 1980 bis 1985 hatte er noch ordentliche Mengen vorrätig.

Kurt-Otto sah sich schnell um. Noch immer war er allein. Die Mitteilungen der Nachrichtenagentur hatten ihn so weit in die Vergangenheit zurückkatapultiert, dass er alles um sich herum vergessen hatte. Aber jetzt musste er verschwinden. Was, wenn Moldenhauer ihn hier überraschte? Und trotzdem wollten sich seine Finger nicht von den Papieren lösen.

Sein Blick fiel auf einen kopierten Artikel aus dem »Hamburger Abendblatt« vom 24. Juli 1985. »Neue Liste aus Bonn: 365 Weine sind vergiftet«. Sortiert nach Jahrgängen von 1976 bis 1984 standen die Namen untereinander.

Auf mehreren zusammengehefteten Papierbögen entdeckte er eine noch längere Auflistung. Sie umfasste achthundertdreißig Weine, darunter siebenundzwanzig aus Deutschland. Sie musste vom Bundesgesundheitsministerium stammen. Einzelne Namen waren farbig markiert. Kurt-Otto überflog sie schnell.

Moldenhauer hatte es anscheinend auf die deutschen Weine abgesehen. Wollte er anhand der Liste sichergehen, dass ihm niemand einen gepanschten Wein unterjubelte? Oder suchte er genau nach denen, weil sie rar und damit heute begehrte Sammlerobjekte waren? Eine abstruse Idee. Alles war damals beschlagnahmt, von den Behörden sichergestellt und vernichtet worden. Rissen sich die Sammler jetzt um die wenigen Flaschen, die, warum auch immer, bei der Säuberungsaktion vergessen worden waren, wie um seltene Fehldrucke einer Briefmarke? Er schüttelte ungläubig den Kopf. Ein zu abwegiger Gedanke. Dass es aber irgendwo auf dieser weiten Welt Käufer für solche Weine gab, erschien ihm in diesem Moment nicht vollkommen aus der Luft gegriffen.

Mit zitternder Hand schob er einen kopierten Artikel des »Spiegel« beiseite. Überschrift: »Gift-Wein macht die Handelswege sichtbar«. Unter ihm lag der Zeitungsausschnitt, den er die ganze Zeit unbewusst erwartet hatte. Die Augen blickten ihn hilfesuchend an. *Der Skandal hat ein Gesicht.*

Das Geräusch der zufallenden Zimmertür ließ ihn zusammenzucken. Er war gefangen.

40

8. August 1985

Er rieb sich die tränenden Augen. Das Läuten der Klingel schreckte ihn auf. Für mehr fehlte ihm die Kraft. Er würde nicht aufstehen, sondern still ausharren, bis der Besucher aufgab. Vielleicht würde er davor noch seine Stimme hören. Die meisten gingen nicht wortlos, sondern drohten und brüllten. Er zählte sie schon lange nicht mehr, weil es keinen Sinn machte und es in den letzten Tagen viel zu viele gewesen waren.

Die »Mainzer Zeitung« hatte darüber berichtet, dass er wieder zu Hause war. Sie hatten ihn nur einen Tag festgehalten. Auch dass in seinen Weinen die Chemikalie nachgewiesen worden war, war bekannt. Seine Erklärungsversuche, seine Ausflüchte und Schutzbehauptungen hatten die Polizeibeamten zur Kenntnis genommen, aber sie hatten nicht ausgereicht, um die Schuld auf einen anderen abzuwälzen. Die Ermittler hatten ihre eigenen Deutungen parat und schienen froh zu sein, der Öffentlichkeit endlich einen geständigen Täter vorführen zu können.

Der Skandal hatte nun ein Gesicht. Sein Gesicht, das die Titelseite der Zeitung zierte. Nicht ganz scharf, aber doch so deutlich, dass alle ihn erkannten. Auf dem Foto sah er unsicher zur Seite. Der Täter, der es nicht mehr wagte, einem direkt in die Augen zu blicken. Es war von der gegenüberliegenden Straßenseite aufgenommen worden, als die Beamten ihn abgeholt hatten. Schon am Tag darauf war der Artikel erschienen und seine Frau mit dem Jungen verschwunden. Er hatte einen kleinen Zettel auf dem Küchentisch gefunden: *Gib mir Zeit.* Jetzt, da er sie so dringend brauchte. Er hatte bei ihren Eltern angerufen. Ihr Vater war am Apparat gewesen. *Ruf nicht mehr an. Sie will nicht mit dir sprechen. Es ist besser so.*

Das Klingeln hatte aufgehört. Die meisten stellten irgendwann ihre Kisten ab und verschwanden. Sie waren wütend und dennoch froh, das Zeug, das eine Gefahr für Leib und Leben darstellte, losgeworden zu sein. Er konnte es ihnen nicht verübeln, bei ihm aufzutauchen. Sie hatten ihm geglaubt, und er hatte ihr Vertrauen missbraucht. Jetzt hassten sie ihn dafür und hatten recht damit, denn ihm ging es nicht anders. Er hatte alles zerstört, was Generationen vor ihm mühevoll aufgebaut hatten. Er würde seiner Frau und seinem Sohn nie wieder unter die Augen treten können. Ihr Mann, sein Vater war ein Verbrecher, der den guten Namen der Familie von Gier getrieben in den Schmutz gezogen hatte. Es war allein seine Schuld, auch wenn ein anderer dahintersteckte. Doch das spielte keine Rolle.

Ein lauter Schlag ließ ihn zusammenfahren. Die Splitter der Fensterscheibe flogen bis zu seinem Sessel im hinteren Eck des Wohnzimmers, in dem er saß. Auch ein paar Tropfen Flüssigkeit trafen ihn. Er konnte sie riechen. Sie mussten von einer seiner Beerenauslesen stammen. Zwischen den klaren Scherben der Fensterscheibe fand er einige braune.

Er verstand ihre Wut. Und er durfte sich nicht vor seiner Verantwortung drücken. Er musste sich ihr stellen und sie übernehmen. Nur wenn er das tat, könnte er noch etwas retten. Er war es seiner Familie schuldig, die er so enttäuscht hatte, vor allem seinem Sohn.

41

Die Faust traf ihn völlig überraschend und mit voller Wucht. Schlagartig wurde ihm schwarz vor Augen, und gleichzeitig sah er gleißend helles Licht. Ein Blitz zuckte in der Dunkelheit und ließ Schmerzen folgen. Ein Gefühl, als wäre seine Nase durch die Wucht des Schlags nach innen in seinen Kopf gestülpt worden. Das Blut schoss aus den Nasenlöchern heraus. Noch immer blind riss er die Arme in die Höhe, da er weitere Schläge auf seinen Kopf erwartete. Sie blieben aus.

Das Zwitschern der Vögel war ganz klar und deutlich zu vernehmen. Es stammte vom Schwalbenpärchen, das eines der Nester im Gebälk seiner Maschinenhalle bezogen hatte.

Ihre Stimmen kamen aus unterschiedlichen Richtungen. Da er keine Schritte gehört hatte, musste er noch vor ihm stehen. Womöglich entschlossen und bereit, erneut zuzuschlagen.

Der dunkle Vorhang vor seinen Augen hob sich langsam, er konnte die verschwommenen Umrisse seiner eigenen Finger erkennen. Ein Rinnsal lief weiter ununterbrochen aus seiner Nase, über die geschlossenen Lippen, das Kinn und den Hals, bis es sich auf seiner Brust ausbreitete. Er machte einen vorsichtigen Schritt rückwärts, bevor er seine Deckung so weit aufgab, dass er freie Sicht hatte. Doch Locke wusste schon vorher, wer ihm mit voller Wucht die Faust ins Gesicht gejagt hatte. »Bist du total bescheuert?«

»Ich hatte dich gewarnt. Klar und deutlich. Wenn du uns verpfeifst, bringe ich dich eigenhändig um.« Krücke schloss wieder zu ihm auf.

Locke blieb stehen und ließ die Arme weiter sinken. Sollte er ruhig noch einmal zuschlagen. Seit gestern Abend war alles anders. Und vielleicht würden die Schläge sogar helfen, das Chaos in seinen Gedanken zu ordnen. *Du bist ein guter Junge, mein Sohn.*

Verdammt, was hatte Appenheimer damit gemeint? Waren es nur die wirren Worte eines fast toten Mannes gewesen? Hatte er sich gewünscht, seinen Sohn noch einmal zu sehen, bevor er sein Leben aushauchte?

Locke wusste, dass Appenheimer einen Sohn hatte, der aber schon seit Jahren nicht mehr im Dorf gewesen war. Zumindest hatte er ihn nicht gesehen. Er glaubte sich zu erinnern, dass er nach dem Studium in irgendeiner Großstadt geblieben war.

Der Schmerz in seinem Schädel signalisierte ihm, dass diese Entscheidung vielleicht nicht die schlechteste gewesen war. In Essenheim drehten sie langsam alle komplett durch. Wie schön wäre es, wenn er sein Weingut einfach einpacken könnte, um wie Appenheimers Sohn von dannen zu ziehen. Möglichst weit weg von hier.

Locke starrte Krücke in die Augen, der dem Blick nicht standhielt.

»Warum bist du zu ihm zurück?«

»Ich konnte ihn nicht sterben lassen.« Er machte einen kleinen Schritt auf Krücke zu, der vor ihm zurückwich. »Er sollte nur die abgeschnittenen Stöcke sehen und sich vor den Masken erschrecken. Du bist zu weit gegangen, indem du auf ihn eingeprügelt hast!«

»Hätte ich mich an unseren Plan gehalten, hätte er sich nie und nimmer geändert! Zu dir ist er gekommen und hat dir Geld für den Wein angeboten. Für so viel Liter, dass dein Keller auf einen Schlag wieder leer ist.« Krücke grub seine Finger so fest in die Handflächen, dass alles Blut aus ihnen zu weichen schien. Sie schimmerten weiß. »Und mich erpresst er am gleichen Tag. Will meinen Riesling am Klopp dafür, dass er mich nicht bei der Polizei verpfeift. Sagt, es gäbe einen Zeugen, der mich beim Einbruch gesehen hat. Vierzigtausend Liter Spätburgunder zu einem Verkaufswert von fünf bis acht Euro je Dreiviertelliterflasche sind ausgelaufen. Mit dem schönen alten Riesling-Weinberg wäre meine Schuld auf einmal getilgt. Er hat gelacht und das als gutes Geschäft für mich bezeichnet. Der Weinberg sei bei Weitem nicht so viel wert wie der Schaden, den wir angerichtet hätten. Zwei Tage Bedenkzeit hat er mir gegeben, mir aber schon mit der Anzeige vor der Nase herumgewedelt.« Krücke schnaufte

Locke warm ins Gesicht. »Und jetzt erkläre mir bitte, wie ich da ruhig und gelassen hätte bleiben sollen. Der Appenheimer hatte es verdient, in seinem eigenen Weinberg zu verrecken.«

»Es ist vorbei, Krücke. Ich bin raus. Ich werde schweigen, solange du nie wieder meinen Hof betrittst.«

42

Nur ganz langsam verringerte sein Puls wieder die Frequenz. Kurt-Otto war klatschnass geschwitzt. So viel Schweiß in so kurzer Zeit, der ihm über die Stirn und die Wangen sowie den Nacken gelaufen war. Hektisch hatte er nach Luft geschnappt und war dann zur Tür gestürzt. Sie hatte sich tatsächlich öffnen lassen. Auf dem Flur war niemand zu sehen gewesen. Wahrscheinlich hatte sie ein Luftzug zugeschlagen.

Seine Hände zitterten noch immer. Bis zu ihnen hatte sich die Ruhe noch nicht ausgebreitet. Ganz langsam nur normalisierte sich sein Zustand wieder. Aber er konnte die Pension doch nicht verlassen, ohne noch einen Blick auf die letzten Kopien geworfen zu haben. Er hatte schon eine Ahnung, was er lesen würde. Denn eine knappe Woche nachdem die ersten Flaschen mit Glykolwein auftauchten, war der Skandal auch bei ihnen angekommen. Er war mit dabei gewesen, als sie ihn abholten. Zu diesem Zeitpunkt kursierte schon das Gerücht, dass zwei seiner Weine bei einer Kontrolle aufgefallen waren. Und das Gerücht hatte sich bewahrheitet: In beiden war Diäthylenglykol nachgewiesen worden.

Die Namen hatten auf der langen Liste des Bundesgesundheitsministeriums gestanden. Jetzt war auch der erste Winzer überführt. Einer seiner Kollegen hatte den Hals nicht voll genug bekommen können. Für ein paar Tage konnten alle anderen Sünder aufatmen: die großen Kellereien, die ihre Weine mit Massen billiger österreichischer Glykol-Auslesen gestreckt hatten, die Behörden, die schon lange von dem Skandal gewusst, aber die Öffentlichkeit im Unklaren gelassen und abgewiegelt hatten, sowie die schimpfenden Verbraucher, die jetzt erschrocken taten, sich aber in den vergangenen Jahren nie ernsthaft gefragt hatten, wie es überhaupt möglich war, mit solchen Massen seltener, edelsüßer Weine zu diesen Preisen den Markt zu fluten. Alle hatten auf den Täter in ihrer Mitte eingeschlagen.

Kurt-Otto musste schlucken. Ein dicker Kloß in seinem Hals,

der sich erfolgreich dagegen sträubte, seine Speiseröhre hinabzugleiten. Er selbst hatte schimpfend auf der anderen Straßenseite gestanden, als sie ihn abholten. Flankiert von Polizisten, als wäre ihnen ein lange gesuchter Mafiaboss endlich ins Netz gegangen. Er war wie ein Schwerverbrecher abgeführt worden.

Kurt-Otto hatte genug gesehen. Es gab keinen Grund, sich weiter in Moldenhauers Pensionszimmer der Gefahr auszusetzen, von dem Weinsammler überrascht zu werden. Vielleicht war es nur eine seiner Launen, die ihn in den alten Geschichten wühlen ließ, die sie im Dorf so gerne vergessen hätten. Noch heute sprach niemand freiwillig darüber, und alle waren froh, dass keiner fragte.

In den knappen Berichten zum dreißigjährigen Jahrestag des Skandals hatte die Verhaftung des Kollegen keine Rolle gespielt. Zum Glück. Man war darüber nicht wirklich traurig gewesen, hatte man doch den Anspruch, die Geschichte erfolgreich und restlos aus dem Dorfgedächtnis zu tilgen.

Vorsichtig zog Kurt-Otto die Zimmertür wieder so weit hinter sich zu, wie er glaubte, sie vorgefunden zu haben. Bevor er vom Flur ins Treppenhaus abbog, kontrollierte er mit einem schnellen Blick zurück noch einmal, dass der Gang auch wirklich so aussah wie davor.

Erst als er die Lobby durchquerte und die Theke noch immer verwaist war, atmete er erleichtert durch. Sein Herz schlug jetzt spürbar langsamer. Schnell eilte er weiter.

»Schön, dass Sie endlich wieder da sind.«

Kurt-Otto zuckte zusammen und erstarrte gleich darauf in seiner gekrümmten Haltung. Hektisch drehte er den Kopf in alle Richtungen. Im angrenzenden Gastraum, halb hinter einer üppigen Grünpflanze verborgen, saß Perikles von Moldenhauer in einem der Sessel, die etwas abseits von den Tischen des Restaurants standen, und blickte belustigt über den Rand der Tageszeitung.

»Sie waren exakt neununddreißig Minuten oben.« Er beugte sich nach vorn, um ihn amüsiert zu betrachten, dann fuhr er fort: »Das dürfte lange genug gewesen sein, um den Großteil der

Artikel zu überfliegen.« Der Weinsammler grinste. »Sie werden kaum etwas Neues erfahren haben, aber vielleicht haben die Kopien nach gut dreißig Jahren Ihre Erinnerung aufgefrischt.« Die Zeitung knisterte.

Kurt-Otto überlegte kurz, ob er einfach abhauen sollte. Vor dem lockigen Pudel flüchten.

»Kommen Sie doch zu mir. Ich würde mich gerne länger mit Ihnen über das unterhalten, was Sie gelesen haben. Vielleicht können wir gegenseitig sogar die eine oder andere Wissenslücke füllen.« Moldenhauer hatte seine Zeitung zu einem kleinen Rechteck zusammengefaltet.

Kurt-Otto löste sich aus seiner Schreckstarre. Dieser Tag schien weiterhin großzügig mit Überraschungsmomenten um sich werfen zu wollen.

43

Wie lange sie wohl brauchen würden, um die Verbindung herzustellen? Er selbst hatte Achim Dautenborn eigentlich gar nicht auf dem Plan gehabt. Höchstens ganz am Schluss. Er hatte schlicht keine Idee gehabt, wie er ihm schaden konnte, ohne seinen Rachezug, der sich gegen einen ganz anderen richtete, in ernsthafte Gefahr zu bringen. Ungeschoren sollte er trotzdem nicht davonkommen. Jetzt hatte er seine Lektion zu lernen, und bald schon würden sich die Leute in Essenheim fragen, warum die vier nicht nur den alten Weinberg von Appenheimer, sondern auch den von Achim Dautenborn fast gänzlich ruiniert hatten. An seinen Rebstöcken war der gleiche Schnitt an der gleichen Stelle mit dem gleichen Werkzeug ausgeführt worden, also konnte es im Denken der Bewohner doch keinen Zweifel daran geben, dass auch die Täter dieselben waren, die schon dem armen Appenheimer so böse mitgespielt hatten.

Der WineRebellution brachte das sicherlich einen ganz neuen Schub. Mit der Folge, dass sie sich dann noch mehr zerfleischten? In diesem Moment wäre er so gerne bei ihnen gewesen. Ganz nahe dran am Geschehen, so wie Krückes Vater, den man auf den Fotos vom August 1985 in der »Mainzer Zeitung« so gut erkennen konnte. Er hatte den Finger drohend in den Himmel gehoben und den Mund weit aufgerissen. Eine Drohung, einen Fluch, irgendetwas auf den Lippen, das seinem Vater in diesem Moment der Schmach, als er von den Polizisten abgeführt wurde und sie alle herüberstarrten, außerordentlich wehgetan haben musste. Krückes Vater war nur ein kleines Rädchen gewesen, eigentlich kaum der Rede wert. Nicht schlimmer als viele andere hier im Dorf, und trotzdem bezahlte jetzt sein Sohn dafür, auch wenn der sich momentan noch stark und mächtig zu fühlen schien. Doch bald würde es damit vorbei sein, spätestens dann, wenn die Polizei bei ihm vor der Tür stand.

Dautenborn hatte zwar einen Weinberg, den er am Wochenende aufopfernd pflegte, war aber hauptberuflich bei der Polizei. Er war einer der letzten Nebenerwerbswinzer, die eisern an ihrem Hobby festhielten, obwohl sie keinen Cent damit verdienten. Spätestens wenn er altersbedingt die Arbeit nicht mehr schaffte, würden seine Kinder die Parzelle verkaufen.

Da es auch in den nächsten Tagen schön warm bleiben sollte, würden sich in den Zeilen die Blätter schon bald verfärben. Und Dautenborn würde nervös werden, denn er wusste nur zu gut, was ihn und den Appenheimer verband. Die alte Schulfreundschaft hatte noch immer Bestand, wenn es hart auf hart kam. Wie damals im Juli 1985. Warum die Behörden beim Appenheimer nie etwas gefunden hatten, blieb ihr gemeinsames Geheimnis. Jedenfalls hatte er seine Auslesen, die er bestimmt wie die anderen Großen auf dem Markt mit reichlich Österreichern gestreckt hatte, rechtzeitig aus dem Verkehr ziehen können.

Doch Appenheimer hatte ein sehr viel größeres Verbrechen begangen, für das er jetzt endlich büßen würde.

44

Krücke hatte raus in die Weinberge gemusst. Nicht weil die Reben ihn brauchten. Die Rumänen hatten alles im Griff. Die Rebzeilen sahen leidlich ordentlich aus, zumindest so, dass man sich im Dorf nicht für sie schämen musste. Dafür gab es ganz andere Kandidaten. Josch war einer von ihnen. Sein Anfangselan war lange schon verflogen. Was hatten sie damals auf der Weinbauschule für Pläne gehabt. Joschs Scheurebe, die an seine Parzelle grenzte, hatte seit dem ersten Einhängen der Drähte Ende Mai ganz bestimmt keinen Handarbeiter mehr von Nahem gesehen. Alles hing kreuz und quer. Die grau-weißen Stellen sprangen sofort ins Auge. Der Mehltau glich feinem Staub. Josch musste schleunigst handeln, sonst würde der Krankheitsdruck auf seine eigenen ersten Rebzeilen weiter zunehmen. Die ganze Arbeit der Rumänen brachte nichts, wenn der Nachbar sich nicht kümmerte.

Er war in die Weinberge gegangen, um wieder zur Besinnung zu kommen. Er brauchte die Ruhe, nur hier draußen konnte er ungestört nachdenken. Mit der rechten Hand fuhr er sich durch die Haare. Feine Schweißperlen standen auf seiner Stirn, obwohl es auf dem Hiberg immer windig war. Sein Weinberg lag weit entfernt von der Stelle, wo sie den Rudi Berkes gefunden hatten. Die Polizei, die die Umgebung noch immer nach Spuren absuchte, hielt zum Glück Abstand zu ihm.

Berkes war in den letzten Jahren nur einmal bei ihm gewesen. Appenheimer beschäftigte etliche Leute wie ihn, die übers Land fuhren und die Weine, die er aufgekauft hatte, in großen Tankwagen transportierten. Was für ein idiotischer Zufall, dass Berkes gerade jetzt verunglückt war, wo er und die anderen Appenheimer in die Mangel nahmen.

Der Schweiß brannte in seinen Augen. Er rieb mit den schmutzigen Fingern darüber, aber das machte es nur noch schlimmer. Jetzt sah er verschwommen, seine Hände verschwanden nicht in den Rebstöcken, sondern in einer grünen Wand. Die Beamten würden sicherlich nicht lange brauchen, um festzustellen, dass Rudis Handy auch nach seinem Tod noch in Gebrauch gewesen war, obwohl er es heute Morgen sofort hatte verschwinden lassen. Die Selz hatte es bereitwillig geschluckt. Ihre starke Strömung dürfte es bereits ein gutes Stück weit in Richtung Ingelheim zur Mündung in den Rhein hin getragen haben. Finden würde es niemand, und trotzdem würde die Polizei seine Nachrichten an Appenheimer lesen können, die er zum Teil von seiner Wohnung aus geschickt hatte. Aber so genau konnte das die Polizei doch gar nicht lokalisieren, oder? Jeder im Dorf konnte das Telefon in der Plastiktüte gefunden und die SMS getippt haben. Ein dummer Streich, um den gierigen Großkotz Appenheimer, der es auf seine besten Rebparzellen abgesehen hatte, ein wenig zu ärgern. Die Gunst der Stunde hätten viele andere auch genutzt. Sie hatten kein Verbrechen begangen, solange sie alle nur brav das Maul hielten.

Er trat gegen den Rebstock vor sich. Die ganze Reihe wackelte. Die Wut war mit ihm in jener Nacht durchgegangen. Er hätte den Appenheimer nicht halb tot schlagen dürfen. Oder war vielleicht genau das die richtige Reaktion gewesen? Die Hiebe auf seinen Schädel hatten womöglich die Erinnerung an den Abend gelöscht. Er konnte sie nicht erkannt haben. Solange sie alle vier dichthielten, war ihnen nichts nachzuweisen. Josch musste den Film sofort löschen, nichts von dem Vorfall durfte auf der Facebook-Seite erwähnt werden. Dann konnte Appenheimer behaupten, was er wollte, wenn es denn überhaupt so weit kommen würde. Er rang noch immer mit dem Tod.

Diesmal rieb er sich mit den Ärmeln seines T-Shirts den brennenden Schweiß aus den Augen und machte einen Schritt, um einen Trieb, der aus dem Haltedraht gerutscht war, zurückzustecken. Er fuhr erschrocken herum. Was wollten sie hier? Mehrere Polizisten kamen die Rebzeile entlang und auf ihn zu. Was, wenn Josch nicht so weit denken würde, das Video zu löschen? Er musste ihn unbedingt so schnell wie möglich informieren. Der Film auf seinem Handy würde sie alle ins Gefängnis bringen. Er drehte sich weg und rannte los. Für das Telefonat bräuchte er nur wenige Sekunden, dann würde er sich ihnen stellen. Die Beweggründe für seine Flucht könnte er gut erklären: Die schlimmen Ereignisse im Dorf erschreckten und verunsicherten ihn. Er hetzte die schmale Gasse entlang. Die grünen Reben schossen an ihm vorüber. Er erreichte das Ende der Zeile, lief ein paar Meter nach links und bog, bevor seine Verfolger ihn erneut im Visier hatten, wieder ab. Im nächsten Weinberg gab es mittig eine Quergasse, die an einer völlig verwilderten Rebfläche endete. Dort würden sie ihn kaum finden, und er könnte in Ruhe mit Josch telefonieren.

Der Schlag traf ihn an seiner rechten Schulter. Krücke taumelte. Seine Beine machten noch zwei Schritte in die richtige Richtung, dann wurde er zu Boden gerissen. Ungebremst landete er auf dem harten Untergrund. Die Polizisten waren auch von der anderen Seite gekommen. Nur zwei Mann, einer davon Dautenborn. Ein stechender Schmerz breitete sich in seinem Brustkorb aus, sein Kopf verschwand im hohen Gras zwischen den Fahrspuren des Feldweges. Krücke spürte das Gewicht auf seinem Rücken, das ihn niederdrückte. Sein rechtes Bein brannte.

»Herr Florian Lemmer, Sie sind im Mordfall Rudolf Berkes dringend tatverdächtig.« Dautenborn drückte sein Knie fester in seinen Rücken.

Krücke stöhnte auf.

Leise flüsterte der Hobbywinzer weiter: »Wir haben in deinem Weinbergsschlepper den gleichen dünnen Edelstahldraht gefunden, der Berkes den Kopf abgetrennt hat.«

45

»Was soll das Spielchen?« Kurt-Otto stand vor Perikles von Moldenhauer, der sich in seinem Ledersessel wieder zurücklehnte.

»Nehmen Sie doch bitte Platz. Ich verstehe ja, dass Sie mein Verhalten etwas ungewöhnlich finden.« Er vollführte eine einladende Handbewegung und deutete auf den Sessel neben sich. »Im Dorf herrscht so ein großes Polizeiaufgebot, dass ich es vorgezogen habe, hier drinnen zu verweilen. Obwohl es draußen auf der Terrasse sicherlich angenehmer wäre und man mehr vom dörflichen Treiben mitbekommen würde.« Er winkte ab. »Aber ich möchte keinesfalls mit den schrecklichen Geschehnissen in Verbindung gebracht werden. In kleinen überschaubaren sozialen Gefügen ist der Fremde ja per se verdächtig.« Moldenhauer schmunzelte.

Kurt-Otto musterte ihn. Seine schwarzgrauen Haare hingen ihm heute luftig gelockt über die Ohren. Der Pudel schien gebadet und frisiert worden zu sein. Sein Gesicht glänzte rosig, seine große runde Nase wirkte unauffälliger als zuvor. Hatte der Weinsammler ihm nicht gestern noch das Du angeboten? Die Unmengen an Süßwein, die er in seinem Keller vertilgt hatte, schienen seine Erinnerung daran gelöscht zu haben.

Er überlegte kurz, ob er einfach gehen sollte. Das gestelzte Geschwafel ging ihm auf die Nerven, außerdem konnte er es nicht ausstehen, wenn man ihn so vorführte. Moldenhauer hatte ihn durchschaut, seine Neugierde richtig eingeschätzt und alles so arrangiert, dass er jetzt wie ein Depp dastand. Doch genau diese Neugierde war es, die ihn in diesem Moment festhielt. Er wollte wissen, was sich hinter der Fassade des Weinsammlers verbarg, also ließ er sich auf dem freien Sessel nieder.

»Ich bin Ihnen eine Erklärung schuldig, Herr Hattemer. Vielleicht verstehen Sie dann mein Verhalten, und wir kommen ins Gespräch. Ich kann gut nachvollziehen, dass in diesem Moment in Ihnen das Misstrauen mir gegenüber überwiegt. Und ich kann

Ihnen versichern: Mir würde es an Ihrer Stelle nicht anders ergehen. Darf ich für Sie als meinen Gast etwas bestellen?« Moldenhauer blickte ihn fragend an. »Ich glaube allerding kaum, dass wir auf der Getränkekarte ähnlich gute Raritäten finden werden wie in Ihrem Keller. Ich bin übrigens durchaus am Erwerb der einen oder anderen Flasche für meine Sammlung interessiert.«

»Nein danke. Ich habe keinen Durst.«

»Dann vielleicht später.« Moldenhauer zuckte mit den Schultern. »Ich habe mich hier einquartiert, um Rudolf Berkes möglichst nahe zu sein. Ein Sammler seltener Weinraritäten bin ich wirklich, wenn auch nur im Nebenberuf. Aber ich glaubte, dass mir diese kleine Verschiebung der Realitäten das Verweilen in Essenheim und den Zugang zu dem einen oder anderen Bewohner erleichtern würde.« Der Pudel schüttelte den Kopf und hielt kurz inne. Er schien zu überlegen, ob er am richtigen Ende der Geschichte angefangen hatte. Obwohl er wirkte, als wäre er sich darüber nicht ganz klar geworden, fuhr er fort. »Wenn ich Ihnen gegenüber sofort die Wahrheit gesagt hätte, hätten Sie mich mit großer Wahrscheinlichkeit im Weinberg im Regen stehen lassen.«

Kurt-Otto wusste nicht, ob der andere eine Reaktion von ihm erwartete, daher entschied er sich für regungsloses Ausharren. Er würde kein Wort sagen, solange nicht eindeutig auf dem Tisch lag, um was es hier eigentlich ging. Bisher hatte er nichts zu Ohren bekommen als nebulöses Geschwafel eines frisch geföhnten Pudels. Momentan würde er ihm keine einzige Flasche seiner Raritäten verkaufen, selbst dann nicht, wenn er die exorbitanten Preise zahlte, die der Rüben-Rudi auf seinem Schmierzettel notiert hatte.

»Herr Berkes war der Hebel, an dem ich ansetzen wollte.« Moldenhauer verzog das Gesicht und hob die Hände fast hilflos in die Höhe. »Ehrlich gesagt auch meine einzige mögliche und die letzte Chance, Licht ins Dunkel zu bringen. Dämmert es Ihnen langsam?«

Kurt-Otto gingen die mysteriösen Andeutungen gehörig gegen den Strich. Zügig bemächtigte sich seiner übelste Laune.

Wenn Moldenhauer – sollte er überhaupt so heißen – vorhatte, noch länger heiße Luft abzusondern, dann konnte er getrost gehen. Sein Magen signalisierte ihm knurrend, dass auch er sich eine erfreulichere Beschäftigung für den Rest des späten Vormittags vorstellen konnte. Kurt-Otto hatte sich fest vorgenommen, diesmal nicht der Letzte beim Metzger in Stadecken zu sein. Alle anderen hatten sich schließlich schon ausreichend bevorratet, nur im Werkzeugkasten seines Schleppers herrschte noch immer gähnende Leere. Eine einzige kleine Pappdose mit dem Wunderpulver des veganen Scharlatans klapperte in ihm verlassen vor sich hin. Käme er heute wieder zu spät in die Metzgerei, dann würde er sich das Zeug von Renate ab morgen wirklich aufs geschmierte Vollkorn-Pausenbrot streuen müssen. Der schreckliche Gedanke beschäftigte ihn in diesem Moment weitaus stärker als die Geschichten, die der Pudel gegenüber von sich geben wollte.

»Kommen Sie endlich zum Punkt. Meine Weinberge brauchen mich. Jetzt, wo es trocken ist, muss geheftet werden. Die Reben schießen in der Hitze nur so in die Höhe.«

»Ja, natürlich. Das ist eine meiner vielen schlechten Angewohnheiten, ich rede wirklich zu viel.« Moldenhauer winkte schon wieder übertrieben ab und kicherte vor sich hin. »Die Loseblattsammlung auf meinem Zimmer haben Sie ja gesehen und können nach diesem Vorgeplänkel vielleicht auch schon Rückschlüsse auf meinen Beruf ziehen. Ich arbeite als Journalist gerade an einem Buch über die ›Mutter aller Lebensmittelskandale‹, wie ein Kollege den Glykolskandal damals schon in der ›Welt‹ sehr treffend bezeichnet hat. Natürlich hat vor allem meine Zunft sich schon ausgiebig darüber ausgelassen«, er wiegte den Kopf hin und her, »aber eine umfassende historische Aufarbeitung steht noch aus.«

Moldenhauer setzte sich etwas gerader hin. »Vieles liegt mittlerweile offen zutage, doch einige Aspekte werden sich sicherlich erst dann klären lassen, wenn in vielen Jahren die Sperrfristen für die Gerichtsakten ablaufen. Der Skandal hat in Deutschland schlagartig sichtbar gemacht, wie die Weinströme verliefen. Als hätte jemand alle österreichischen Weine grün eingefärbt, tauchten plötzlich überall Tropfen in unterschiedlichsten Grün schattierungen auf, obwohl die Etiketten auf den Flaschen sie als aus Deutschland kommend auswiesen. Kaum eine große Kellerei schien sich nicht der billigen Rohware aus dem Nachbarland bedient zu haben, mit der man völlig risikolos die eigenen edelsüßen Weine strecken konnte. Man durfte sich nur beim Transport über die Grenze nicht erwischen lassen. Einerseits mussten die Papiere stimmen, andererseits war zur Sicherheit der Hahn für die Probenentnahme am Tankwagen an ein separates Behältnis angeschlossen, aus dem reiner Wein floss.« Moldenhauer lachte kurz auf. »Die Österreicher waren zum Teil so extraktreich, sämig und konzentriert, dass sie selbst einen dünnen deutschen Qualitätswein zur Auslese verbessern konnten. Das Risiko war gering. Im Unterschied zum Zucker, der einfach nachzuweisen war und dessen inflationäre Verwendung in den Jahren vor dem Glykolskandal mehrfach abgestraft worden war, schien kaum jemand andere Zusatzstoffe im Blick zu haben. Auch heute noch wirkt der Gedanke, dass ein Frostschutzmittel einen Wein verbessern soll, geradezu abwegig.« Moldenhauer hielt kurz inne und sah Kurt-Otto fragend an. »Entschuldigen Sie, dass ich monologisiere. Sie können mich natürlich jederzeit gerne unterbrechen. Aber ich muss etwas weiter ausholen, um Ihnen meine Beweggründe verständlich zu machen.« Er lachte auf. »Das sind die unangenehmen Begleiterscheinungen, wenn man sich jahrelang in eine Thematik einarbeitet. Wenn sich mal die Gelegenheit dazu bietet, strömt wie auf Knopfdruck alles aus einem heraus.«

Wieder schwieg er für einen Moment. Es schien, als suchte er den Anknüpfungspunkt. Dann nickte er knapp, als wüsste er nun, wo er herkam und wo er hinwollte. »Die ganze Weinwirtschaft hat unter dem Skandal gelitten. Behörden und Politik haben bei der zunächst zurückhaltenden Aufklärung keine allzu rühmliche Figur abgegeben. Der Weinabsatz brach ein, und alle Winzer wurden für das, was eine kleine Gruppe verbrochen hatte, mit in Haftung genommen. Auch die Kellereien und Abfüller, die zwar selbst ihren Weinen kein Glykol beigemischt hatten, aber seit Jahren munter ihre eigenen Tropfen mit österreichischen streckten, auch mit zahlreichen glykolbelasteten, litten im Nachhinein. Ich bin aber hierhergekommen, weil einem Detail bisher kaum Beachtung geschenkt wurde.« Moldenhauer atmete mehrmals durch.

Der bewusste Spannungsaufbau verfehlte seine Wirkung. Kurt-Otto wusste längst, worauf der Journalist hinauswollte. Er hatte ihm die Kopien mit Absicht so auf dem Tisch unter dem Dachfenster arrangiert. Kurt-Ottos Erinnerung flog wieder zurück zu seinem Marsch durchs Dorf an jenem Morgen im August 1985, als sie den Kollegen abgeführt hatten. Er war von Zorn und der Angst um die eigene Existenz getrieben worden, hatte er doch gerade erst in eine neue Weinpresse investiert und den Holzfasskeller für mehrere neue Kunststofftanks leer geräumt. Die zu zahlenden Raten waren kein Pappenstiel. Also war auch er bei der großen Winzerdemonstration Mitte August vor dem Mainzer Dom mit dabei gewesen. Tausende Kollegen hatten ihrer Wut auf die verbrecherischen Großabfüller und die zögernde Politik Luft gemacht. *Österreich brachte uns Adolf und Glykol, dafür sollen sie haben: den Ehrenbürger Kohl! Nein! – zu unkontrolliertem Auslandswein!* Er war hinter beiden Transparenten mitgelaufen und hatte gebrüllt: »Unser Wein ist sauber, kein Chemikalienzauber!«

»Auf den Listen von damals finden sich viele österreichische und etliche deutsche Weine großer Kellereien. Aber unter den Tätern ist nur ein einziges Weingut.« Moldenhauer blickte ihn fragend an.

Kurt-Otto nickte. Er sah ihn vor sich. Seine Miene in jenem Moment, als er in den Polizeiwagen eingestiegen war. Und doch war er sich nicht restlos sicher, ob er das wirklich genau so beobachtet hatte oder seine Erinnerung sich des Fotos bediente, das er vor wenigen Minuten auf dem Tisch in Moldenhauers Zimmer wiederentdeckt hatte. Des Fotos von Georg Kühl. Mehrere seiner Weine waren positiv auf Glykol getestet worden. »Er hat dafür gebüßt. Mehr als alle anderen.«

Moldenhauer nickte. »Damit haben Sie recht. Ich glaube

aber, dass Herr Kühl nicht allein verantwortlich war.« Sein Blick wanderte prüfend über Kurt-Ottos Gesicht.

Dieser hatte keine Ahnung, worauf der Journalist abzielte. »Es waren seine Weine. Damit ist doch alles klar.«

»Auf den ersten Blick schon. Er war schuldig, ja. Zumindest legt der Fortgang der Entwicklung das nahe.«

Kurt-Otto nickte. Georg Kühl hatte es nicht verkraftet – die Anfeindungen, den Hass, der ihm entgegenschlug. Für alle war er der Böse gewesen. Der Schuldige vor Ort. Einer, an dem sie ihre Wut über die Schande und den Schaden, unter dem sie alle zu leiden hatten, auslassen konnten. Seine Frau hatte bald das Weite gesucht. Irgendjemand hatte sogar die Scheiben seines Wohnhauses eingeworfen, als er schon wieder daheim war.

»Es könnte doch sein, dass noch jemand davon wusste.«

»Vielleicht sein Vater?«

Moldenhauer schüttelte den Kopf. »Möglich, aber den meine ich nicht. Bei meinen Recherchen bin ich auf einen anderen Namen gestoßen.« Der Pudel blickte Kurt-Otto erwartungsvoll an. Seine Lippen hatten sich zu einem zufriedenen Grinsen verzogen.

46

Der Asphalt unter Lockes Füßen klebte. Jeder Schritt wurde von einem seltsamen Geräusch begleitet. Wollte der Boden ihn zurückhalten? Das Gehen wäre ihm auch ohne den Klebstoff unter seinen Sohlen schwergefallen. Die Linden waren voller Blattläuse. Auf den meisten Autos schimmerte eine gelbe Schicht, die alles festhielt, was auf sie herabfiel. Die Fahrzeuge wirkten wie geteert und gefedert.

Der Druck auf seinen Magen nahm zu. Übel war ihm schon seit dem Morgen. Keinen Bissen hatte er herunterbekommen. Er hatte nicht hierher gewollt. Ein paar Stunden lang hatte er es sogar geschafft, sich fernzuhalten. Nicht Krückes Schlag in sein Gesicht war der Grund dafür gewesen, sondern die Nachricht von dessen Verhaftung. Matschie hatte ihn angerufen und allerlei Unverständliches genuschelt, bevor er auf den Punkt gekommen war. Die Polizei schien fest davon überzeugt zu sein, dass Krücke für den gespannten Draht verantwortlich war, der dem Rüben-Rudi den Kopf abgetrennt hatte. Dieses letzte noch fehlende Körperteil hatten die Beamten mittlerweile auch gefunden. Irgendein Vieh, wahrscheinlich ein Fuchs, hatte den Kopf des Toten anscheinend ein Stück weit mit in den zu diesem Zweck erweiterten Eingangsbereich seines Baus gezogen.

Der Draht war aus Edelstahl. Ein Fabrikat, das schon seit Jahren wegen seines hohen Materialpreises nicht mehr hergestellt wurde. Locke wusste, dass Krücke ihn in mehreren Weinbergen aus den frühen Neunzigern verwendet hatte. Er galt damals als unverwüstbar, war aber unpraktisch, weil er tief in die Hände einschnitt, wenn man ihn gegen die Last der grünen Triebe in die Höhe riss. Daher hatte Krücke oft über ihn geschimpft, aber andererseits glänzte er nach mehr als zwei Jahrzehnten noch immer wie am ersten Tag. Wenn die Beamten bei ihm auch noch das Handy vom Berkes gefunden hatten, dann hätte auch einem Minderbemittelten schnell eingeleuchtet, wie der

Appenheimer zu seinen lebensgefährlichen Verletzungen gekommen war.

Wie groß war Krückes Hass, dass er den Rüben-Rudi in diese Sache hineingezogen hatte? Appenheimer hatte Krücke erpresst und mit einem Zeugen gedroht, um an seinen Weinberg zu kommen. Der Berkes hatte schon immer alles gemacht, was ihm der Appenheimer auftrug. Warum also hätte er für ein paar Scheine extra nicht auch den Zeugen spielen sollen?

Der Appenheimer wollte von Krücke den alten Riesling am Klopp. Aber warum war er dann zu ihm, Locke, gekommen und hatte ihm Geld gegeben? Er musste doch genau wissen, dass er auch dabei gewesen war. Reichte Appenheimers Verhalten aus als Beweis dafür, dass an dem, was Locke gestern gehört hatte, etwas dran war? *Mein Sohn.* Selbst wenn, es änderte nichts mehr. Warum war Appenheimer nicht viel früher damit herausgerückt? Überhaupt war der Gedanke vollkommen abwegig. Locke hatte einen Vater und eine Mutter. Der Zweifel fraß sich weiter in ihn hinein. Seine Mutter war der gleiche Jahrgang wie der Appenheimer, sein Vater deutlich älter. Alles Mist, diese Gedanken! Er brauchte und wollte Appenheimer nicht in seinem Leben. Aber wenn das so war, warum war er, Locke, dann heute hierher nach Mainz gefahren? Vielleicht, um sich die Folgen des übermäßigen Blattlausbefalls anzusehen? Er schüttelte den Kopf.

Auf der anderen Seite der Hauptstraße befand sich der Haupteingang der Uniklinik. Der Verkehr zwang ihn, anzuhalten und abzuwarten, bis die Ampel auf Grün sprang. Würden die Ärzte ihn überhaupt zu ihm lassen? Vielleicht war heute die letzte Chance für ihn, Appenheimer ungestört aufzusuchen. Früher oder später würde die Polizei doch bei ihnen allen vor der Tür stehen. Sie waren immer zu viert unterwegs gewesen. Krücke würde schon dafür sorgen, dass sie im gleichen Boot saßen. Und auch Appenheimer würde sie ganz sicher nicht ungeschoren davonkommen lassen. Der ausgelaufene Wein war eine Sache, dass sie ihn in seinem Weinberg fast totgeschlagen hatten, eine ganz andere.

Locke beschleunigte seinen Schritt über die Straße und passierte das Eingangsportal zum Klinikgelände. Er musste wissen, wie es Appenheimer ging. Er war schließlich mit verantwortlich dafür, dass er hier lag.

47

»Mach schon auf, wir sind es!« Chaussee-Helga schlug, so fest sie konnte, mit der flachen Hand gegen das Hoftor von Posthalters Sigrun. Noch immer war nichts von ihrer Bekannten zu hören. Hatte sie sich am Ende wieder schlafen gelegt?

Entschlossen betätigte sie zur Abwechslung die Klingel. Wie schon mehrmals, bevor sie geklopft hatte. Doch nichts passierte. Helga wusste, dass die Erde beben und die Welt untergehen konnte, wenn die Sigrun schlief.

»Vielleicht ist sie einkaufen gegangen. Habe ich dir ja gleich gesagt, dass das jetzt keinen Sinn macht. Wir hätten auch erst mal zum Supermarkt gehen sollen. Vielleicht hätten wir da noch ein paar brauchbare Neuigkeiten erfahren können. Wenn schon mal etwas in unserem Dorf passiert.« Sie schnaufte genervt durch die Nase aus und ein. »Jetzt stehen wir hier wie bestellt und nicht abgeholt.«

Die Käfergässer-Gerda zuckte mit den Schultern, soweit es die schwere Last in ihren Händen zuließ. Die beiden Frauen hatten jeweils zwei große, durch leere und klappernde Flaschen ausgebeulte Tüten quer durchs Dorf geschleppt. Von misstrauisch bis amüsiert war an Reaktionen der Nachbarn alles dabei gewesen.

»Was willst du denn noch wissen?« Helga blickte ungläubig und begann zu rekapitulieren. »Sie haben den Sohn vom Lemmer abgeholt, weil der den Draht gespannt hat. Der Appenheimer ist anscheinend über den Berg, wird aber bestimmt noch ein paar Wochen das Bett hüten müssen. Meine Meinung zu seinem Sturz kennst du ja. Die haben ihm den halben Weinberg abgeschnitten, der Lemmer und seine Freunde, weshalb er sich so aufgeregt hat, dass er wahrscheinlich einen Herzinfarkt bekommen hat und zusammengebrochen ist. Es stand wegen seinem Herzen so kritisch um ihn, nicht weil er hingefallen ist. Der kann von Glück sagen, dass der Lockenkopf, der Stefan Hembes, zufällig vorbeigekommen ist. Sonst läge er schon oben im Kühlhaus, und wir würden uns darüber unterhalten, wann und wo der Leichenschmaus stattfindet.« Helga drehte sich kurz zu Gerda um und sah sie fragend an. »Hast du schon was gehört, wann der Berkes beerdigt wird?«

Gerda schüttelte den Kopf. Auf ein weiteres anstrengendes Schulterzucken verzichtete sie. »Und jetzt?«, fragte sie.

»Keine Ahnung. Sie wollte die Flaschen, und die bekommt sie jetzt. Wenn sie nicht aufmacht, stellen wir sie ihr einfach vor die Tür.«

»Ich kann immer noch nicht glauben, was du mir erzählt hast. Dass die Badewanne voller Rotwein sein soll.«

»Wenn ich es dir doch sage. Randvoll muss sie ursprünglich gewesen sein. Jetzt ist sie noch immer bis zur Hälfte gefüllt. Mit dem Wein, der quer durchs Dorf gelaufen ist.«

Gerda verzog angewidert das Gesicht und hielt die Tüten eisern fest.

Helga schlug noch einmal entschlossen gegen das verwitterte Holz des Hoftors.

»Ich werde das Zeug jedenfalls nicht trinken«, sagte Gerda. »Und sollte sie uns beim nächsten Rommé-Abend selbst gemachten Eierwein vorsetzen, dann werde ich das Glas nicht anrühren. Ich sag's dir, es wird noch so weit kommen, dass man, wohin man auch geht, seinen eigenen Likör mitbringen muss, weil man sich nicht sicher sein kann, was man vorgesetzt bekommt.«

»Quatsch. Bei mir gibt es immer etwas Ordentliches, das weißt du doch!« Helga rümpfte pikiert die Nase. »Da kannst du dich nicht beschweren. Außerdem bezahlst du für den Weinbergspfirsichlikör, den du uns vorsetzt, beim Ecke-Kurt auch kein Vermögen.«

»Der ist nicht gerade billig. Bei den Mengen, die du über den Abend so trinkst, wenn es läuft, kommt schon etwas zusammen.« Gerda schnaufte wieder.

»Führst du vielleicht Buch darüber, wie viel jeder von uns konsumiert?«

»Das sollte ich mal. Und darüber, wie viel und vor allem was auf den Tisch kommt!« Gerda nickte eifrig. »Von dem süßen alten Zeug, das du beim letzten Mal angeboten hast, habe ich drei Tage lang Magenschmerzen gehabt. Selbst Kamillentee hat nicht geholfen.«

Helga zog geräuschvoll die Nase hoch. Tränen schossen ihr in die Augen, ihre Stimme zitterte. »Du hast ja gar keine Ahnung. Das waren ganz feine Eisweine.« Sie schluchzte ausgiebig. »Mein Heinrich hatte die 1983 zu seinem Sechzigsten geschenkt bekommen. Die sind jetzt erst im richtigen Alter, und er hat sie nicht mehr genießen können.« Noch einmal schluchzte sie demonstrativ auf. »Deutsche Eisweine. Beim nächsten Mal trinken wir Österreicher. Von denen ist jede einzelne Flasche so viel wert wie ein paar Kisten von deinem Weinbergspfirsichlikör!« Sie hatte noch etwas hinterherschieben wollen, wurde aber durch ein Geräusch davon abgehalten.

Sigrun war endlich wach geworden und hatte sich aus dem Bett gequält. »Was macht ihr denn für einen Krach da draußen?« Der Schlüssel wurde im Schloss gedreht, und gleich darauf öffnete sich das kleine Türchen im Hoftor. »Ich habe gerade mit meiner ältesten Tochter telefoniert. Ihr wisst ja, die Maria arbeitet in der Mainzer Uniklinik. Der Appenheimer ist schon auf die normale Station verlegt worden, sieht aber noch immer böse aus. Sie kann sich gar nicht vorstellen, dass die Verletzungen von einem Sturz stammen.« Sie hielt kurz inne und warf einen schnellen Blick die Straße hinunter, bevor sie flüsterte: »Der wurde zusammengeschlagen. Von den gleichen Ganoven, die ihm den Weinberg abgeschnitten haben.«

48

Perikles von Moldenhauer schwieg so lange, bis sich die junge Bedienung nicht mehr in Hörweite befand. »Oder wäre Ihnen ein Glas Riesling lieber gewesen?«, fragte er. »Mir ist es dafür ja noch zu früh. Ich kann erst nach dem Mittagessen an den ersten Wein denken.«

Kurt-Otto stimmte ihm zu. Auch vor ihm stand jetzt eine Tasse Kaffee. In seinem Kopf wechselten sich noch immer die bunten Bilder der Vergangenheit in schneller Folge ab. Georg Kühl, wie er verhaftet worden war. Die gaffende Menge auf dem Bürgersteig gegenüber. In jedem einzelnen Gesicht der Winzer, die sich an diesem Tag versammelt hatten, war die Existenzangst abzulesen. Gegen den Willen aller wurde die Erinnerung daran durch die Prozesse wachgehalten, die sich über viele Jahre zogen, um dann doch mit so vielen Freisprüchen zu enden. Und trotzdem war alles danach anders. Was jahrelang als Krönung eines Jahrgangs gegolten hatte, war nach dem Skandal nicht mehr zu verkaufen. Die Auslesen und Beerenauslesen wollte niemand mehr haben. Nur ein paar Unbelehrbare wie er hatten am alten Geschmack festgehalten, der mit ihnen langsam ausstarb.

Es traf ihn noch immer hart, wenn der Glykolskandal im Rückblick als reinigendes Gewitter bezeichnet wurde. Selbst in einer seiner Weinbauzeitschriften hatte er die Formulierung gelesen. Er sei ein Erdbeben gewesen, die Katastrophe, die der Weinbau gebraucht hatte, um wieder zurück auf den rechten Weg zu finden. Kurt-Otto seufzte. Er hatte dieses Unglück nicht gebraucht, weder in Österreich noch hier bei ihnen vor der Haustür.

Moldenhauer nippte am Kaffee, den er mit vier Löffeln Zucker gesüßt und in fahrigen Bewegungen umgerührt hatte. »Das tut gut.« Er stellte die halb geleerte Tasse wieder vor sich auf den niedrigen Tisch. »Ich habe während meiner Recherchen die damaligen Weinströme verfolgt, sofern das nach gut dreißig

Jahren noch möglich war. Äußerst hilfreich war mir dabei die Lebensbeichte eines Kellermeisters aus dem österreichischen Krems. Er wollte kurz vor seinem Tod sein Gewissen erleichtern. Es war ein sehr erhellendes Gespräch. In seiner Kellerei wurde schon Jahre vor der Aufdeckung des Skandals der Extrakt der Weine mittels Glykol angehoben. Den Höhepunkt der Panscherei stellten komplett künstlich hergestellte Weine dar. Etliche Lastzüge dieser Kunstweine verließen jede Woche die Kellerei. Ihre Bestandteile: Wasser, Zucker, Weinsäure, Hirschhornsalz, Glyzerin und Pottasche. Der Geschmack des Gemischs soll gut gekühlt dem eines richtigen Weins sehr nahe gekommen sein. Aber letztlich waren das, was mir der Kellermeister berichtete, keine großen Neuigkeiten. Die Presse hatte schon damals davon berichtet. Interessant wurde es, als er die Weinströme aus seiner Sicht erläuterte. Jeden österreichischen Wein, der im Tanklastzug die Grenze überquerte, begleitete ein Ursprungszeugnis. Ein amtliches Dokument, das Auskunft über Menge und Qualität gab. Der Winzer erhielt ein solches Dokument erst nach eingehender Überprüfung seiner Weinernte. Aber diese Dokumente wurden auch unter der Hand von Winzern weitergegeben, die ihre Weine privat und schwarz verkauften. Sie brauchten ihre Ursprungszeugnisse nicht. Es entwickelte sich ein reger Handel damit für den Fall, dass doch einmal eine Kontrolle stattfand. Auf diese Weise wurden die Kunden, große Kellereien, mit bereits behandelten österreichischen Weinen beliefert, die sie ihren deutschen edelsüßen Tropfen beimischten. Ein Geschäft mit einer beeindruckenden Gewinnspanne, wenn man die damalige Preisdifferenz zwischen den Weinen beider Länder betrachtet. Viele dieser Ursprungszeugnisse wurden mehrfach genutzt. Wer keine Papiere hatte, der nutzte abgelegene Grenzübergänge in der Nacht, um seine Tanklastzüge aus Österreich unbehelligt von Kontrollen ins Land zu bringen.« Moldenhauer räusperte sich und griff noch einmal zu seiner Kaffeetasse.

Kurt-Otto beobachtete ihn. Sein Magen knurrte schon wieder, aber er hatte keine Lust auf Kaffee. Nicht ohne ihn begleitende feste Nahrung.

»Es soll einen regen Grenzverkehr auf abgelegenen Strecken gegeben haben.« Der Journalist stellte seine leere Tasse zurück und rieb sich genüsslich die Hände, scheinbar froh und zufrieden, dass er einen Zuhörer für seine Geschichte gefunden hatte.

Kurt-Otto mühte sich ab, eine Verbindung des Erzählten zu den damaligen Ereignissen bei ihnen in Essenheim herzustellen. Es gelang ihm nicht. Wollte Moldenhauer darauf hinaus, dass Georg Kühl in Österreich eingekauft und die künstlichen Auslesen dann selbst bei Nacht und Nebel über die Grenze geschafft hatte? Sein Fall war nie vollständig aufgeklärt worden. Zumindest hatte er nichts davon erfahren. Oder gab es eine weitere Person, die in die Betrügereien verwickelt gewesen war? Moldenhauer hatte genau das vorhin doch schon angedeutet. »Wer ist es?«

»Sie haben noch keine Vermutung?«

In Kurt-Ottos Kopf rasten die Gedanken. Ein Komplize Kühls sollte ihm damals bei der Beschaffung der Weine behilflich gewesen sein? Er schüttelte den Kopf.

»Dann will ich mal nicht so sein und Ihnen auf die Sprünge helfen. Als Gegenleistung bekomme ich ein paar hilfreiche Informationen über die betreffenden Personen und meinen Zettel zurück, den ich vor der Haustür von Rudi Berkes verloren habe.« Moldenhauer grinste breit. »Allerdings müssen Sie unser kleines Geheimnis bis zum Erscheinungstermin meines Buches für sich behalten.«

»Haben Sie mich beim Rudi gesehen?«

»Ja und nein.« Moldenhauer wiegte den Kopf. »Als ich mich im Haus umgeschaut habe, beschlich mich das Gefühl, beobachtet zu werden. Aber ich habe es darauf zurückgeführt, dass ich anscheinend nicht der Erste war, der sich für die alten Notizen interessierte. Die Schubladen des Schreibtischs waren durchwühlt, die Papiere lagen verstreut auf dem Boden und auf der Tischplatte. Aber das haben Sie ja selbst gesehen.« Der Weinsammler sah ihn fragend an.

Kurt-Otto nickte.

Moldenhauer kniff konzentriert die Augen zusammen. Es wirkte fast so, als hielte er sie geschlossen, um sich auch wirklich jedes Detail ins Gedächtnis rufen zu können. Dann fuhr er fort. »Ich hatte ihm schon am Vortag einen Besuch abgestattet, aber schnell einsehen müssen, dass ich bei ihm mit der Tarnung als schrulliger Weinsammler nicht weiterkam. Er hat mich eiskalt abblitzen lassen. Ich wollte es noch einmal versuchen und beobachtete sein Haus am Nachmittag von meinem Zimmer aus. Doch Berkes schien wie vom Erdboden verschluckt. Jetzt wissen wir alle, warum. Schließlich konnte ich nicht ewig warten. Mir war klar, dass ich ohne ihn nicht weiterkommen würde. Ich brach also in das Haus ein. Dass ich die Auflösung des Rätsels dann wie auf einem Silbertablett präsentiert auf seinem Schreibtisch fand, hat mich für die langweilige Warterei mehr als entschädigt.« Moldenhauer nahm wieder die Tasse und merkte erst, nachdem er sie an die Lippen geführt hatte, dass sie bereits leer war. Irritiert stellte er sie wieder zurück. »Sie trinken Ihren Kaffee nicht?«

Kurt-Otto verneinte.

»Dann haben Sie sicherlich nichts dagegen, dass ich mich seiner annehme.« Moldenhauer griff nach der Tasse, ohne eine Antwort abzuwarten. Wieder versenkte er vier gehäufte Löffel Zucker unter umständlichem Rühren in der schwarzen Flüssigkeit.

Kurt-Otto überlegte. Wer war vor dem Journalisten schon bei Berkes eingebrochen?

»Erst als ich schon wieder in meinem Zimmer war, habe ich bemerkt, dass mir einer der Zettel von Berkes' Schreibtisch abhandengekommen war. Noch dazu der entscheidende.« Moldenhauer schüttelte den Kopf so heftig, dass seine luftigen Locken flogen. »Also bin ich zurück und habe Sie dabei gesehen, wie Sie sich mit einer älteren Dame unterhielten. An Ihrer Kleidung konnte ich deutlich erkennen, dass Sie sich irgendwo, wo es dreckig war, verkrochen haben mussten. Der Zettel lag während Ihres Gesprächs vor Ihnen auf dem Boden, aber später haben Sie ihn eingesteckt. Das hat mich dazu gezwungen, Sie mit ins Boot zu holen. Die einzige Möglichkeit, wollte ich nicht noch ein weiteres Mal eine Straftat begehen.« Er lachte kurz auf und klang dabei wie ein meckernder heiserer Ziegenbock. »Auch wenn Sie es mir vielleicht nicht abnehmen: Ich steige äußerst ungern in fremde Häuser ein.« Breit grinsend kippte er den sicher nur noch lauwarmen Kaffee in einem Zug hinunter. Zufrieden schmatzte er noch einmal, bevor er seine wortreichen Erklärungen fortsetzte. »Sie haben sich den Zettel sicher schon genau angesehen. Er ist eines der Ursprungszeugnisse, die Rudolf Berkes immer bei sich hatte, wenn er mit dem vollen Tanklastzug aus Österreich zurückfuhr. Er hat sämtliche dieser Dokumente gesammelt und verwahrt. Vielleicht waren sie als eine Art Rentenversicherung gedacht.« Moldenhauer zuckte mit den Schultern. »Nach den Ereignissen der letzten Tage und Berkes' schlimmem Ende bieten sich urplötzlich auch ganz andere Deutungen und Spekulationen an. Aber der Reihe nach.« Er wedelte mit der Hand vor seinem Gesicht herum, als wollte er eine lästige Fliege verscheuchen, die ihn von seinen eigentlichen Gedanken ablenkte. »Nur auf einem der Zettel, die ich gefunden habe, hatte Berkes auf der Rückseite die Mengen notiert, die er bei der entsprechenden Fuhre transportierte. Die Zahlen zeigen exemplarisch, welchen riesigen Umfang der Betrug in diesem einzelnen Fall hatte. Unmöglich, dass die Mengen allein für Georg Kühl bestimmt waren.«

»Wer steckte dahinter?« Kurt-Otto wusste die Antwort längst, wollte aber die Bestätigung aus dem Mund des Journalisten hören.

»Eugen Appenheimer.« Moldenhauer blickte ihn zufrieden an. »Er war damals schon ins Visier der Ermittler geraten, aber man hatte ihm nichts nachweisen können. Der Kellermeister in Krems nannte mir neben den bekannten Namen der Schuldigen, die auf sämtlichen Listen auftauchen, auch seinen. Die Notizen aus dem Haus von Berkes beweisen, dass er die Wahrheit gesagt hat.« Der Pudel schnaufte. Seine Nase zeigte jetzt wieder eine deutliche Rötung. »Appenheimer war mit dabei, hat aber sauber aufgeräumt, bevor man ihm etwas nachweisen konnte. Entweder verfügte er über gute Kontakte und wusste rechtzeitig Bescheid, dass Kontrollen anstanden, oder er hatte einfach nur Glück.«

Kurt-Otto spürte die in ihm aufsteigende Hitze. Er mühte sich erfolglos, das eben Gehörte in seinem Kopf zu sortieren. Immer neue Gedanken gesellten sich hinzu. Rüben-Rudis Rente. Hatte er Appenheimer erpresst und daher sterben müssen? War er der einzige noch lebende Mitwisser gewesen, der nach so langer Zeit plötzlich Forderungen an seinen Arbeitgeber stellte? Er schüttelte den Kopf. Das machte doch keinen Sinn. Er überlegte noch einmal genauer. Doch, tat es! Der Laden von Appenheimer lief äußerst gut, er verkaufte in alle Welt. Der Rudi hatte also seinen Anteil gewollt, eine Art Gewinnbeteiligung. Dass er finanziell nicht reichlich gesegnet war, konnte man an seinem Haus sehen. Hinzu kam der Suff, der ihn unkontrollierbar machte. Für Appenheimers gutes Renommee wäre es sicher Gift gewesen, wäre sein Mitwirken vor dreißig Jahren an die Öffentlichkeit gekommen. Es gab also genug Gründe für einen Mord, der wie ein Unfall aussehen sollte.

49

12. August 1985

Er fühlte sich leicht und beschwingt. Die Sprossen der alten Leiter federten unter seinem Gewicht sanft nach. Generationen seiner Familie waren auf ihr schon in die Höhe gestiegen. Früher allerdings vermutlich häufiger und bestimmt niemals mit der Absicht, die ihn in den Giebel der alten Scheune trieb. In seiner Kindheit war sie bis in den First voll mit Heu gewesen. Es wurde so hoch gestapelt, dass sie nie die Leiter benutzen mussten, um unters Dach zu gelangen. Sie waren erst von Bündel zu Bündel und dann über die Ballen geklettert, so lange, bis sie auf dem Gipfel des Heubergs standen. Die Mutter schimpfte und jammerte, wenn sie sie beim Spiel in luftiger Höhe erwischte. *Wenn ihr abstürzt, zerschmettert ihr euch alle Knochen. Dem Knecht vom Urgroßvater hat ein Sturz das Leben gekostet. Das Genick hat er sich gebrochen, und das Blut ist ihm aus Mund und Nase gequollen. Kommt doch bitte herunter.* Der Vater hingegen fackelte in der gleichen Situation nicht lange und bettelte niemals. *Ihr habt genau zwei Minuten, wenn ihr dann nicht unten seid, komme ich hoch, und dann gibt es was mit der Haselrute, dass ihr zwei Wochen nicht auf eurem Arsch sitzen könnt.*

Der Geruch seiner Kindheit hatte sich mit den Jahren verflüchtigt. Zu lange hatten sie schon keine Kühe und Bullen mehr, für die es einen Vorrat Heu anzulegen galt, um ohne kostspielige Zukäufe über den Winter zu kommen. Der Geruch war genauso verschwunden wie die Idylle der vergangenen Jahrzehnte. Beides würde nie wieder zurückkommen. Nicht für ihn und für die anderen schon gar nicht.

Im Dorf gab es bereits seit mehr als fünf Jahren kein Vieh mehr. Ein paar Hühner, Gänse und Hasen wurden noch gehalten, aber das war alles. Von seinen Klassenkameraden war er der Einzige, der noch von dem lebte, was der väterliche Betrieb abwarf. Die anderen hatten sich nach und nach Alternativen gesucht, um mit einem gesicherten Einkommen nicht den Launen der Natur und den Unbilden des Weltmarktes ausgeliefert zu sein. Auch sein Vater hatte schon vom Strukturwandel profitiert. Weil sie alle aufhörten und nach Rüsselsheim zu Opel ans Band wechselten, hatten sie ihren Hof vergrößern können.

In den Generationen davor hatte einer, kinderlos und ohne nähere Verwandte, sterben müssen, damit mehr als ein paar hundert Quadratmeter auf den Markt kamen. Heutzutage brachte sich jeder, der noch Weinberge und Äcker suchte, nach der Ernte in Position. Er ließ alte Freundschaften wieder aufleben, buhlte und mühte sich um das Vertrauen der in den Ruhestand wechselnden Kollegen. Er hatte es genauso gemacht wie sein Vater und den Betrieb nach jedem Herbst um ein paar Parzellen vergrößert. Über Jahrzehnte war er gewachsen.

Was ging ihn das alles jetzt noch an? Nichts. Es war müßig, sich darüber den Kopf zu zerbrechen. Das war alles längst vorbei. Eingestürzt durch die Erschütterungen eines mächtigen Erdbebens, das alles verändert hatte. Es war alles weit, weit weg.

Es wurde noch leichter mit jeder Sprosse, die er erklomm. Die Höhe tat ihr Übriges. Von hier oben erschien alles entfernt. Die Schmerzen waren kaum mehr zu spüren, als wäre er betäubt. Vorhin in der Küche bei den Vorbereitungen hatte er mit einer halben Flasche Tresterbrand nachgeholfen. Wattig-weich hüllte ihn die Wirkung des Alkohols ein, überlagerte die ihn plagende Migräne und gebar Mut für den Weg weiter hinauf ins Reich seiner Kindheit, in die er so gerne zurückgekehrt wäre, um beim zweiten Mal alles richtig zu machen. Doch das war unmöglich: nicht einmal mit einer ganzen Flasche Trester.

Er schnaufte. In den dünnen Lichtstrahlen, die durch kleine Lücken zwischen den Dachziegeln fielen, tanzte feiner Staub. Auf der obersten Sprosse hielt er inne, für einen Moment nur, den er nicht gedachte, ewig auszudehnen. Die Bretter des kleinen Podestes vor ihm waren vom Holzwurm zerfressen. Ob sie ihn wirklich trugen, wollte er besser nicht ausprobieren. Er wusste noch immer, in welchen Abständen die massiven Balken darunter verliefen, daher musste er nicht auf die altersschwachen Zwischenräume treten. Schnell schwang er sich herum. Er glaubte zu schweben. Seine Füße berührten kaum das Holz.

Seit gestern Abend lag alles bereit. Hier hinauf traute sich ohnehin keiner mehr. Und es war ja auch niemand mehr da, der ihn von dem, was getan werden musste, hätte abhalten können. Es gab für ihn keinen anderen Ausweg, er hatte alle Möglichkeiten ausgeschöpft. Das Haus war aufgeräumt und geputzt. Es sollte alles ordentlich sein, wenn sie wiederkamen, seine Frau und ihr gemeinsamer Sohn. Der alte Schmutz war verschwunden. Und mit dem, was unweigerlich gleich passieren würde, war auch seine Schuld getilgt. Alles war vorbereitet, sauber und rein für einen Neuanfang.

Die Leichtigkeit, mit der er die Leiter heraufgestiegen war, bestätigte ihn nur in seinem Plan. Langsam, aber entschlossen ging er von Balken zu Balken. Schon öffnete er seine Gürtelschnalle und den Knopf seiner Hose. Es war der letzte Rest Würde, den er für sich in Anspruch nahm. Noch im Laufen schob er seine Hose und die Unterhose ein Stück nach unten, legte die auf den staubigen Brettern bereitliegende Windel mit wenigen Handgriffen an und zog die beiden Hosen wieder hoch. Mit der Rechten griff er nach der Schlinge und legte sie sich um den Hals. Sein Blick schweifte noch einmal durch die Weite des Scheunengebälks. Eine Bewegung zog seine Aufmerksamkeit auf sich. Es sah aus wie eine feine Daune, die in diesem Moment des letzten Innehaltens ein dünner Lichtstrahl traf. Mit schlagenden Flügeln flog ein Zitronenfalter auf ihn zu.

Endlich fühlte er sich frei für den letzten Schritt.

50

Vorsichtig drückte er die Tür auf. Er atmete nicht mehr. Noch konnte er sie schnell wieder zuziehen und ungesehen verschwinden. Dann würde alles so bleiben, wie es war, und an der guten alten Ordnung der Dinge würde nicht gerüttelt werden. Niemand brauchte das Durcheinander, von ihm herrschte schon mehr als genug zu Hause und in seinem Schädel. Alles lag kreuz und quer. Ein unentwirrbares Chaos.

Er ließ die Klinke los, aber die Tür schwang ganz langsam weiter auf, bis sie sachte und geräuschlos die Wand berührte. Es war still. Er wagte es nicht, das Zimmer zu betreten. Das vordere der beiden Betten war frei. Im hinteren am Fenster zeichnete sich unter der Decke ein menschlicher Körper ab. Der Kopf war zur Seite gerollt, sodass er ihn von der Tür aus nicht sehen konnte. Dazu musste er schon aus seiner Bewegungslosigkeit erwachen und den kurzen, schmalen Flur entlanggehen, von dem links die Tür zum kleinen Badezimmer führte. Erst dann würde er ihn sehen können. Daran, dass er da war, hatte er keinen Zweifel. Sein Name stand hastig hingeschrieben auf dem hellen Schild neben der Tür zum Zimmer.

Der Körper atmete. Gleichmäßig hob und senkte sich der Brustkorb unter der leuchtend weißen Bettdecke. Locke konnte es hören, das leise Geräusch, das zu einem Schlafenden gehörte.

Er traute sich wieder, Luft zu holen. Um Appenheimer nicht aufzuwecken, schlich er endlich ins Zimmer, jederzeit bereit zurückzuweichen, sollte eine weitere Person im Türrahmen erscheinen. Appenheimer lebte allein. Von seiner Frau war er geschieden. Aber vielleicht hatte er Geschwister, oder sein Sohn war angereist und erleichtert, dass der Vater die Nacht überlebt und die kritische Phase überstanden hatte.

Appenheimer hielt die Augen geschlossen. Sein Kopf war verbunden. Er sah blass aus, seine Haut hob sich kaum von den Bettlaken ab. Der Mund stand einen schmalen Spalt weit offen.

Er atmete gleichmäßig weiter. Still und friedlich. Der Anblick beruhigte Locke.

»Sind Sie ein Angehöriger?«

Er drehte sich erschrocken um.

Eine junge, indisch aussehende Frau im weißen Kittel stand hinter ihm. Sie hatte geflüstert und lächelte jetzt freundlich.

Er bewegte den Kopf schnell auf und nieder.

»Er hat keine Schmerzen. Wir haben ihm Medikamente gegeben, damit er schlafen kann. Er wird erst in ein paar Stunden wieder aufwachen.«

Locke nickte stumm. Dann würde er am nächsten und an jedem folgenden Tag wiederkommen. So lange, bis er die Wahrheit kannte. Er wollte mit der Ungewissheit nicht weiterleben. Locke hatte das Gefühl, zum ersten Mal in seinem Leben selbstständig eine wichtige Entscheidung getroffen zu haben.

51

»Waren Sie bei den Kühls?« In Kurt-Ottos Schädel rasten noch immer die Gedanken. Das Durcheinander wollte sich nicht lichten. Zu viele Beteiligte an dem, was damals und in den letzten Tagen in Essenheim passiert war. Das Gesicht von Florian Lemmer, den die Polizei schon festgenommen hatte, tauchte schlagartig vor seinen Augen auf. Es folgten die seiner drei Kumpels, der jungen Wilden, die gegen die ruinösen Preise auf dem Fassweinmarkt aufbegehrten. Ihr Hass auf Appenheimer, der nicht mehr bezahlte, als der Weltmarkt hergab. Ein Hass, den sie auch auf seinen Lkw-Fahrer übertragen hatten, der die Weine abholte? Hatte der Rudi Berkes deshalb sterben müssen? Aber das machte doch keinen Sinn. Der Rudi war ein ganz kleines Licht gewesen. Nicht nachvollziehbar, warum sie es gerade auf ihn abgesehen hatten.

Die Naturschützer aus dem Nachbardorf, die seit Jahren mit dem Rudi im Streit lagen, hätten dafür schon eher Gründe gehabt. Jeder wusste das. Und jeder im Dorf kannte seine Rennstrecke durch das Dickicht am Hiberg. Wer den Rudi umbringen wollte, hätte gewusst, wie er es anstellen sollte. Kurt-Otto schüttelte den Kopf. Moldenhauer starrte ihn an, doch er schwieg weiter. Ob der Journalist schon eine Erklärung für all das hatte, was in den letzten Tagen im Dorf passiert war? Der ausgelaufene Wein, Appenheimer böse zugerichtet im Krankenhaus und das ganz sicherlich nicht, weil er in seinem Weinberg schwer gestürzt war. Der junge Hembes, den sie Locke nannten, sollte ihn zufällig nachts dort gefunden haben. Nur deshalb war er noch am Leben. Ein ziemlich großer Zufall. Das passte doch alles hinten und vorn nicht zusammen. Kurt-Otto fuhr sich mit der flachen Hand durch die dünnen Haare. Alles drehte sich um Appenheimer, dessen Wein und seinen Fahrer. Und da Letzterer tot war, gab es nur eine Möglichkeit, Licht ins Dunkel zu bringen: Der Appenheimer musste reden.

»Schon, aber der alte Kühl hat mich abblitzen lassen«, flüsterte Moldenhauer endlich.

Kurt-Otto sah sich schnell um, doch der Gastraum war leer. So wie die ganze Zeit schon. Nicht einmal die Bedienung, die ihnen den Kaffee gebracht hatte, war zu sehen.

Der Journalist baute die Spannung ganz gezielt und langsam bis zum Höhepunkt auf, gehauchte Worte unter vier Augen. »Ich habe ihn schon ganz am Anfang meiner Recherchen kontaktiert. Er muss doch etwas davon mitbekommen haben, was sein Sohn trieb. Ich hatte die stille Hoffnung, dass er wie der Kremser Kellermeister nach dreißig Jahren bereit wäre, sein Gewissen zu erleichtern. Es hätte sich nicht negativ auf ihn ausgewirkt, alle Straftaten sind längst verjährt. Der alte Kühl hat mir sogar gedroht, sollte ich seine Familie weiter belästigen.« Moldenhauer zuckte mit den Schultern.

»Für den Appenheimer sind Ihre Enthüllungen Sprengstoff. Er hat einen klangvollen Namen im Weinhandel und ist gut im Geschäft. Wenn die Zeitungen den Skandal von damals aufwärmen, wird ihn das teuer zu stehen kommen.«

Der Journalist nickte zustimmend. »Das sehe ich auch so. Als ich vom Tod Rudi Berkes' gehört habe, war mein erster Gedanke, dass sich der Appenheimer seinen Mitwisser vom Hals geschafft hat. Berkes' Erpressungsversuch ist also nach hinten losgegangen. Klingt einleuchtend.« Er zuckte wieder mit den Schultern. »Hätte der alte Kühl geredet, wäre ich sicher schneller am Ziel gewesen. Aber mit den Notizen und Dokumenten vom Berkes liegt das Ausmaß des Weinskandals offen zutage. Vielleicht werde ich es noch einmal bei ihm versuchen. Ich habe die Hoffnung noch nicht ganz aufgegeben, dass der alte Kühl irgendwann redet.«

»Haben Sie mit Georg Kühls Sohn gesprochen? Der Alexander hat vor einigen Jahren den Betrieb übernommen, sein Großvater unterstützt ihn.«

Moldenhauer verneinte. »Ich glaube, das macht keinen Sinn. Der junge Kühl war nicht einmal ein Jahr alt, als sich sein Vater das Leben nahm. Als Zeuge für das, was damals passiert ist, taugt er kaum.«

Das dunkle Rumoren in seinem Magen erinnerte Kurt-Otto daran, dass er noch immer nichts zu Mittag gegessen hatte. Der Hunger hielt ihn mit jeder Minute stärker vom Denken ab. Und die Vorstellung, dass er schon wieder der Letzte in Stadecken beim Metzger sein könnte. Dann wären wie schon gestern alle Wurstdosen weggekauft, und er müsste sich am Abend an Renates Superfood satt essen. Ein Kilo gekühltes rohes Sauerkraut. Bei der Vorstellung stieg bittere Magensäure in seiner Speiseröhre auf. Er brauchte keine probiotischen Kulturen für seine Darmflora. Entschlossen stemmte er sich aus dem Sessel.

»Sie wollen schon los?«

»Die Arbeit ruft.«

»Ich verstehe. Ich habe Sie schon viel zu lange aufgehalten. Vielleicht können wir unser Gespräch heute Abend fortsetzen? Ich würde sehr gerne noch mit Ihnen über den Erwerb der einen oder anderen Flasche aus Ihrer Raritätensammlung sprechen.« Moldenhauer grinste. »Ich plane nicht, allzu schnell abzureisen. Es fängt an, mir bei Ihnen zu gefallen.« Sichtlich zufrieden rieb er sich die Hände.

52

Den Rhythmus gaben jetzt wieder die anderen vor. Sie hatten ja auch die große Glocke geläutet zum ersten Akt des Racheschauspiels. Er hatte nur darauf gewartet, dass sich für ihn die Möglichkeit bot, im Versteckten zu agieren. Eigentlich schon seit vielen Jahren. Lange hatte ihm der Mut gefehlt, dann die passende Gelegenheit. Der Verdacht würde auch auf ihn fallen, aber er war vorbereitet. Vielleicht sprachen die Ersten jetzt schon hinter vorgehaltener Hand von ihm, und wenn alles vollbracht war, konnte er sicher sein, dass sie die alten Geschichten hervorkramten. Die meisten im Dorf erinnerten sich noch, hatten aber keine Ahnung, welche Rolle der Berkes, einer von vielen Fahrern, die für den Appenheimer unterwegs gewesen waren, in der Sache gespielt hatte.

Er selbst hatte keine Spuren hinterlassen, an keinem Ort. Nicht im dichten Dickicht am Hiberg und nicht in Berkes' Haus, wo sich seine Vermutung, dass Berkes den sinnlosen Tod seines Vaters hätte verhindern können, bestätigt hatte. Seine Notizen hätten ihn im Sommer 1985 gerettet. Er würde heute noch leben. Sie würden dieses Weingut zusammen führen. Vater und Sohn. Der Rüben-Rudi hatte wegen unterlassener Hilfeleistung sterben müssen. Ein Schicksal, das den Appenheimer auch noch ereilen würde. Erst dann würde er Ruhe haben. Denn die Strafe war gerecht.

Die vier Weinrebellen hatten sich so erfolgreich in den Vordergrund gespielt, dass ein ernsthafter Verdacht auf niemand anderen als sie fallen konnte. Jetzt lag es an ihm, das zu vollenden, was ihnen nicht gelungen war. Das war nicht anders zu erwarten gewesen. Er musste dazu hellwach sein, damit ihm nichts entging. Krücke war festgenommen worden. Er wusste, dass er am späten Vormittag oben auf dem Hiberg in seinem Weinberg zugange gewesen war. Als wenig später die Polizei in die gleiche Richtung fuhr, war die Schlussfolgerung ein

Kinderspiel gewesen. Den Dautenborn hatte er in dem an ihm vorbeirasenden Polizeiwagen sogar erkennen können. Der war als ortskundiger Bezirkspolizist bestimmt mit einbezogen worden. Er kannte die Weinberge und hatte die Kontakte. Doch spätestens morgen würde auch er erkennen, dass er nicht ungeschoren davonkam. Noch stellte er keine Verbindungen her. Und auch von dem Moment an, wo er erkannte, dass in seinem Weinberg Rebstöcke abgeschnitten worden waren, würde er alles in seiner Macht Liegende tun, dass es bei den einfachen Erklärungen für den Mord an Rudi Berkes, für Appenheimers Knochenbrüche und für den Vandalismus in den Weinbergen blieb.

Er war gespannt, ob all das den vier Weinrebellen in die Schuhe geschoben werden würde. Der Kellereibesitzer Appenheimer und sein Lkw-Fahrer als Feindbild der gebeutelten Winzer, die um ihre Existenz fürchteten: Eigentlich eine einfache Deutung, wenn man die vorliegenden Puzzleteile zusammensetzte. Der Draht in Krückes Werkzeugkasten, den er dort gezielt platziert hatte, die Nutzung von Berkes' Handy weit über seinen Tod hinaus.

Nur einer würde die Zusammenhänge erkennen, wenn er die in Berkes' Wohnzimmer verteilten Zettel und Notizen sah: Dautenborn. Und der war sicher der Letzte, der Interesse daran hatte, dass die alten Geschichten wieder hochkamen.

Mit den Blumen in der Hand kam er sich reichlich bescheuert vor. Vielleicht hätte er sie ja gar nicht gebraucht, um zu ihm gelassen zu werden. Seine Schuhsohlen gaben sonderbare Geräusche von sich. Der Boden unter seinen Füßen klebte, so wie die Autos entlang der Straße auch.

Die gelben Nelken in seiner Hand raschelten bei jedem Schritt in ihrer Folie. Wirklich passend war seine Blumenwahl nicht. Seine Hand fuhr noch einmal in die Tasche seiner dünnen Sommerjacke. Es war alles da, was er für den kurzen Krankenbesuch benötigte.

Sie hatten es begonnen, aber nicht zu Ende gebracht. Stückwerk, das so nicht bleiben konnte. Gestern noch wäre es viel einfacher gewesen, den Appenheimer zu töten. Im Schutz der Nacht zwischen seinen vertrockneten Rebstöcken wäre es schnell gegangen. Inmitten vom Grauen Burgunder wären um den Toten herum nur ihre Spuren sichergestellt worden.

53

Schon der zweite Kollege, der sich um seine Pflanzen kümmert. Es war der schnelle Blick zurück auf der Hauptstraße gewesen, der die Erinnerung an diesen einen Satz wachrief. Sofort waren auch die Stimme und das Gesicht von Posthalters Sigrun wieder da. Sie hatte das gesagt, als er stinkend und verdreckt vor ihr gestanden hatte. Ertappt, nachdem er sich in den vermüllten Schuppen vom Rüben-Rudi geflüchtet hatte.

Kurt-Otto beschleunigte seinen Schritt. Warum nur hatte er diesen Satz in der Aufregung der letzten Tage vergessen? Sigrun musste denjenigen gesehen haben, der beim Rudi Berkes die Schränke durchsucht hatte, wenn es denn stimmte, was Moldenhauer ihm erzählt hatte.

Kurt-Otto rannte den schmalen Bürgersteig entlang. Sein Schädel glühte. Er schnappte hektisch nach Luft. Die ihm noch unbekannte Person hatte beim Rudi nach etwas gesucht, aber nicht nach dem, hinter dem Moldenhauer her war. Die Notizen auf den Ursprungszeugnissen der österreichischen Glykolweine hatte die Person schließlich liegen gelassen. Warum? Weil es ihr nicht um den Skandal von damals ging? Hatte der erste Einbrecher etwas ganz anderes gesucht und gefunden?

Schnaufend bog Kurt-Otto von der Hauptstraße ab und hetzte den Berg hinunter. Ein heftiger Stich in seiner linken Seite ließ ihn zusammenzucken. Nur noch ein kurzes Stück, dann hatte er ihr Hoftor erreicht. Aber was, wenn sie gar nicht daheim war?

Er drückte fest auf den Klingelknopf und griff gleichzeitig mit der freien Hand nach der Türklinke. Die Tür war offen, ungewöhnlich bei alleinstehenden älteren Damen im Dorf, die normalerweise konsequent hinter sich abschlossen. Man konnte ja nie wissen, wer sich draußen herumtrieb. Nur wer Besuch erwartete, ließ das Hoftor unverschlossen.

»Ich komme schon! Eine alte Frau ist doch kein D-Zug!« Sigruns Stimme erklang aus dem Haus. »Es ist offen, ihr müsst nicht wie von Sinnen klingeln! Wegen euch habe ich jetzt die Hälfte danebengeschüttet!«

Kurt-Otto krümmte sich in ihrem Hof.

»Was für ein unerwarteter Besuch! Als ob der Herrgott mein Rufen erhört hätte.« Grinsend stand Sigrun im Türrahmen.

Hätte sein Körper über die notwendigen Kraftreserven verfügt, dann wäre Kurt-Otto jetzt in schallendes Gelächter ausgebrochen. War denn schon Rosenmontag? Sigrun steckte in einem ausgewaschenen und an den Ärmeln abgegriffenen rosa Morgenmantel, über dem sie eine weiße Kittelschürze trug, die mit zahlreichen roten Flecken in unterschiedlicher Größe übersät war. Anscheinend war sie schwer beschäftigt.

»Dich schickt der Himmel! Endlich ein Fachmann, der mir verraten kann, was für ein Schatz in meiner Wanne lagert.« Sie hatte beide Hände in die Hüfte gestemmt und starrte ihn auffordernd an.

Unter Schmerzen versuchte er, sich aufzurichten, was ihm nur schwer gelang. »Wer war das, den du beim Berkes gesehen hast?« Er presste die Worte zwischen schnellen Atemstößen hervor.

Sie sah ihn für einen Moment entgeistert an und schüttelte dann den Kopf. »Keine Ahnung. Der Rotwein, der die Straße hinuntergelaufen ist, soll vom Appenheimer stammen, weil ihm ein Fass geplatzt ist. Dürfte ein guter Roter sein.« Sie fuchtelte mit dem Zeigefinger vor seinem Gesicht herum. »Er ist vor meinem Hoftor vorbeigeflossen, ich habe ihn nur auffangen müssen. Jetzt habe ich ihn schon fast vollständig abgefüllt, aber ich bräuchte noch zwei, drei Dutzend Flaschen.«

»Wer war es?«

Sie schien ihn nicht zu hören. Wieder schüttelte sie schnell den Kopf und fuhr dann fort: »Du kannst mir doch bestimmt ein paar Flaschen vorbeibringen. Es wäre wirklich schade um den guten Tropfen. Während das ganze Dorf geschlafen hat, sind Tausende Liter davongerauscht. Dem Appenheimer musst du ja nicht erzählen, dass ich etwas davon gerettet hab, sonst will der nachher noch Geld von mir.«

»Wer war beim Berkes?« Kurt-Otto brüllte.

Entgeistert starrte sie ihn aus weit aufgerissenen Augen an. Die Stille zwischen ihnen zog sich schier unendlich in die Länge. Immerhin machte es den Eindruck, als ob sich Sigrun nun nicht mehr mit ihrem bescheuerten Wein beschäftigte.

Kurt-Ottos Atmung normalisierte sich langsam, doch der Schmerz in der Seite wollte trotzdem nicht nachlassen. Wann war er das letzte Mal so gerannt? Anscheinend lag es schon so lange zurück, dass sein Gedächtnis die Erinnerung daran gelöscht hatte.

Posthalters Sigrun schien es die Sprache verschlagen zu haben. Hatte sie ihn immer noch nicht verstanden?

»Als du mich beim Rudi Berkes vor dem Haus gesehen hast«, hauchte er freundlich in ihre Richtung, um ihr auf die Sprünge zu helfen, »da hast du gesagt, ich sei schon der Zweite, der bei ihm nach dem Rechten schaut und die Blumen gießt. Kannst du dich erinnern? Bitte.« Er flehte sie fast an und meinte, eine zarte Regung in ihren versteinerten Gesichtszügen ausmachen zu können.

»Ich bin alt, aber nicht bekloppt, Kurt-Otto Hattemer!« Sie blickte ihn streng an. »Natürlich weiß ich noch, wer außer dir beim Rudi Berkes nach dem Rechten geschaut hat.« Sie schnaufte hörbar aus. »Im Unterschied zu dir machte der andere aber den Eindruck, als wäre er kein Einbrecher. Er musste sich auch nicht im Schuppen hinter den Mülltonnen verkriechen.« Sie grinste breit und schwieg wieder.

Das Blut rauschte in Kurt-Ottos Ohren.

»Er hatte nämlich einen Schlüssel und hat ordentlich hinter sich abgesperrt. Wie es sich gehört, wenn man auf ein Haus aufpassen soll.«

»Wer?« Das Wort klang wie der letzte Stoßseufzer eines Verdurstenden. Bestimmt würde sie ihm gleich einen Schluck ihrer Sonderabfüllung anbieten. Dabei wollte er doch nur einen Namen. Er musste sich bremsen, um nicht wieder loszubrüllen. Seine Hände zitterten. Vor Anspannung und vor Wut.

»Kann ich mich darauf verlassen, dass du mir gleich drei, nein, lieber vier Kartons Weinflaschen vorbeibringst?« Sie grinste noch breiter. Zufrieden mit diesem kuriosen Einfall, der ihr eben erst gekommen zu sein schien. Ein kleiner Handel: ein Name im Tausch gegen Leergut. »Am besten die Literflaschen mit dem praktischen Schraubverschluss. Sollten welche übrig bleiben, kannst du sie wieder abholen.«

Kurt-Otto hätte sie gerne gepackt und geschüttelt. So lange, bis sie endlich mit diesem verdammten Namen herausrückte. Langsam und fast geräuschlos atmete er ein und versuchte, sich unter äußerster Anstrengung ein gequältes Lächeln aufs Gesicht zu zwingen. Er hatte keine Ahnung, ob es ihm gelang. »Ich bringe dir die Flaschen gleich. So viele du möchtest. Aber erst will ich den Namen.«

»Der Alexander Kühl war am Abend, bevor ich dich getroffen habe, beim Berkes. Ich bin auf einen kleinen Plausch bei der Chaussee-Helga gewesen. Es ist spät geworden, weil wir zwischendurch wohl eingenickt sind.« Sie kicherte, und ihre dünnen Haare wippten. »Daran ist dein Weinbergspfirsichlikör schuld gewesen. Er hat uns müde gemacht. Auf dem Heimweg habe ich gesehen, wie Alexander die Tür von Rüben-Rudis Haus abgeschlossen hat. Er ist in die entgegengesetzte Richtung davon und hat mich daher nicht bemerkt. Umgeschaut hat er sich auch nicht, weil um diese Zeit normalerweise niemand mehr unterwegs ist.« Sie stemmte wieder die Hände in ihre Hüfte. »Und jetzt hol mir die Flaschen!« Noch bevor Kurt-Otto antworten konnte, hatte sie sich weggedreht und war in ihrem Haus verschwunden. Ihre Worte waren trotzdem noch deutlich zu vernehmen. »Hoffentlich kommen Helga und Gerda gleich, dann können sie mir beim Abfüllen helfen. Schließlich wollen sie ja auch mittrinken.«

54

Die Blumen hatte er der Schwester gegeben. Sie wollte sie ihm in einer Vase ans Bett stellen. Morgen würde er wiederkommen.

Er atmete tief ein, während er das Klinikgelände verließ. Der nächste Sonnentag, keine Wolke war am Himmel. Kam er jetzt endlich, der lang ersehnte Sommer, den die Trauben so dringend nötig hatten? Zwei weitere Wochen mit heftigen Niederschlägen und um diesen Jahrgang wäre es geschehen gewesen. Die schon in fast allen Rebanlagen vorhandenen Pilzerkrankungen hätten sich rasant ausgebreitet. Bei ihm zeigte vor allem sein Spätburgunder in der Nonne schon deutliche Schäden. Nicht nur auf den Blättern hatte sich der an feinen Mehlstaub erinnernde Pilzbelag gebildet, auch die Trauben wiesen erste Spuren auf. Gegen die Dauernässe waren sie schlicht machtlos gewesen. Folgte jetzt eine regenfreie Phase, dann würden die geschädigten Triebe und Blätter eintrocknen. Natürlich würde der Traubenertrag geringer als sonst ausfallen, aber die verbleibenden gesunden Früchte hätten noch eine Chance zu reifen. Und darauf kam es letztlich an. Er war gerne bereit, auf ein paar Prozent seines Ertrags zu verzichten, wenn sich bloß die schlimmsten Prognosen der letzten Wochen nicht bewahrheiteten.

Im Selztal hatten sie letztlich noch Glück, weil ihre Weinberge in der Entwicklung denen in anderen Gebieten immer mehr als eine gute Woche hinterherhinkten. Grund war die Höhenlage. Am Rhein begann die Vegetation früher, sich zu entwickeln, daher waren auch die Trauben dort den ihren stets in Größe und Reife ein paar Tage voraus.

Lukas, mit dem er die Weinbauschule besucht hatte, arbeitete bei einem Kollegen in Worms. Dort sah es in vielen Weinbergen schon aussichtslos aus. Sie hatten am Tag zuvor miteinander telefoniert. Totalausfall auf mehr als einem Hektar in der besten Lage. Alle Trauben waren befallen und schimmerten weiß. Sogar auf dem Bild, das er ihm aufs Handy geschickt hatte, war der Schaden zu erkennen gewesen. Von diesem Ausmaß waren sie zum Glück verschont geblieben. Die knapp zweihundert Höhenmeter Differenz und der damit einhergehende Entwicklungsrückstand schienen ihre Rettung und ein Segen gewesen zu sein.

Kaum hörbar summte er eine Melodie vor sich hin. Ein paar Takte eines namenlosen Sommerhits, den er auf dem Hinweg im Autoradio gehört hatte. Die ersten kräftigen Sonnenstrahlen dieses Jahres schienen die Angst vor dem Regen und der Ernte in Luft aufgelöst zu haben. Er freute sich darauf, nachher noch auf den Hiberg zu fahren. Von dort aus hatte man bei klarer Sicht einen Blick weit übers rheinhessische Hügelland bis zum Donnersberg, der sich wie der Panzer einer mächtigen Schildkröte über dem gewellten Land erhob. Er liebte die Aussicht, die sich ihm am Ende jeder Rebzeile wie als Belohnung für seine Arbeit präsentierte. Und den Ort: den Kalkstein unter den Füßen, der den Weinen ihre charakteristische Mineralität verlieh. Das lang anhaltende Aroma, das sich in einem zarten salzigen Hauch verlief, den die Rebwurzeln aus der Tiefe in die Trauben transportierten. Er atmete tief ein, schloss die Augen für einen winzigen Moment und glaubte, das Rauschen des Reblaubs hören und den trocknenden Boden riechen zu können.

Morgen würde er gleich in der Früh wieder im Krankenhaus sein. Dann musste Appenheimer wach sein. Und hoffentlich ausreichend erholt, um alles aufzuklären. Er war froh, dass er noch am Leben war, egal, was bei ihrem Gespräch herauskommen würde. Locke summte weiter und strich sich durch die Haare. An der Langebeckstraße musste er kurz anhalten. Die Ampel hatte gerade auf Rot umgeschaltet.

Fast hätte er ihn auf der gegenüberliegenden Straßenseite nicht erkannt. Er entfernte sich schnell und schien ihn nicht gesehen zu haben. Kurz hatte Locke überlegt zu winken. Ein Plausch unter jungen Kollegen vor dem Haupteingang der Uniklinik.

Auch Alexander Kühl schien mit gelben Nelken in der Hand jemanden besuchen zu wollen. Vielleicht war es auch gut so, dass er ihn nicht gesehen hatte. Sonst hätte er noch umständlich erklären müssen, warum er selbst hier war. Und er hätte ihm kaum die Wahrheit sagen können. *Ich wollte den Appenheimer kurz fragen, ob er mein Vater ist.* Locke schüttelte bei der Vorstellung den Kopf. Fast hätte er gelacht. Sein Oberkörper zuckte. Der Kühl war mittlerweile in Richtung eines der Klinikgebäude abgebogen, und er selbst hatte dringend die Ruhe des Hibergs nötig. Dort oben musste er überlegen, was er tun würde, sollte sich herausstellen, dass er tatsächlich Appenheimers Sohn war.

55

Kurt-Otto hatte nicht lange überlegen müssen. Posthalters Sigrun konnte auf die Flaschen bestimmt noch ein wenig warten. Und ganz sicher würde sie keine mit seinem Etikett bekommen, sonst erzählte sie nachher noch jedem, der den Wein probieren musste, er stamme von ihm: die trübe Straßenabfüllung, die im Rinnstein quer durchs halbe Dorf geflossen war. Er hatte schließlich einen guten Ruf zu verlieren.

Er schüttelte sich bei dem Gedanken an das zu erwartende Geschmacksbild: erdig, brackig mit einer dezenten Zementnote, gut gelüftet und lang im Abgang. Würde er damit nicht voll im Trend liegen? Er musste schmunzeln über den Bericht in einer Fachzeitschrift, den er am Wochenende gelesen hatte. Die ersten jungen Kollegen fingen wieder an, ihre Weine in Betonfässern auszubauen. In Behältnissen, die sie vor zwanzig, dreißig Jahren ausgesondert hatten, weil sie schwer zu reinigen waren und gegenüber dem hygienischen Edelstahl altmodisch wirkten. Jetzt also wieder das Betonfass, in dessen feine Haarrisse sich der Wein hineinarbeitete. Lediglich die Form hatte sich geändert. Heute waren überdimensionale Ostereier aus Beton der neueste Schrei in der Weinszene.

Da Sigruns Sonderabfüllung in seinen Flaschen eine ernsthafte Gefahr für seinen Ruf darstellte, würde er seine Etiketten also in mühevoller Kleinstarbeit vom Leergut ablösen müssen. Und zwar schnell. Posthalters Sigrun war zwar ein wenig sonderbar, aber nicht vergesslich. Spätestens in einer knappen Stunde würde sie anrufen und fragen, wo er und die versprochenen Flaschen denn blieben.

Kurt-Otto trat das Gaspedal von Renates rotem Flitzer bis aufs Bodenblech durch. Der Motor heulte laut auf. Der Kleinwagen seiner Frau war für sein Körpervolumen und den heutigen Zweck eindeutig untermotorisiert. Nur quälend langsam nahm er auf der steilen Straße aus Essenheim heraus in Richtung Mainz

Tempo auf. Der Zeiger der Drehzahlanzeige wackelte sich in den tiefroten Bereich vor.

Wenn der junge Kühl beim Rudi Berkes die Schränke durchwühlt und die Notizen entdeckt hatte, dann hatte vermutlich auch er gefunden, wonach er suchte. War der Schlüssel, mit dem er sich Zugang zum Haus verschafft hatte, der Beweis, dass er auch Rudis Mörder war? Kurt-Otto schluckte und schaltete in den nächsthöheren Gang. Es herrschte kein Verkehr. Ohne bremsen zu müssen, bog er auf die Landstraße ab, die ihn am Fernsehturm vorbei und über die Höhe nach Mainz hinunterführte.

Wenn das stimmte, was im Dorf erzählte wurde, musste der Rudi schon seit dem Tag, an dem er ihn zuletzt gesehen hatte, im Gebüsch gelegen haben. Der Appenheimer und der Berkes waren die Täter von damals. Sie hatten die Glykolweine aus Österreich beschafft, um damit die eigenen Auslesen zu strecken. Appenheimer hatte sie abgefüllt, auch für Kühls Vater, und Rudi Berkes schien genau gewusst zu haben, was er im Tankwagen über die Grenze transportierte. Warum hätte er sonst die Ursprungszeugnisse und seine Notizen aus den entsprechenden Jahren aufbewahrt? Sie waren sein kleines Druckmittel gegenüber Appenheimer gewesen, das vielleicht erklärte, warum der ihn als Fahrer noch immer beschäftigt hatte. Die Schuld hatte sie aneinandergebunden.

Die Ampel am Forsthaus sprang auf Grün, als er sich ihr näherte. Kurt-Otto trat umgehend das Gaspedal durch. Alexander Kühl oder Eugen Appenheimer: Wer hatte den Rudi auf dem Gewissen? Dass Florian Lemmer, den sie Krücke nannten, damit etwas zu tun hatte, erschien ihm in diesem Moment immer abwegiger. Oder hatten die jungen Wilden am Lkw-Fahrer Rache genommen? Kurt-Otto schüttelte den Kopf, während er an den Gebäuden des ZDF vorbei den Berg hinunterraste. Nur Kühl oder Appenheimer kamen als Täter in Frage, anders ergab das Ganze keinen Sinn. Den Appenheimer würde er jetzt mit seiner Theorie konfrontieren. Er musste unbedingt wissen, was damals, in den Wochen und Monaten des großen Weinskandals, und in den letzten Tagen wirklich passiert war. Er würde dem Kollegen einen kurzen Krankenhausbesuch abstatten, um Licht ins Dunkel zu bringen. Appenheimer würde sich sicherlich wundern, weil sie ansonsten nur selten etwas miteinander zu tun hatten, aber ans Krankenbett gefesselt könnte er ihm nicht aus dem Weg gehen. Ein guter Plan.

Kurt-Otto spürte wohltuende Zufriedenheit in sich aufsteigen. Zur Belohnung für seine Ermittlungen würde er auf dem Heimweg bei seinem Finther Lieblingsmetzger eine ganze Batterie an Bratwurstdosen mitnehmen. Eines seiner alten Holzfässer lag leer, in ihm konnte er seine Notversorgung deponieren, ohne dass Renate etwas mitbekam.

56

Es war nicht einfach gewesen, zu ihm zu finden. Zweimal hatte er sich erkundigen müssen. Das Klinikgelände war zu unübersichtlich. Eine eigene Kleinstadt mit sonderbaren Hausnummern, die nicht immer der Regel nach eine auf die andere folgten. *Entschuldigen Sie, mein Onkel ist gestern eingeliefert worden. Ich möchte ihn mit meinem Besuch überraschen. Eugen Appenheimer, können Sie mir sagen, wo ich ihn finde?*

Sie waren so freundlich und hilfsbereit gewesen in ihren Glasboxen, hatten den Computer befragt und ihm den Weg gewiesen.

Endlich im richtigen Flur, war ihm niemand begegnet. Eine wohltuende Stille lag über der Station. Nur die durchsichtige Plastikfolie knisterte, als er die gelben Nelken vor der Tür auf einem der Stühle ablegte.

Er durfte sie nachher auf keinen Fall vergessen, aber jetzt musste er die Hände frei haben. Ein letzter schneller Blick in beide Richtungen des Flurs, dann drückte er mit dem Ellbogen die Klinke der Zimmertür vorsichtig hinunter. Er wollte keine Fingerabdrücke hinterlassen.

Alexander Kühls Herz schlug fest und langsam. Von Aufregung keine Spur. In Gedanken hatte er alles schon mehrmals durchgespielt. War jedes Detail durchgegangen, hatte die Handgriffe geübt und einen Plan entworfen, der risikolos war, stünde er erst einmal an seinem Bett.

Es roch nach Desinfektionsmitteln. Er konnte den gleichmäßigen Atem von Appenheimer hören, bevor er ihn sah. Er schlief friedlich und zugedeckt in einem Bett am Fenster. Die hereinscheinende Sonne ließ das helle Bettzeug strahlen. Alles wirkte rein und sauber.

Der Appenheimer passte hier gar nicht hinein, dachte er. So viel Schmutz und Schuld, wie er auf sich geladen hatte. Nie hatte er Reue gezeigt, mit keinem Wort um Vergebung gefleht. Aber selbst das hätte nichts geändert: Der Moment war gekommen, in dem er dafür büßen würde. Es war alles vorbereitet. Die Papiere lagen auf dem Schreibtisch vom Berkes bereit. Die Polizeibeamten würden schnell auf sie stoßen. Dann würde sich die Neuigkeit im Dorf verbreiten und kaum noch jemand mit dem Appenheimer Mitleid empfinden. Hinter vorgehaltener Hand würden sie sich auf der Straße zuraunen, dass er seine gerechte Strafe erhalten hatte. Er selbst hinterließ keine Spuren. Das lange Warten auf den richtigen Moment hatte sich gelohnt. Endlich würde er sich für den unsinnigen Tod seines Vaters rächen können.

Er griff in seine Jackentasche. Nacheinander brach er vier Ampullen mit Kaliumchloridlösung auf und zog die Spritze auf. Appenheimers Herz würde in kürzester Zeit aufhören zu schlagen, ohne dass sich später Hinweise auf einen äußeren Einfluss finden ließen. Die Ampullen stammten noch aus seinem freiwilligen sozialen Jahr als Rettungssanitäter in Idar-Oberstein. Er erinnerte sich gerne an die schöne Zeit zurück. Es war so wichtig für ihn gewesen, aus der Enge herauszukommen. Seine Mutter hatte ihn regelrecht gefangen gehalten. Das einzige Kind des Mannes, den sie erhängt am hohen Gebälk der alten Scheune gefunden hatte. Er konnte kaum einen Schritt tun, ohne dass sie ihm folgte, ihn überwachte. Nach dem Selbstmord seines Vaters hatte sie das Weingut nie wieder betreten. Auch nicht so viele Jahre später, als er eingestiegen war, um das Vermächtnis seines Vaters fortzuführen. Zusammen mit seinem Großvater hatte er alles wieder leidlich in Schuss gebracht. Seine Weine kamen an. Trotzdem konnte er noch immer die geflüsterten Worte hinter vorgehaltener Hand hören, auch wenn sie seltener geworden waren. Sie schmerzten. *Sein Vater war in den großen Glykolskandal verwickelt. Er hat sich erhängt, als man ihm auf die Schliche kam. Der Sohn war damals kaum ein Jahr alt.* Die gerne erzählte Geschichte ließ den Zuhörern einen kalten Schauer den Nacken hinunterlaufen und bescherte ihm die verhassten mitleidigen Blicke, die er nicht mehr zu ertragen vermochte.

Aber das alles lag lange zurück. Er atmete leise durch. Die ursprüngliche Kochsalzlösung im Beutel war fast schon zur

Gänze durch den Tropf gelaufen. Seine Hand war erstaunlich ruhig. Kein Zittern, als er die Nadel der Spritze durch die dünne Membran stach und sich der Strahl unter dem Druck seines Daumens mit dem Rest der klaren Flüssigkeit vermischte. Schnell zog er die Nadel wieder heraus und verstaute alles in seiner Jackentasche. Es blieb ihm nur wenig Zeit, um sich still und ungesehen davonzuschleichen, bevor bei Appenheimer die ersten Anzeichen auftraten. Auf dem Heimweg würde er einen kurzen Zwischenstopp an der Selzbrücke einlegen und alles, was ihn jetzt noch verraten konnte, dem schmalen Fluss übergeben.

Den Rest des Tages würde er in aller Stille in seinem jungen Riesling verbringen. Die kleinen dünnen Triebe waren durch den Regen rasch gewachsen und mussten dringend am Wellstab angebunden werden, damit sie nicht abbrachen. Das Jungfeld aus diesem Jahr würde zeit seines Lebens ein ganz besonderes bleiben: das heranwachsende und gedeihende Zeichen seiner Rache an dem Menschen, der seinen Vater auf dem Gewissen hatte. Ein zufriedenes Lächeln breitete sich auf seinem glatten Gesicht aus, als er Appenheimer einen letzten Blick zuwarf. Kaum hörbar flüsterte er die Worte, die er sich schon so lange für diesen Moment zurechtgelegt hatte. »Ruhe sanft.«

57

Kurt-Otto schlug auf das Lenkrad von Renates rotem Kleinwagen. Da seine Frau eine fast freundschaftliche Beziehung zu ihrem Auto unterhielt, ihm Kosenamen gab und es pflegte wie ein Lebewesen, hätte sie sein Verhalten kaum toleriert, aber sie konnte ihn zum Glück nicht sehen. *Meine Reblaus! Die wilde Hilde kann nun wirklich nichts dafür, dass du keinen Parkplatz findest.* Noch einmal fuhr seine flache Hand auf das Lenkrad nieder. Es war schlichtweg nichts und niemand greifbar, an dem er seinen Zorn sonst hätte auslassen können. Weitgehend problemlos war er bis hierher gekommen, getragen von einer grünen Welle. An nur einer Ampel hatte er warten müssen, und jetzt das hier! Plötzlich erstarrte seine Hand in der Bewegung, und sein Fuß trat mit voller Kraft die Bremse durch. Kurt-Ottos Oberkörper schnellte nach vorn und wurde von dem straffen Gurt gebremst, der zwar gequälte Geräusche von sich gab, aber der Wucht standhielt. Hektisch löste ihn Kurt-Otto und stieß die Tür auf. Hinter ihm wurde bereits gehupt, doch das hörte er nicht.

Kurt-Otto rannte los. Er hatte ihn aus dem Augenwinkel gesehen. Nur einen kurzen Moment lang, aber doch deutlich, als er in den Durchgang des Klinikportals abgebogen war. Mit gelben Blumen in der Hand. Jetzt tauchte er wieder in seinem Blickfeld auf und ging langsam die Stufen hinunter Richtung Langenbeckstraße.

Kurt-Otto hetzte hinterher. Das konnte kein Zufall sein. Was hatte Alexander Kühl hier gewollt?

Die Fußgängerampel sprang auf Rot und hielt Kühl auf. Langsam drehte er sich um. Es waren noch so viele Meter zwischen ihnen, doch sein Blick verriet alles. In seinen weit aufgerissenen Augen lag Angst.

Kühl stürzte los auf die Straße. Das Auto traf ihn mit voller Wucht und schleuderte ihn durch die Luft.

Vor Kurt-Otto verlangsamte sich alles. Die einzelnen Bildsequenzen zogen sich quälend in die Länge. Kühl drehte sich in der Luft einmal um die eigene Achse. Das Auto fuhr noch unter ihm hindurch. Es hielt an. Der Körper schlug auf dem Asphalt auf. Reifen quietschten. Die folgenden Autos kamen rechtzeitig vor dem am Boden Liegenden zum Stehen.

Jetzt hatte auch Kurt-Otto ihn erreicht. Erstarrt standen er und die anderen Passanten da. Alexander Kühl blickte ihn stumm an, dann senkten sich langsam seine Lider. Die gelben Nelken lagen direkt neben seinem Kopf.

»Holen Sie Hilfe!« Kurt-Otto brüllte die Umstehenden an und rannte selbst zum Krankenhaus zurück. Ein schier endloser Weg an den vielen Gebäuden vorbei. Er wusste, wohin, sein Vater hatte vor vielen Jahren wegen einer Knieoperation auch hier gelegen.

Die Frau am Empfang sah ihn misstrauisch an. Zweiter Stock, Zimmer 212.

Er nahm immer drei Stufen auf einmal. Der Einzige weit und breit, der rannte. Amüsiert blickte ihm ein Jugendlicher hinterher. Er stieß die Tür auf und hetzte den langen Flur entlang. Die Aufregung war spürbar. Er konnte die Schwestern und Ärzte gerade noch im Zimmer 212 verschwinden sehen, dessen Tür weit offen stand. Sie hatten sich über ihn gebeugt, pumpten und drückten.

»Gehen Sie bitte nach draußen!«

Er wurde hinausgeschoben. Die Tür schloss sich vor ihm. Er spürte weder seine Füße noch seine Beine. Alles um ihn herum war schwarz. Er rang nach Luft, atmete hektisch mit weit aufgerissenem Mund. Kein Halt, alles weich und wankend. Der Boden gab unter seinem Gewicht nach. Nur noch Dunkelheit, die ihn aufnahm und einhüllte.

Epilog

»Da hätten wir den Anzug ja noch eine Nummer kleiner kaufen können, meine Reblaus!« Renate stellte sich auf die Zehenspitzen und drückte ihm einen Kuss auf die Wange. Schnell strich sie ihm über die rechte Schulter und den Ärmel des dunkelblauen Sakkos.

Kurt-Otto seufzte. Wahrscheinlich hatten sich dorthin wieder ein paar mikroskopisch kleine Flusen verirrt, die nur sie sehen konnte.

Renates Wangen leuchteten. Es konnte an der Aufregung kurz vor dem Eintreffen der ersten Geburtstagsgäste oder dem Glas Scheurebe-Sekt liegen, das sie vorhin schnell mit dem veganen Metzger getrunken hatte, während er sein Büfett wort- und gestenreich aufgebaut hatte. Anschließend hatte sie ihn zügig nach draußen komplimentiert.

Kurt-Otto musste beim Gedanken daran grinsen. Sein besonderer Freund hatte gar nicht gehen wollen, aber Renate war resolut geblieben. Sie wollte nicht, dass der Herr des Superfoods mitbekam, wozu die anderen bereitstehenden Büfetttische im Saal des evangelischen Gemeindehauses gedacht waren. Nicht für Geschenke, wie sie ihm umständlich glaubhaft gemacht hatte, sondern für die Platten seines Lieblingsmetzgers aus Mainz-Finthen. Für das Kompromissbüfett. Alt traf Neu. Chips von Nori-Algen und Babybuletten aus Spirulina im Duett mit putzigen Mett-Igeln und Schweinebäckchen in Rotwein. Er spürte schon, wie ihm das Wasser im Mund zusammenlief. Um ausreichend Aufnahmekapazitäten für den von ihm bevorzugten Teil des Büfetts zu schaffen, hatte er extra mehrere Tage gefastet und gänzlich auf seine Dosenwurst verzichtet. Er war sehr gespannt, welcher Teil des Büfetts sich zuerst leeren würde. Ginge es nach ihm, dann konnten sie sich ruhig alle ausgiebig am unfermentierten Sauerkraut laben. Ihre Darmflora freute es sicherlich ebenso wie ihn, sollten von den gefüllten Eiern, den Bäckchen und dem Spießbraten noch die eine oder andere Portion für die kommenden Wochen übrig bleiben.

Sachte fuhr ihm Renate über die Wange. Sie lächelte. »Ich bin so froh, dass wir diesen Tag zusammen feiern können. Du hast mir einen ordentlichen Schrecken eingejagt! Diesen Moment, als die Uniklinik am Apparat war, werde ich nie vergessen.« Ein vorwurfsvoller Blick huschte über ihr Gesicht. »Ich habe das Schlimmste befürchtet.«

Er nickte ihr zu. Nur noch verschwommen konnte er sich an das hektische Durcheinander erinnern. Der Moment, als die Tür von Appenheimers Zimmer vor ihm ins Schloss gefallen und ihm der Boden unter den Füßen weggeglitten war.

Als er wieder zu sich gekommen war, hatte sie an seinem Bett gesessen und seine Hand gehalten. Den festen Druck schien er auch jetzt, so viele Wochen später, noch fühlen zu können. Ihr sorgenvoller Blick hatte auf ihm geruht, noch beunruhigter nach der folgenden Visite. Er verfüge aufgrund seiner Körperfülle über ein erhöhtes Risiko für einen Infarkt, hatte der Arzt gesagt, und müsse an sich arbeiten. Renate hatte ununterbrochen zustimmend genickt.

Maßvoll, das schien das Lieblingswort des Mediziners zu sein. Ein ums andere Mal hatte er es wiederholt und währenddessen drohend den Zeigefinger erhoben, als wäre er, Kurt-Otto, ein kleines Kind, das immer wieder nach der Schokolade greift. Also hatte er Renate versprechen müssen, von nun an maßvoll zu genießen, und bisher klappte das in seinen Augen gar nicht mal so schlecht. Sogar auf die geliebte Bratwurstdose zum Frühstück verzichtete er freiwillig, auch wenn ihm dieser tiefe Einschnitt in seine lieb gewonnenen, jahrzehntelang gepflegten Ernährungsgewohnheiten nicht leichtgefallen war. Und wenn er mittags einige Möhrenspalten, Paprika oder sonstige Rohkost verzehrte, ließ sie ihn abends gewähren. Erstaunlicherweise hatte er so bereits ein paar Kilo verloren. *Deine positive Einstellung, etwas zu ändern, ist dafür verantwortlich. Der Neuanfang beginnt im Kopf.*

Das Wichtigste jedoch war, dass er sich wohl damit fühlte. Zumal jetzt, wo alle Entscheidungen getroffen waren, auch der

Druck weg war. Klaus Dörrhof würde nach dem Herbst den Teil seiner Weinberge übernehmen, für deren Ernte er ohnehin keinen Absatz hatte. Unter den derzeitigen Bedingungen lohnte es sich für ihn kaum mehr, Fassware zu produzieren. Mit dieser Lösung würde ihm jedes Jahr noch genauso viel Wein zur Verfügung stehen, wie er für seine treuen Kunden und den Eigenverbrauch benötigte. Das wäre ganz entspannt zu schaffen. Und zwischen den Handarbeiten im Weinberg bliebe reichlich Zeit für einen Plausch zwischen den Reben, was das Winzerdasein doch auch mit ausmachte.

Maßvolles Arbeiten. Da war es wieder! Dazu die Stimme des Arztes. Von ihm hatte er auch erfahren, wie es dem armen Appenheimer ergangen war. Trotz der schnellen Hilfe hatten sie ihn nicht mehr retten können. Ein überraschender Herzstillstand, den sie für einen bedauerlichen Unglücksfall gehalten hätten, wäre ihm nicht zuvor Alexander Kühl aufgefallen. Ihn hatten die Ärzte durch mehrere Operationen unmittelbar nach dem Unfall retten können, in seiner Jackentasche waren die leeren Ampullen der Kaliumchloridlösung wie auch eine Spritze gefunden worden. Ein Foto in der »Mainzer Zeitung« hatte Kühl vor ein paar Wochen in einem Rollstuhl gezeigt. Er würde in der Reha auf seinen Prozess warten, während er wieder laufen lernte.

Das, was sich nach dem Tod Eugen Appenheimers entwickelt hatte, nahm mittlerweile kuriose Züge an. Stefan Hembes alias Locke hatte noch am gleichen Tag, als die schreckliche Nachricht im Dorf die Runde machte, einen Vaterschaftstest erzwungen. Sie alle hatten über ihn gelacht und sein Ansinnen als wirre Idee abgetan. Das Ergebnis hatte sie alle verblüfft, aber nicht zum Schweigen gebracht. Seither fochten zwei große Mainzer Anwaltskanzleien, die den Sohn Appenheimers auf der einen und Stefan Hembes als das uneheliche Kind auf der anderen Seite vertraten, erbittert um das Erbe. Alle Winzer in Essenheim und in den umliegenden Dörfern zitterten mit, ein Niedergang von Appenheimers Kellerei würde dem ohnehin arg gebeutelten Fassweinmarkt einen schweren Schlag versetzen.

Immerhin hatten sich die Preise für Fassweine, wenn auch auf sehr niedrigem Niveau, stabilisiert, da trotz der Schönwetterperiode in den letzten Wochen mit Ernteeinbußen zu rechnen war.

»Entschuldigt, dass ich euch störe.«

Kurt-Otto und Renate sahen sich erstaunt um. Es war eigentlich noch viel zu früh für das Eintreffen der ersten Gäste.

Posthalters Sigrun hielt einen abgegriffenen Weinpräsentbeutel in die Höhe. »Herzlichen Glückwunsch, liebe Renate, zu deinem Sechzigsten! Ich habe dir nach altem Hausrezept einen Eierwein gemacht.«

Kurt-Otto schluckte. Die beiden Flaschen, die er durch das kleine Folienfenster im Beutel erkennen konnte, kamen ihm sehr bekannt vor.

Danksagung

Wichtige Informationen zum historischen Hintergrund des Glykolskandals habe ich von Dr. Verena von Wiczlinski (Historisches Seminar der Johannes-Gutenberg-Universität Mainz) erhalten.

Sie hat den derzeit aktuellen Forschungsstand zum Glykolskandal und seiner juristischen Aufarbeitung in einem Aufsatz zusammengefasst:

Verena von Wiczlinski: »Spätlesen aus der Chemieküche«. Der Glykol-Skandal im Jahr 1985 und seine Folgen, in: Andreas Wagner (Hrsg.): Weinbau in Rheinhessen. Beiträge des Kulturseminars der Weinbruderschaft Rheinhessen zu St. Katharinen am 14. November 2015 (Schriften zur Weingeschichte, 190), Wiesbaden 2016, S. 83–112.

Ihr gilt mein herzlicher Dank!

Quellenverweise

Der Spiegel, Hamburg. Ausgabe 29/1985, S. 17–19.

Austria Presse Agentur, 23. Juli 1985
http://www.historisch.apa.at/cms/apa-historisch/meldung.html?dossierID=AHD_19850423_AHD0001&deskriptor=DO_WS_1&meldungsID=17454/1352468/1&source=dossier_meldungen.html

Austria Presse Agentur, 31. Juli 1985
http://www.historisch.apa.at/cms/apa-historisch/meldung.html?dossierID=AHD_19850423_AHD0001&deskriptor=DO_WS_1&meldungsID=17454/1354531/1&source=dossier_meldungen.html

Austria Presse Agentur, 12. August 1985
http://www.historisch.apa.at/cms/apa-historisch/meldung.html?dossierID=AHD_19850423_AHD0001&deskriptor=DO_WS_1&meldungsID=17454/1357694/1&source=dossier_meldungen.html